孙维刚谈立志成才

全班55%怎样考上北大、清华

第二版

孙维刚 / 著

北京大学出版社

内 容 简 介

本书是已故的北京市数学特级教师孙维刚老师写给学生、教师和家长的一本励志读物。作者辩证地看待应试教育与素质教育之间的关系,辩证地处理教书与育人之间的关系,即"德育工作的成功,将有力地促进开发智育的进程;而德育的苍白或紊乱,将滞误智育工作顺利地进行",坚持德、智、体全面发展,一切为了育人,培育出了一批又一批高素质的人才。

图书在版编目(CIP)数据

孙维刚谈立志成才:全班55%怎样考上北大、清华/孙维刚著. —2版. —北京:北京大学出版社,2018.10
ISBN 978-7-301-29842-8

Ⅰ.①孙⋯ Ⅱ.①孙⋯ Ⅲ.①高中生—学习方法 Ⅳ.①G632.46

中国版本图书馆CIP数据核字(2018)第199194号

书　　　名	孙维刚谈立志成才——全班55%怎样考上北大、清华(第二版)
	SUN WEIGANG TAN LIZHI CHENGCAI——QUANBAN 55% ZENYANG KAOSHANG BEIDA、QINGHUA(DI-ER BAN)
著作责任者	孙维刚　著
策划编辑	温丹丹(wddpup@126.com)
责任编辑	温丹丹
标准书号	ISBN 978-7-301-29842-8
出版发行	北京大学出版社
地　　　址	海淀区成府路205号　100871
网　　　址	http://www.pup.cn　新浪微博:@北京大学出版社
电子邮箱	编辑部 zyjy@pup.cn　总编室 zpup@pup.cn
电　　　话	邮购部 010-62752015　发行部 010-62750672　编辑部 010-62756923
印 刷 者	河北滦县鑫华书刊印刷厂
经 销 者	新华书店
	787毫米×1092毫米　16开本　14.75印张　320千字
	2006年8月第1版
	2018年10月第2版　2025年5月第12次印刷(总第18次印刷)
定　　　价	42.00元

未经许可,不得以任何方式复制或抄袭本书之部分或全部内容。
版权所有,侵权必究
举报电话:010-62752024　电子邮箱:fd@pup.pku.edu.cn
图书如有印装质量问题,请与出版部联系,电话:010-62756370

本书编委会

主　　任：陶西平

执行主任：高贤明

副 主 任：王海亭　侯守峰　毛美华

委　　员：(按姓名拼音排序)

　　　　　边　疆　李海鸥　刘子义

　　　　　田　地　张琦刚

第二版序

  孙老师离开我们已经十六年了,然而人们对孙老师的爱戴之情并未随着时间的流逝而淡忘。吉林大学附属中学的崔贞姬校长带领全校老师以数学为龙头全面学习研究孙维刚老师的教育教学思想,自2002年至今,一如既往。每年,我去吉林大学附属中学,常有一种"回家"的感觉,大概就是因为在这里总能找到孙老师的影子吧。

  孙老师一生坎坷,但他无怨无悔。孙老师把他全部的智慧和爱献给了学生,献给了教育,他的事迹感染着很多人,也影响着很多人。中国人生科学学会、全国生命教育工作委员会的边疆秘书长,正是被这种精神所激励,带领着他的团队向全国各地宣传、推广孙老师的教育成果,十多年从未间断。

  孙老师虽然走了,但他的书留给了我们,他的影响还在继续,他的生命仿佛就在我们中间延续。可以说,孙老师的书是他教学生涯的一个缩影。

  孙老师书中的题不是很多,因为他反对题海战术,他要求他的学生每天必须保证9个小时以上的睡眠时间,他舍不得孩子们把有限的时间花费在毫无意义的"重复性劳动"上。孙老师强调"题不在多,而在于精",无论课上、课下还是他的书中,每道题的甄选无不凝聚着孙老师的智慧与心血。他说:"做题不是目的,目的是造就一个学生的强大的大脑。"

  孙老师强调做题要学会"一题多解"。课堂上,孙老师从来都不惜花费时间,常常为了一道题,而引导、启发学生尽可能想出更多的方法,久而久之学生就拥有了"换个角度看问题"的能力。同时,孙老师还坚持"多解归一,多题归一"的思想,让学生掌握在纷繁的事物中找出其内在的联系,并发现其中规律的方法。

  虽然孙老师书中的题没那么多,但他坚持"凡事一定要问为什么",在本书的第二篇"学习方法——写给同学们"中,开篇就讲:世上没有"没有为什么的事物"。我在家中也常听到孙老师的这句话,还常听他说:"任何事物只要存在就有它的合理性。"在孙老师的课上,学生们经常在他一遍遍"为什么"的穷追猛打中,"思潮如涌""八方联系"地寻找答案,一道题往往能找到十几种甚至二十几种解法。

  当您阅读这本书时,请一定要仔细阅读书中"写在前面",孙老师生前在电话中再三的叮嘱仿佛又在耳边响起。

  本书提到的课本中的知识与现在的教学大纲不能完全对应,对于本书"超出"教学大纲的部分内容,孙老师生前是这样解释的:"那是给喜欢数学、热爱数学、将来可能从事数学研究的孩子们准备的一把梯子。"

为什么要学数学？怎样学数学？如何才能学好数学？这些才是孙老师书中最想要告诉您的。

本次修订过程中，得到了北京大学出版社职业教育编辑部的全体同志及北京市第二十二中学李红老师和她的学生们的支持和帮助，我在此一并表示感谢。此外，也更要感谢广大读者对孙维刚老师的爱戴。

王海亭

2018 年 5 月

写在前面

1999年6月10日,北京市东城区教育局举办了为期一天的"孙维刚同志教育思想研讨会"。

会上,我的汇报发言如下。

各位领导、各位老师:

感谢给我这样一个机会,汇报我的工作。

我在成希春校长的领导下,从1980年起,进行教学教育实验。事实上,这是任教我们班全体老师和我们班同学及家长们风雨与共、齐心协力的集体实验,我的工作,绝对离不开大家的帮助。今天,我向大家汇报我的工作。

一、想法的产生和演变

(一)请给我时间

北京市第二十二中学(以下简称"二十二中")不是重点中学,生源不理想,但改变一个孩子的情况不是短期能够完成的,所以,我要从初一接新生,请给我6年的时间。

今天我说二十二中生源不理想,人们会认为我夸大其词,这是因为大家只了解现在的情况。1980年我接的这个班,没有一个人的第一志愿报二十二中,除了两个第二志愿外,都是第一志愿报市重点,第二志愿报区重点,第三志愿才报的是二十二中。即使这样,仍有一些录取的学生不来报到,我们只好又补进了一些就近分配的学生。

我当时就认识到孩子们的改变应当是全方位的。首先是思想品德。所以,我教数学,更当班主任,从初一到高三,6年一循环,其中,我患膀胱癌的1991—1992学年,我同时担任高三(4)和初一(1)两个班的班主任和数学课教师,这样,三轮实验完成共用了17年。

(二)击一猛掌

1986年,第一轮实验班的蔡冰冰同学经过层层选拔成为北京市唯一入选首届数学奥林匹克国家集训队的学生,在社会上引起了轰动。怎么会发生这样的事?一个6年前考不上重点中学的女孩子,竟取得北京市中学生数学竞赛顶尖成绩,这不是仅仅着眼于向学生传授知识,使学生一步一个脚印地掌握知识所能达到的,更不是督促学生大量做题、刻苦加刻苦所能企及的;而是从以知识为目标,转移到以活生生的学生本人为目标,通过教学教育活动,培养他们睿智非凡、全面发展他们素质使他们成才的结果。这件事猛击我一掌,于是,

1986年入学的第二轮开始,我提出了新的想法。

(三)新的想法

坚持德、智、体全面发展,并强调这个发展是思想品德素质、智力素质、身体素质的发展。

要把德作为第一标准,因为我们需要的是为大众谋福利的人才。

智,不能仅仅着眼于知识,要通过知识的教与学,不断发展孩子的智力素质,造就一个强大的头脑,让不聪明的孩子变聪明起来,让聪明的孩子更加聪明。

爱因斯坦曾援引过劳厄的一段名言:当一个学生毕业离开学校时,如果把教师教他的知识都忘光了(当然,这是不可能的),这时他所剩下的,才是学校、教师在他身上教学的真正成果。这就是说,真正的成果,是知识之外的东西,是能力,更是能力之上的智力素质。

如何实现这个想法呢?

二、我的做法

在教学教育过程中,把德、智、体融为一体,统一在建设一个优秀集体、为人民炼一炉好钢的实践中。

德育和智育是互相关联、相辅相成的。远大理想将产生刻苦学习的强大动力;反过来,智力素质的提高,使人看得远,有助于形成正确的人生观,提高思想品德素质。健康的身体,不但是学习和工作的保证,同时,艰苦的体育锻炼将造就坚强的意志品质。

在德育的实践上,我们提出:

(1)诚实,正派,正直;

(2)树立远大理想,要为人民多作贡献;

(3)做有丰富感情的人,要因为我来到这个世界上,而使别人更幸福。

在教学上发展智力素质,我们的主要做法有:

(1)总是站在系统的高度教学知识,八方联系,浑然一体,让学生总是处在浮想联翩、思潮如涌的思维状态;

(2)更着重向哲理观点的升华,高屋建瓴;

(3)课堂上,造就成学生超前思维、向老师(包括课本)挑战的态势,在思维运动中训练思维,互相感染聪明与才智;

(4)题不在多而求精,一题多解,多解归一,多题归一;

(5)从初一开始即进行问题研究,写论文;

(6)各科都少留作业,数学不留书面家庭作业,当然更不收作业,保证学生每天睡眠9小时左右,六年如一。

在学校的体育安排之外,我们班内组织小组篮球赛、集体游泳;我教同学们练田径、篮球、排球、乒乓球、游泳等;每天放学后,女生跑800米,男生跑1500米。此外,我还给同学们讲音乐理论,教歌、排练合唱,每年举办一次文艺演出班会。

三、实践来检验

实践是指什么?是指效果。教学教育上的效果,更在于时间延伸中的考察。

我们班学生在校期间:

思想品德素质方面 班风正派、纪律严明、课堂安静、教室干净,考试时即使老师发完卷子离开,铃响同学自己收卷送去,也绝无人作弊;向社会及希望工程捐款捐物,我们班最为踊跃;学校扫除,各处室都愿意我们班去帮忙;每个寒暑假,都要拿出一两天,把全校师生数吨重的新课本、练习册从区仓库搬运回学校;同学之间真诚友爱,困难抢担,利益相让,谁有了好书、好解法,巴不得立即让全班同学都知道。有人说,高考中差1分,能差出一操场人。可是,对于每人可以在高考中加10分的4个北京市市级三好生名额,班上排名前15名的同学都放弃了,这是为了增加靠后一些的伙伴考上北大、清华的机会,而宁肯自己去担风险。

智力素质方面 以第三轮班为例,闫珺同学获第37届国际数学奥林匹克金牌,为国争了光,为二十二中、东城区、北京市争了光,这块金牌是近5年来北京市唯一的一块数学国际金牌。尉健行同志亲手把北京市中学生最高荣誉"金帆奖"颁发给闫珺同学。第四届雷达表中国青少年英才科学奖竞赛(考数学、物理、化学、天文、地学、生物、作文、计算机、外语)中,北京籍得奖学生共4名,其中2名在本班:陈硕、闫珺。在全国高中数学联赛北京赛区前10名中,第二轮班占了4名(包括第1名);第三轮班,则在全国高中数学联赛中获一等奖5人,二等奖3人,三等奖6人;1997年高考,全班40人全体上线,上本科线39人,重点线38人,进入北大、清华22人,占全班人数的55%,而6年前小学升中学的考试中,只有16人的分数达到区重点最低录取线,另有15人的分数属就近分配分数段。特别是,6年中我们没有淘汰任何学习上的后进生。

第二轮实验班的彭壮壮同学以一篇数学论文和三轮答辩,获得"美国西屋科学奖"(俗称"少年诺贝尔大奖"),在美国和世界上引起轰动,我国《参考消息》和《科技日报》等媒体也做过报道,他是至今为止唯一获此奖项的中国中学生。

身体素质方面 当年学生平均身材瘦小的初一(1)班,6年后变成了平均身材在年级里最高大的高三(1)班。上高二、高三后,校田径运动会上团体总分压倒性第一(高中组12个班,一般的班为30分左右,而本班126分一次,122分一次);任晓军获北京市中学体操个人全能第二名;合唱比赛每次都是第一,7人会钢琴,4人会手风琴,1人会小提琴;陈帆的书法获北京市中学生一等奖。

虽然我们为实验班在二十二中时期的进步而高兴,但是,更使我们受鼓舞的,是同学们离开二十二中以后的表现。第二轮实验班进入北大、清华的15名同学1997年大学毕业,其中12人被保送国内研究生,或考取国外著名大学的全额奖学金研究生。超过了人才荟萃的北大、清华毕业读研究生的平均比例,其中,李毅到美国密歇根大学的第二年,即获全美大学生超大规模集成电路设计比赛第三名。第三轮实验班现在读大二,其中在北大、清华的22人中,有18人的成绩在中等以上,其中半数在前几名。2000年9月,北大、清华公布了保送研究生的名单,数额占毕业生的40%左右。而我们在北大、清华的22名学生中,70%被保送研究生(即上了这个名单),在北大、清华,40名学生中有1名一等奖学金获得者,而我们在北大、清华的22名学生中有4人获一等奖学金。须知,考进北大、清华的学生个个都是全国各省市屈指可数的拔尖生。联想到他们在二十二中的阶段,我们不搞题海战略,不买练习册,高中数学不买课本,每天睡眠9小时左右等,充分表明,我们所选择的不搞应试教育而走发展智力素质的道路,是正确的。

在身体及其他素质方面。刘婷上大一时获清华大学运动会女子800米第三名,1500米第四名,第二年则获清华大学女子800米第一名;张海飞获北京大学男子铅球第三名;桑丽芸获北京大学女子800米第七名。而北大、清华的近两万名学生中不乏特招的体育特长生,在自动化系学习的任晓军入选清华大学男子健美操代表队,在清华计算机系学习的温世强担任清华大学男子登山队队长,在北京大学生命科学学院学习的桑丽芸担任北京大学女子登山队负责人之一,陈帆则代表清华大学获得刚刚结束的全国大学生艺术节书法二等奖。

评价效果,我们更看重恐怕也最不放心的,是对思想品德素质的检验。到目前为止,情况让我们踏实。第一轮实验班的同学大学毕业已经9年。用团支书苏泳的话说,咱们班的同学在工作岗位上,哪个不是好样的!例如李兵同学刚进中科院微电子中心就参与并完成了两个课题,已被确定为中科院微电子中心科研骨干,在完成了两个"八五"攻关课题和一个攀登项目后,又接受了中科院创新项目;而吴岳则参与设计了刚刚竣工的壮观的国际金融大厦,他的领导,北京建筑设计院的李铭陶副院长对我说,在设计院年轻一代建筑师中,吴岳是最优秀的。第二轮实验班有8人进清华,其中4人(吕华威,廖朝民,戴亦欣,蒋博澜)以德、智、体的良好素质获得一、二、三等奖学金。第三轮实验班则有7人在北大、清华获一、二、三等奖学金,其中3人是一等奖学金。第三轮实验班的同学1997年进入大学后不久,就有9人被选为班长、团支书,系学生会部长、副主席,其中有7人是在北大、清华当学生干部。北大数学科学学院院长彭立忠教授说,"孙老师给我们北大送来了一批高素质的学生",他称赞担任北大数学科学学院学生会学习部长的闫珺全面素质很好;而担任文体生活部长的女同学曹珺诚实、热情,受到北大数学科学学院同学们的称赞。中国教育电视台的编辑说,他去清华时,听到过对刘婷同学的好评;在北大生命科学学院担任团支书的桑丽芸同学主持2000人参加的全北大新生军训结营式,圆满成功;担任北大物理系学生会统筹部长的雷易鸣同学,每天自带面包当午餐,去香饵胡同希望工程工作站当志愿者,度过了自己宝贵的暑假,开学后,他又被选为北大物理系学生会副主席;已经是清华大学经7(2)班班长的王一同学,以其优秀的表现,又被选为清华大学经济学会会长。第二轮实验班的彭壮壮同学在获得"美国西屋科学奖"进入哈佛大学后,给我来信说,请转告打听他归宿的人们,唐朝诗人王昌龄有两句话:"洛阳亲友如相问,一片冰心在玉壶。"

不过，就时间的延伸而言，现在还不到做出结论的时候，历史刚刚开始。

我希望我们三轮实验班的每一位同学，时时检点，刻刻奋进，使自己真正成为人民可信赖的人才。同时，我还衷心希望领导和老师们对我的汇报批评指正，使其中错误的，不致谬种流传；使其中有益的，能为青年老师们参考。因为，这些实在不是我的发明，是二十二中、东城区、北京市领导和那么多老师教给我的。

谢谢同志们！

本书将从对第三轮班(1991—1997)的回顾和反思以及使孩子在思想品德素质、智力素质、身体素质等方面得到优异的发展的角度，向从初一到高三的广大的同学们和他们的家长及老师们，提出具体的建议，帮助同学们健康成长、迅速成长。

1999年10月于北京

如果您在阅读本书或观看视频课程中有难以理解的内容或者新的想法，欢迎扫描下面的二维码名片与我们进行微信交流，孙维刚教育研究院的老师会解答您学习过程中遇到的问题。

二维码名片

初中数学
视频试看码

初中数学
视频购买码

高中数学
视频试看码

高中数学
视频购买码

目　　录

第二版序 …………………………………………………………………（Ⅴ）
写在前面 …………………………………………………………………（Ⅶ）

第一篇　教学方法——写给老师们，并请同学们一起来读

第一章　写给任课教师 ……………………………………………… 3
　　第一节　首先要建立先进的观念 …………………………………… 3
　　第二节　总是站在系统的高度教学知识 …………………………… 4
　　第三节　更着重向哲理观点升华 …………………………………… 15
　　第四节　教师要造就学生成为课堂的真正主人 …………………… 20
　　第五节　正确对待做题 ……………………………………………… 26
　　第六节　从初一年级开始，就提倡和指导学生开展问题研究，练习写论文 …… 43
　　第七节　帮助学生科学安排学习和生活，保证学生每天睡眠
　　　　　　9小时左右 ………………………………………………… 46

第二章　写给班主任 …………………………………………………… 48
　　第一节　我不赞成的一些倾向和做法 ……………………………… 48
　　第二节　营造一个优良的环境 ……………………………………… 50
　　第三节　建成一个优秀集体的关键 ………………………………… 56

第二篇　学习方法——写给同学们

第三章　时时注意寻找知识之间的联系和规律 ……………………… 63
　　第一节　世上没有"没有为什么的事物" …………………………… 63
　　第二节　寻找联系与区别，在比较中学习新知识 ………………… 67
　　第三节　"情"的联系，"韵"的联系，恣意纵横 …………………… 76

第四章　运用哲理 ……………………………………………………… 78

第五章　自己动手 ……………………………………………………… 90
　　第一节　课堂上怎样听讲 …………………………………………… 90
　　第二节　上中学后，在学习上一定要抓"三个环节"吗 …………… 98
　　第三节　学会写小结 ………………………………………………… 100
　　第四节　写小论文 …………………………………………………… 106

第六章　有效提高解题水平的捷径 ……………………………… 115
  第一节　走走停停 ……………………………………………… 115
  第二节　回首的目的是有所发现，有所发明，有所创造，继而有所前进 ……… 116
  第三节　使"有所发明""有所创造"具体化 ……………… 121
  第四节　剑在磨砺中锋利 ……………………………………… 128
  第五节　必须追溯其所以然 …………………………………… 136
  第六节　强调两个方法 ………………………………………… 142
  第七节　综合示范 ……………………………………………… 149

第七章　一些具体的做法 ………………………………………… 177
  第一节　中学时代需要高层次的体育和艺术修养 ………… 177
  第二节　高层次的业余生活 …………………………………… 179
  第三节　科学安排日程 ………………………………………… 180
  第四节　我反对"背" ………………………………………… 181
  第五节　学会复习 ……………………………………………… 182
  第六节　养成时时事事思考和学习的习惯 ………………… 184

第八章　减轻负担和快乐教育 …………………………………… 187

第二篇的结束语 …………………………………………………… 194

第三篇　教育方法——写给家长们

第九章　想过一个问题没有 ……………………………………… 197

第十章　要学点儿辩证法 ………………………………………… 199

第十一章　一个最重要的方面 …………………………………… 201

第十二章　更具体些的问题 ……………………………………… 202
  第一节　家长和孩子的位置怎么摆 ………………………… 202
  第二节　家长和教师怎么相处 ……………………………… 202
  第三节　不要做"九斤老太" ……………………………… 203
  第四节　要不要请"家教" ………………………………… 204
  第五节　家务劳动及花钱 …………………………………… 205

作为结束语的开头的话 …………………………………………… 207

附录A　在继承中创新 …………………………………………… 209

附录B　怀念孙维刚 ……………………………………………… 211

附录C　《孙维刚初中数学》《孙维刚高中数学》
    ——当代中学数学教辅书的优秀样板 ……………… 213

附录D　我们的生命是你生命的延续 …………………………… 216

编辑手记 …………………………………………………………… 218

第一篇

教学方法——写给老师们,并请同学们一起来读

第一章　写给任课教师

第一节　首先要建立先进的观念

在教学领域，我说的观念，是指教学的目的及教师的责任。

对此，人们几乎众口一词：传授知识。

近些年来，学校的教学围着升学考试转，一些人教育的目的，就是为了培养能力、考高分。于是，应试教育愈演愈烈，猜题押题、高考命题信息，一时兴起；题海战术，使学生不堪重负；甚至传授一些旁门左道的解题方法，这些显然完全不是知识了（连名字都起得五花八门，什么串线法、埋线法……），把学生搞得机械麻木。

这些，我都不赞成。

知识是需要的，但我们更需要的，是驾驭知识的睿智，是面对陌生的科技难题，敢于直面、善于攻克的创新能力，它的本质，是高超的思维水平，是智力素质。

所以，教学的目的和实施，应当是通过知识的教学，不断发展学生的智力素质，造就他们强大的头脑，让不聪明的孩子变聪明起来，让聪明的孩子更加聪明。

学生在具备完善的智力素质后，首先要牢固掌握和熟练运用学过的知识，更要善于学习和掌握新的知识，不断和更加丰富自己的知识。这样，解题、考试时拿高分，就不在话下了。因为，睿智使得学生在试题面前运筹帷幄、纵横捭阖、得心应手，难题自然也就不难了。当然，这里包括用科学的方法掌握在实践中总结出来的解题思考上的符合科学的规律。

在本书"写在前面"中介绍了我们班同学在各种考试中的突出成绩，就是有力的证明。

而我们在中学的 6 年中是不留书面家庭作业、不买练习册的。

但是，怎么才能造就学生强大的头脑并且深刻地掌握知识和总结发现各种科学的思考规律呢？能力和智力素质，是必须通过对知识的学习和掌握才能得到并发展的。

这里有三层意思。

（1）智力素质是最高层次的，它是指人的思维方式和水平。或者就是通常所说的聪明吧，具备了它，在任何困难或课题面前，都能恣意驰骋，运筹帷幄，决胜千里；它能逢山开路，遇水架桥，无往不胜。这不恰恰就是我们所希冀的现代化建设人才、创新人才所应有的标准之一吗？

（2）能力的提高，智力素质的发展，不是凭空得到的。在教师，是通过知识的教育来影响学生的；在学生，是通过知识的学习来得到的。

（3）通过知识的教学，培养学生的能力，发展学生智力素质，但这个教学，不是自然主义随便怎么做都可以达到目的的。而是在教学的每个环节、每个细节都要周密思考，精心安排，自觉地为实现"培养能力，发展智力素质"这个目的服务。

下面介绍我的主要做法。

第二节 总是站在系统的高度教学知识

1999年6月的一天，我给一所很好的中学的高二年级的重点班讲了两节课，我给学生提出过这样一个问题：

为了把铅球推得远，最佳出手角度应是多少？

全班众口一词地回答：45°。

事实上，十几年来，我问过许多高中学生，得到的都是这个错误的答案。

这是因为在高一的物理课上，大家做过一道物理题。

> 证明：当仰角45°时，斜抛物体的水平射程最大。

证明如下，如图1-1所示，把斜抛的初速度 v_0 分解为竖直方向的初速度 $v_0\sin\theta$ 和水平方向的初速度 $v_0\cos\theta$。

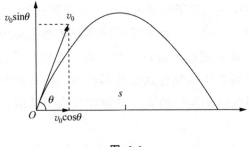

图 1-1

竖直方向的初速度 $v_0\sin\theta$ 决定了物体的飞行时间为

$$t = 2 \cdot \frac{v_0\sin\theta}{g} \quad (g\text{ 是重力加速度，为 }9.8\text{ m/s}^2)。$$

用它算出水平方向匀速度运动的路程，为

$$s = (v_0\cos\theta) \cdot t$$
$$= (v_0\cos\theta) \cdot 2 \cdot \frac{v_0\sin\theta}{g}$$
$$= \frac{v_0^2}{g}\sin 2\theta。$$

根据正弦函数的有界性，在本问题的条件下，当且仅当 $2\theta = 90°$，即 $\theta = 45°$ 时，$\sin 2\theta$

得到最大值为 1，此时，s 得到最大值，为 $\frac{v_0^2}{g}$。证明完成。

这个证明有错误吗？没有。

但它不能拿来作为掷铅球最佳出手角度也是 45°的证明，因为掷铅球时，铅球的出发点是铅球投掷出手时手的位置，落地点和它不在同一水平线上。这样，铅球在水平方向上匀速运动的时间，已不是

$$t = 2 \cdot \frac{v_0 \sin\theta}{g},$$

而应是

$$t = 2 \cdot \frac{v_0 \sin\theta}{g} + t_1。$$

这里的 t_1，由

$$h = v_0 t \sin\theta + \frac{1}{2}gt^2$$

中算出，其中 h 是铅球离开投掷者手时的高度。

就这么简单的一个考虑，可是，在我提问过的众多高中学生中，而且多是学习上的优秀生，竟不曾有一个人想到过。

这是为什么？

根源之一，是条条框框割裂方式的教学肢解知识的结果，把孩子活生生的思考也"肢解"了，不求甚解。这哪里是提高智力素质？

所以，孩子们入中学之初还会问："整数和分数的总称为什么称为有理数""它们有什么'理'""对边与邻边之比为什么叫正切"等问题，当被老师一闷棍打回来之后，就什么问题都不再问了（这个问题我在后面还要谈到）。

结果呢？越学越短视，越是死记硬背，越记不住。这是上面提到的高中班的学生，当场没有一个人能回答出什么是有理数，即为明证。至于什么是正切，估计他们不会忘记，因为经常用；否则，大概也会弄不清是"对边比邻边"还是"邻边比对边"了。

如果站在系统的高度把握知识，情况就不同了。

这里有三层意思。

（一）每个数学概念、定理、公式等知识的教学，都是在见树木更见森林、见森林才见树木的状况下进行的

举几个例子。

在小学解应用问题，是用列算式的方法；上中学后，则改为列方程的方法，学生们一时间不适应这种改变。

这时，应当怎样解决呢？

我听不少教师说过，初一代数的难点，是列出一元一次方程解应用问题。它之所以难，是因为学生脑子里根深蒂固的按算术方法列算式的思维方式在捣乱。因而，必须排除这个干扰！要告诉学生，一上中学，赶紧要求自己把列算式的方法忘掉，忘得越干净

越好，免得它来捣乱，影响你掌握列方程的方法。因为列方程解应用问题比列算式解应用问题简单，以后拿过一道题目时，千万不要再往算式上想了。

就这样，小学时辛辛苦苦的劳动成果，全扔进废纸篓里了。

这是一个孤立地、割裂地进行教学的典型例子。

算术方法果真那样"大逆不道"吗？非也。

算术方法所列的算式，其实也是一个方程嘛！不过只写了一半，如果把所列的算式的后面写上一个等号再写上 x，不就是一个方程吗？

对于一道适用于列出一元一次方程来解的应用问题，可以列出许多方程来解它，即任选题目中的一个量（明显的或隐含的），用两种不同方式分别表达，中间连接一个等号，就是一个方程。

当选择的这个量是题目所求的量，方程右端的表达方式是 x，而左端的表达方式中不许含有 x 时，那么，这个左端不正是算术法列出的算式吗？

由于算术法限制了选择的这个量必须是所求量，所以只需写上一个 x。事实上，这是把思考量集中到另一端，增加了思考难度；同时，左端的表达式中不得利用所求量，这再一次增加了思考的难度。所以，一般情况下，在解一道可以列出一元一次方程解决的应用问题时，列算式的方法不如列方程的方法迅捷，或者说，列算式的思考难度较大。

下面看一道题目。

【例 1-1】 队伍出发后 2 小时，发现一份文件遗忘在营地，通信员返回拿到文件后再追队伍。如果队伍每小时行进 7 千米，通信员每小时比队伍多行 5 千米，那么，通信员离开队伍后经过多少时间追上队伍？

解 法

(1) 列算式的方法如下：

依题意，通信员离开队伍后又追上队伍所用时间为

$$7 \times [7 \times 2 \div (7+5) + 2] \div 5 + 7 \times 2 \div (7+5) = 5\frac{3}{5} \text{（小时）}。$$

(2) 列方程的方法如下：

设通信员离开队伍后又追上队伍所用的时间为 x 小时，依题意有

$$7(x+2) = (7+5)[x - 7 \times 2 \div (7+5)]$$

$$x = 5\frac{3}{5} \text{（小时）}。$$

比较之下，列方程的方法，思考上更直接一些。

但事物都是一分为二的，对一些非常简单的问题，杀鸡焉用牛刀？并不总是列方程的方法更快捷。

【例 1-2】 大小两数的和为 72，差为 28，求这两个数。

解 法

(1) 列方程的方法如下：

设大数为 x，则小数为 $72-x$。

依题意有
$$x-(72-x)=28$$
$$2x=28+72$$
$$x=50$$

则小数为 $72-x=72-50=22$。

但这怎么会比列算术的方法快捷呢?!

（2）列算术的方法如下：

大数为 $(72+28)\div 2=50$，

小数为 $(72-28)\div 2=22$。

哲学上有个重要的原理：一分为二。它是说对任何事物的评价，没有绝对好的，也没有绝对坏的，不要肯定一切，也不要否定一切。好与坏，都是相比较而言的，是在一定条件下相对于一定标准的评价。举个例子，翻一块土地，用拖拉机和用铁锹，哪个更快些？如果在一大片平原上，当然用拖拉机快；但若翻一小块儿花池子或一小块山坡，还是用铁锹要快一些。

将列算术方法和列方程方法进行比较，还有另外一层含义。

那就是，列算术方法为什么难？是因为这个方程的右端是 x，于是整个题目的思考就全部集中到了左端；而列方程的方法，一般情况下，把思考分担到了左右两端，这样每端的思考负荷都不大。

正由于此，完成一个算式，对思维的训练难度大，收获也大。如果一味地怯难贪简，那么，遇到一道复杂的应用题，即使列方程可以在左右两端分担它的总思考量，但每端的任务仍较繁重，对于一名思维训练强度比较低的学生，完成起来就会感到吃力。

事实上，经常做高难度的列算式的思维训练，常常会使学生解决问题时出神入化，豁然开朗。

例如，对于上面那道通信员追赶队伍的行程问题，用算术的方法（准确地说，是深入的思考）可以想出许多简捷而生动的解法。

择其中之一，如图 1-2 所示。

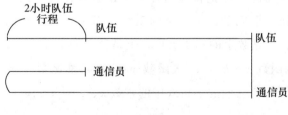

图 1-2

把上面的情景弄通后，可以把它看成一个拉直后的追及问题。解法如图1-3所示。

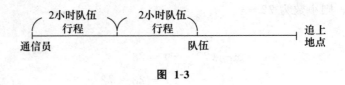

图 1-3

得到

$$7\times 2\times 2\div 5=5\frac{3}{5}(小时),$$

$$距离差\div 速度差=追上时间。$$

多么漂亮!

站在系统的高度把握知识,发现解一元一次方程的应用问题时,代数的方法(即列方程的方法)包含了算术的方法,算术的方法不过是代数方法的特例。这样的例子太多了,俯拾皆是。

例如,解一元二次方程的求根公式法,对于

$$ax^2+bx+c=0\,(a\neq 0),$$

$$x_{1,2}=\frac{-b\pm\sqrt{b^2-4ac}}{2a}\,(b^2-4ac\geqslant 0)$$

包含了开平方法。

对于 $ax^2+c=0\,(a\cdot c<0)$,有

$$x_{1,2}=\pm\sqrt{-\frac{c}{a}}$$

和因式分解法。

对于 $ax^2+bx=0\,(a\neq 0)$,有

$$x_1=0,\ x_2=-\frac{b}{a}\text{。}$$

因为后者,分别是求根公式法当 $b=0$ 或 $c=0$ 时的特例。

又如,勾股定理 $c^2=a^2+b^2$,则是余弦定理 $c^2=a^2+b^2-2ab\cos C$ 当 $C=90°\Rightarrow\cos C=0$ 时的特例;反过来,余弦定理则是勾股定理的推广。

从欧氏平面到射影平面,从经典物理到相对论……正是反映了不断地从特殊到一般,又站在推广了的一般的高度去讨论特殊这样一个认识规律。前面说过,这样的例子不胜枚举,春城无处不飞花,形成了一个一个的系统;而一个又一个的系统之上又形成更概括、更大规模的系统。这是数学的本质表现,也是科学的本质表现。

【例 1-3】 正比例函数 $y=kx$,二次函数 $y=ax^2$,幂函数 $y=x^a$,指数函数 $y=a^x$,对数函数 $y=\log_a x$,请比较它们的解析式中的常数 k、a 对于函数曲线的影响。

分 析

这 5 个函数分散在初三和高一的不同时期学习,除了它们都是函数这个共同点以外,它们完全是不同类的,在教材里,它们分散写在不同的章节内。

但深入探讨后发现,它们的解析式中的常数 k、a 对函数曲线的影响,十分相似,如出一辙。

那就是,常数在它允许的范围内跑遍时,函数曲线扫遍某个区域;当常数在它允许取值的范围内游走时,都是 0、1、-1,这些点起到了"分水岭"的关键性作用。

对于正比例函数 $y=kx$ ($k\neq 0$),k 决定着函数图象直线的位置。在这里,k 的符号(实质是"0"这个点)决定着直线所在象限的位置。当 $k>0$ 时,直线通过 Ⅰ、Ⅲ 象限,当 $k<0$ 时,直线通过 Ⅱ、Ⅳ 象限;$|k|$ 则决定着直线的向上方向与 y 轴正向的夹角大小,而当 k 值取遍 $(-\infty,+\infty)$ 上的全体实数时,直线绕原点旋转而扫遍除 y 轴以外的整个坐标平面(这里要允许 $k=0$,否则,也不包括 x 轴),如图 1-4 所示。

对于二次函数 $y=ax^2$,与一次函数相同,a 的符号(实质也是"0"这个点),决定着曲线所在的象限位置。当 $a>0$ 时,抛物线通过 Ⅰ、Ⅱ 象限(即开口向上);当 $a<0$ 时,抛物线通过 Ⅲ、Ⅳ 象限(即开口向下)。$|a|$ 也决定着曲线与 y 轴的相对位置状况,$|a|$ 越大,抛物线越贴近 y 轴(即抛物线越"瘦");$|a|$ 越小,抛物线越疏远 y 轴(即抛物线越"胖")。当 a 值跑遍在 $(-\infty,+\infty)$ 上的全体实数时,曲线 $y=ax^2$ 也是扫过除 y 轴而外的整个坐标平面(这里也要允许 $a=0$,否则,也不包括 x 轴),如图 1-5 所示。

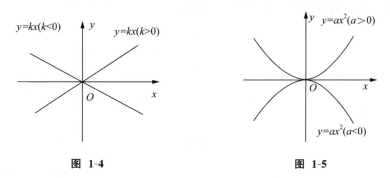

图 1-4   图 1-5

对于幂函数 $y=x^a$,仍是常数 a 决定着曲线的位置和形状。当然,由于常数的位置发生了变化,从自变量 x 的系数位置,转移到了自变量 x 的指数位置,那么常数 a 的符号,已不再决定曲线所在象限的位置,而是决定曲线是通过 (0,0) 点及 (1,1) 点($a>0$ 时),还是只通过 (1,1) 点,不能过 (0,0) 点($a<0$ 时);$|a|$ 决定着曲线在各点的曲率情况,但与前面两种函数相同的是,a 跑遍在 $(-\infty,+\infty)$ 上的实数时,曲线扫过除直线 $x=1$ [不包括点 (0,1)] 以外的整个第一象限(这里也要允许 $a=0$,否则,不包括直线 $y=1$ 在第一象限的部分),如图 1-6 所示。

对于指数函数 $y=a^x$ ($a>0$ 并且 $a\neq 1$),由于 a 的范围是 $(0,+\infty)$,我们以数学 1 为分界点。当 $a>1$ 时,曲线从左向右呈上升状态;当 $0<a<1$ 时,曲线自左向右呈下降状态。$|a|=a$,也起着影响曲线与 y 轴正向的相对位置及曲率的作用,与前面共同的是,a 跑遍 $(0,+\infty)$ 上的全体实数时,曲线扫过除 y 轴正半轴 [不包括 (0,1)] 以外的整个第Ⅰ、Ⅱ象限坐标平面(这里要允许 $a=1$,否则,不包括直线 $y=1$),如图 1-7 所示。

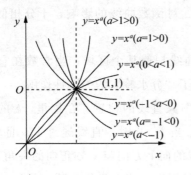
图 1-6

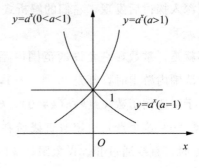
图 1-7

对于对数函数 $y=\log_a x$（$a>0$，并且 $a\neq 1$）情况的讨论，与对于上述指数函数的讨论十分相似。

对上述 5 个函数深入探讨后，发现它们的解析式中的常数在其所允许的范围内跑遍时，影响着它的曲线扫遍某整个区域这个事实，这个惊人的相似（并且包括都是 0、1、-1 这些点起着关键性的作用）启示我们，事物之间的联系和规律，是我们深入探寻事物本质的一个途径，它也是一种系统。

事实上，这个比较和归纳，远没有完结。也就是说，某个量的数值跑遍某个范围，可以影响一条曲线扫遍某个区域，也可以影响一个点跑遍某条曲线，如此等等，还有许多。

例如，把解析几何里的线段的定比分点公式站在上述系统的观点做一次探讨，如图 1-8 所示。

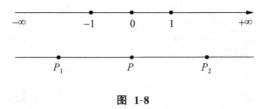

图 1-8

对于线段 P_1P_2 所在的直线 P_1P_2，P 是线段 P_1P_2 的分点，这里 $\lambda=\dfrac{P_1P}{PP_2}$，当 λ 从 $-\infty\to+\infty$ 取遍全体实数时，点 P 跑遍整个直线 P_1P_2。

它们的对应关系是这样的：当 $\lambda=0$ 时，P 点和 P_1 点重合；当 λ 由 $0\to 1$ 时，P 点由 P_1 点向线段 P_1P_2 的中点移动；当 $\lambda=1$ 时，P 点在线段 P_1P_2 的中点上；当 λ 由 $1\to+\infty$ 时，P 点由线段 P_1P_2 的中点向 P_2 点移动，从 P_2 点的左侧，无限接近 P_2 点，但不能到达 P_2 点$\left(\text{为了使比值存在，由 }\lambda=\dfrac{P_1P}{PP_2}\text{可知，}PP_2\text{ 不能为 "0"}\right)$；而当 λ 由 $-\infty\to -1$ 时，P 点从无限接近 P_2 的 P_2 点右侧，沿 P_1P_2 的方向，向无穷远方移动；当数值 λ 在数轴上从无限接近 "-1" 的 "-1" 点右侧向 "0" 连续取值时，P 点则从沿 P_2P_1 方向的无穷远方移向 P_1 点，直至 $\lambda=0$ 时，P 点再次回到 P_1 上。

再仔细一步，会发现更有趣的统一，都是 $\pm\infty$ 和一个点的对应，直线 P_1P_2 上的 $\pm\infty$，与数轴上的点 "-1" 对应；数轴上的 $\pm\infty$，与直线 P_1P_2 上的点 P_2 对应，多么美妙。

限于篇幅，此处仅举了三个例子，意在说明站在系统的高度进行知识教学时，便可发现"见树木更见森林，见森林才见树木"这层意思。

（二）在教学过程中，对任何细节，都鼓励学生追本溯源，凡事都去问为什么，寻找它与其他事物之间的联系，使其逐渐成为学生的一种根深蒂固的习惯

举两个例子。

有一次，我在一所学校里听课，一名初一的小同学，问他的数学老师："老师，课本上说，整数和分数的总称，叫作有理数，'有理'，就是有道理的意思，我不明白，整数和分数这两种数有什么道理呢？"

多么好的问题，我在旁边听了后心想，这种强烈的求知欲，正是我们当老师求之不得的呢！

可是，这位老师却回答："这是数学上的规定，没有为什么！"

太遗憾了！太残酷了！

几经如此，宝贵的火花便被熄灭，而走上这样一条路：学习时，不再思考，刻板记忆，不求甚解。渐渐地、渐渐地，思维着的心灵变得麻木了……

为什么把整数和分数的总称叫作有理数，是有原因的。这个原因，是翻译上的一个失误。"rational number"这个单词，日本人把它译做"有理数"，然后我们又从日文译成了中文。在这里，译者只知道"rational"最常用的意义是：理性的、合乎情理的。一般词典上也只有这个译法。但"rational"还有另外一个意思是：比。"rational number"是指"可以精确地表示为两个整数之比的数"。

这样一来，真相大白，恍然大悟，再明白不过了。因为，分数当然是两个整数的比。例如，$\frac{4}{7}$ 是 $4:7$；整数同样如此，3 是 $3:1$，也是 $6:2$ 等。所以，整数和分数总称为"rational number"（可比数）。

如果教师不了解这个背景，是不是可以这样回答学生的提问：

> 这个问题我也不清楚，让我回去查查书，或者问问别人，不过我想，把整数和分数的总称叫作有理数，一定是有原因的，你的问题提得太好了，你忠实地执行了我们的学习方法中的一条准则，即凡事都要去问为什么，世界上不存在"没有为什么的事物"。

那位教师怎么能对学生说"这是数学上的规定"，而且又缀上一句"没有为什么"呢！

事实上，科学上（数学尤其如此）的任何规定，都是有"为什么"的，像符号的采用也是如此。

任意 x，之所以记作 $\forall x$，是因为若将 any x 缩写为"ax"，易引起误解，把 a 大写后，"Ax"仍易误会，于是便写成了 $\forall x$；存在 x，于是记作 $\exists x$，是因为把"存在"exist 取字头后，e 与 x 连写，或 E 与 x 连写仍易引起误会，仿照上面把"任意"（any）的首字母大写 A 上下翻转，仍达不到目的，因为 E 上下翻转后仍是 E，于是左右翻转为

∃。为什么用 S、Σ 表示"求和"呢？S 是 sum（和）的首字母大写，俄语里的"和"——"Сумма"的首字母也是 S（俄语字母中的 C 相当于英语字母中的 S）。如果希腊语里的"和"也是外来语，那么它的字母是不是也是 S 呢？而希腊字母中的 Σ，相当于英语字母中的 S。

更有趣的是，为什么积分符号采用 $\int$ 呢？它实质是一个拉长了的 S（和）。因为，定积分是"分割"，做"和"，取"极限"，是求"和"。又由于牛顿-莱布尼茨公式，建立了定积分的计算与不定积分所求原函数之间的关系，这样一来，不定积分采用了符号 $\int$，定积分采用了符号 $\int_a^b$。

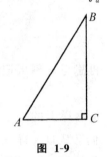

图 1-9

这些知识本身或许并不重要，但形成一种有如"水银泻地无孔不入"的思想方法，却是提高智力素质的一个方面。

【例 1-4】 第一次学习三角函数，是在初中三年级的课本里"解直角三角形"的一章中，写出了对一个锐角 α 的正弦（sinα）、余弦（cosα）、正切（tanα）、余切（cotα）的定义。

以其中的正切为例。锐角 A 的正切 $\tan A = \dfrac{BC}{AC}$，如图 1-9 所示。

分　析

为什么把锐角 A 的对边与邻边的比值称作 A 的正切呢？课本上没有说明，老师也不讲，学生呢？学生绝大多数也不问，因为上了三年初中，大概已经"习惯"当"遵命"的学生了吧。而从这儿学下去，没听说谁会因为不知道这个比值为什么叫作正切而在学习上遇到困难的。

上了高一，学了三角函数的定义，$\tan\alpha = \dfrac{y}{x}$，当 α 为锐角时，在直角△OPP'中（如图 1-10 所示），y 就是对边 PP'，x 就是邻边 OP'，这样就一致起来了。

但为什么要冠以"正切"这个名称，并且用"tan"这个符号来表示呢？

其实，就数学本身的历史发展顺序，各三角函数最先是在单位圆上定义的，如图 1-11 所示，各三角函数是一些特定的线段长。

对于 α（∠AOB），从它的始边半径的端点 A 做圆的切线 AT，交终边半径 OB 的延长线于 T，称切线段 AT 为 ∠AOB 的正切线，AT 的长度为 ∠AOB（即 α）的正切。

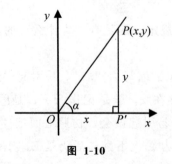

图 1-10

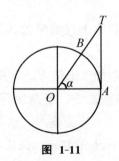

图 1-11

于是,"正切"二字的谜底,昭然若揭了。至于我们在课本上先学到的坐标平面上的 $\tan\alpha = \dfrac{y}{x}$ 也好,直角三角形中的 $\dfrac{对边}{邻边}$ 也好,实际上是把单位圆上的定义放在了直角坐标平面或直角三角形中后,相应得到的。

为什么用符号"tan"呢?

在英文中,正切是 tangent(它也有"切线"的意思),取其中的前 3 个字母"tan"。

由于在英文中,前缀"co"有余角的意思,那么当然,cotangent 简记为 $\cot A = \dfrac{邻边}{对边}$。因为,$\cot A$ 是角 A 的余角的正切,在本例中,角 A 的邻边和对边,分别是它的余角 B 的对边和邻边。所以,角 B 的正切被称作是角 A 的余切(即角 A 的余角的正切之意)。

如果把本节(一)中的树木比做零件,那么(二)中的细节就是众多的焊点,更遍地皆是。逐渐养成习惯后,这些寻根问底的工作,主要由学生自己成为嗜好地去完成。那时,智力素质就又上了一个台阶了。

(三)在系统中进行教学,还有这样一层意思:濡染学生,使之养成"联想总是油然而生"的思维习惯

《三联生活周刊》在 1997 年第 18 期刊登了对我们班杨维华同学的采访(高考考进北大数学科学学院),其中有他讲的这样一段话:

> 孙老师讲课很有"心计",他在数学课上第一次写出 α、β、γ 时,从希腊字母讲到希腊文化,再讲到欧洲,讲到第二次世界大战;讲到第二次世界大战时,他顺手就画出军事地图……看似信马由缰,可他最后总能回到原话题,非常到位,像是精心设计的。

高考考进清华大学电子系的学生陈硕,在本书"写在前面"中提到的大会上的发言中,有这样几句话:

> 孙老师讲课最吸引人的地方,要数他广阔的联想,从东周列国讲到解放战争,从拿破仑讲到斯大林,从尼克松访华讲到雅各宾派专政,无一不显现他渊博的知识和敏锐的头脑。这些看似和数学毫不相干,其实它们和数学以及其他学科都有着紧密的联系,所谓同出一辙。学科间本无明显界线,它们总是互相交织、互相渗透,只有掌握其中的规律,才能把握内在灵魂,做到知识越学越少,真正地从必然王国迈入自由王国。

举几个例子。

高二第二学期的一堂习题课上,我和学生们讨论一道已知递推公式求数列通项公式的题目。

这道题目的结果,求出了数列通项公式,如果把项数 n 看作自变量,那么,所求数列是一个离散函数。求通项公式与解方程的区别是,方程的解是数值。如果方程的解是函数解析式,那么这个方程称作函数方程;如果方程的解是函数,而且方程中又含有函数的导数或微分,那么这个方程就是微分方程。不定积分就是一种简单的微分方

程。信马由缰至此,自然地,联系到在物理上由加速度表达式求速度的表达式,或由速度表达式求路程的表达式,都是用不定积分,都是求微分方程的解。答案是一个函数表达式,并会有一个常数 C_0。当给定一个初始条件时,才能确定为一个特定的关于 t 的函数。

有时,这种信马由缰只是一刹那。

有一次,在课堂上讨论如何比较一个正项递减的等比数列和一个递减的前几项为正的等差数列。

对于正项递减的等比数列,在数轴上,它的各项向左前进,一步比一步小,奔向原点,但永远不会逾越原点这堵大墙,如图 1-12 所示。

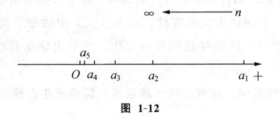

图 1-12

而这个等差数列呢?尽管它第一步的步伐可以不大,但却是均衡地坚定地向左前进,随着 n 的增大,没有谁能阻挡它的进军,这时,我自然地吟出了一首宋词中的两句:"青山遮不住,毕竟东流去。"(辛弃疾《菩萨蛮·书江西造口壁》)当然,现在是"毕竟西流去"了。这个"青山"是谁呢?是原点,如图 1-13 所示。

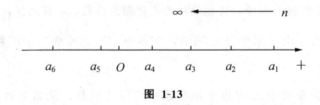

图 1-13

等差数列在上一个正项递减的等比数列里,是不可逾越的高山,而今,它也"无可奈何花落去"了。

那么,对正项递减的等比数列,谁来形容它一下呢?我想起了《孔雀东南飞》中的诗句:"金车玉作轮,踯躅青骢马,流苏金镂鞍。"面对原点,青骢马踯躅了。

有时,这种信马由缰,是生动的解释。

例如,直角坐标平面上,一对有序实数唯一地确定一个点的位置,这就像剧场座位的排号和椅背上的座号,也就是观众手上的那张票。因而,这"对"有序数与点的位置是一一对应的。也就是说,每张票必有一个座位;而每个座位,也必有它的一张票。

那么极坐标平面呢?这"对儿"有序实数的第一个数 ρ,确定所论的点到原点的距离(当 $\rho \geqslant 0$ 时),第二个数 θ,确定一个方向。这用什么来比喻呢?我想到了经常在电影和电视中看到的一种火炮射击的画面:在炮的圆盘上,一名炮手用手摇一个水平放置的转轮,把方位调准(这是 θ),另一名炮手摇一个竖直放置的转轮,调整炮筒仰起的角度,确定射程,也就是目标到火炮所在位置的距离(这是 ρ),弹着点就唯一确定了。

而由于对于确定好的一个方位,把火炮水平旋转一圈后,又可以回到这个方位,所以,对于平面上的一个确定的点,它的极坐标不是唯一的。

这里所谓的"信马由缰",或说是见景生情,一般来说,它不是知识系统,但从"情"或者"韵"的角度来看,它们不也是息息相通的吗!

用了以上几个分别在三个层次意义上的例子,是想尝试说明我对站在系统的高度进行教学的做法和认识,它们将起到的作用如下:

(1) 使学生站在系统的高度,对知识八方联系的结果是:原来它们是那样盘根错节,又浑然一体,而到后来,越来越如"漫江碧透,鱼翔浅底",知识好像在手心里,了如指掌,不再是那一堆瓦砾,不再是那一片望而生畏的戈壁滩。

(2) 更重要的是,渐渐使学生的思维养成时时处在浮想联翩、思潮如涌的状态。

什么是聪明?聪明有两个层次,第一层次是"活",上面第(2)条的作用便是"活"的养成过程。第二层次将在下一节讲述。

第三节 更着重向哲理观点升华

在人类历史上,但凡著名的数学家、物理学家、化学家以及军事家、政治家等,无不同时是哲学家、思想家的。尽管他们在哲学上的成就不像他们在各自学科领域中的成就那样耀眼,但他们都是站在哲理的高度,站在思想的高度,进行观察和思考的。

因为,哲学是从各个学科科学中抽象出来的更本质、更普遍的科学。把握住哲学,便可能也才能高屋建瓴,势如破竹,深入本质,切中要害。

(一) 是聪明的第二层次——深刻与准确的养成过程,或是形成"聪明"的核心

但是,这个过程,对于中学生来说,不是先系统地学好哲学,再用来指导学习各门功课。就中学生的年龄、阅历和知识基础来说,要系统地学好哲学,是很难做到的。

这个过程,更不是学会一些哲学上的词,便用来到处去贴标签的。

应当是,在学科知识的学习过程中,善于发现、归纳、研究对象的特点,从中找出更普遍的规律,随时用它们指导新的学习,或解决新的问题;同时,又对这些规律做修正或补充。这样,几经上下循环,上升到对哲理的领悟。当然,作为教师,应当在这个过程中,适时地把一些哲学知识讲给学生。就像本书前面不失时机地介绍"一分为二"的观点那样。

记得四十多年前的一次课堂上(当时我在读高一),我发现老师讲的内容以前讲过,但老师却把它作为新内容,正掰开揉碎讲得津津有味呢!我甚至怀疑自己在梦中,苦苦思索中,我突然明白了,首先,我不在梦中;其次,今天也确实在讲新课。但今天的课,

从本质上与两年前学过的一个内容相通，甚至完全一致。从这个意义上，今天的"新课"不能算新课。

以后，这样的事时有发生，而且频率加大，上高二以后，几乎每堂课都要发生好几次。上了高三，几乎每堂课都能找到和以前课堂重复的内容。

中学毕业时，回顾6年所学的数学，不过就是那么几件事，那么几条道理，可以"玩弄"于股掌之间，而且数学、物理和化学，甚至外语和汉语（那时语文是汉语和文学两门课）也是一样的。

这个道理就是哲理，是思想。

华罗庚先生在和中学生谈学习方法时，曾讲过，一本书读第一遍时，应当由薄到厚。这个"厚"，是因为写了眉批，甚至写在小纸条上夹在书里，所以厚了。从实质上看，是纵横联系，丰富了理解；以后又读第二遍，第三遍……在融会贯通的过程中，提炼抽象，领悟其关键、其核心、其本质，原来是那么深刻、那么精辟的一个见解或几条思想。这样一来，书读到后来，不就是越来越薄了吗？

这就是学习过程的从"由薄到厚"到"由厚到薄"。第二次的"薄"，就是我上面写的我读高三时的感觉，就是升华到哲理观点。

事实上，"由薄到厚""由厚到薄"这种提法本身，就是一分为二，就是辩证法，就已经上升到哲理的巅峰。

【例1-5】 已知：a、b、$c \in \mathbf{R}^+$。

求证：$\sqrt{a^2+b^2}+\sqrt{b^2+c^2}+\sqrt{c^2+a^2} \geqslant \sqrt{2}(a+b+c)$。

做这道题时，很多同学误入歧途，不能自拔，证明过程如下：

由平均数不等式 $a^2+b^2 \geqslant 2ab$，可知

$$左 \geqslant \sqrt{2ab}+\sqrt{2bc}+\sqrt{2ca}$$
$$= \sqrt{2}(\sqrt{ab}+\sqrt{bc}+\sqrt{ca})。$$

做到这里，很多同学往下就走不动了，陷入泥潭。

这些同学开始怀疑，这个思考方向是否有前途？

（这是什么？"换个角度去想"，是哲学上"运动"的观点。）

$\sqrt{ab}+\sqrt{bc}+\sqrt{ca}$ 是否真比 $a+b+c$ 大呢？难以从变形上看得出来，那么设个数试试看吧。

（这是什么？从一般性的证明，换成举个特例进行检验，又是"运动"的观点。）

设 $a=4$，$b=9$，$c=25$，

那么，$\sqrt{ab}+\sqrt{bc}+\sqrt{ca}=31<38=a+b+c$。

显然，这个思考方向是错误的。

怎么办？换个角度来思考。

> （又是"运动"的观点，换个角度想问题，是灵活性的本质。）

从哪里入手呢？我们来对式子进行观察。

$\sqrt{a^2+b^2}$ 像什么呢？它会使我们联想起什么呢？

> （这是我们在前面提到的致力培养的"浮想联翩，思潮如涌"的状态。）

(1) $\sqrt{a^2+b^2}$ 使我们想到勾股定理，它是直角三角形的斜边表达式，而 $\sqrt{2}(a+b+c)$ 则是以 $(a+b+c)$ 为腰长的等腰直角三角形的斜边长。

(2) $\sqrt{a^2+b^2}$ 还使我们想到复数的模，它是 $a+bi$ 的模。

按照（1）的思路，我们得到了解法一。

解法一

构造腰长为 $(a+b+c)$ 的等腰直角三角形 $\triangle CAB$（如图 1-14 所示）。

这里有

$$\sqrt{2}(a+b+c) = AB \leqslant AM + MN + NB$$
$$= \sqrt{a^2+b^2} + \sqrt{b^2+c^2} + \sqrt{c^2+a^2}。$$

当且仅当，点 M、N 在 AB 上（此时 $a=b=c$）时，"＝"号成立。

按照（2）的思考，可以得到解法二。

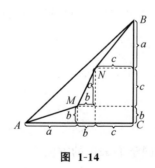

图 1-14

解法二

设 $Z_1 = a+bi$，$Z_2 = b+ci$，$Z_3 = c+ai$

则 $|Z_1| = \sqrt{a^2+b^2}$，

$|Z_2| = \sqrt{b^2+c^2}$，

$|Z_3| = \sqrt{c^2+a^2}$。

$$|Z_1| + |Z_2| + |Z_3| = \sqrt{a^2+b^2} + \sqrt{b^2+c^2} + \sqrt{c^2+a^2}$$
$$|Z_1 + Z_2 + Z_3| = |(a+b+c) + (a+b+c)i|$$
$$= \sqrt{(a+b+c)^2 + (a+b+c)^2}$$

$$=\sqrt{2}(a+b+c)。$$

由绝对值不等式
$$|Z_1+Z_2+Z_3|\leqslant|Z_1|+|Z_2|+|Z_3|,$$

有
$$\sqrt{2}(a+b+c)\leqslant\sqrt{a^2+b^2}+\sqrt{b^2+c^2}+\sqrt{c^2+a^2}。$$

由于在复平面上绝对值不等式中"="号成立的条件是,各加数的方向相同,这时,它们和的方向当然与它们相同,或其中至多有一个加数不为"0",本题3个复数都不为"0",则它们的和为
$$(a+b+c)+(a+b+c)\mathrm{i}$$

的辐角是 $\frac{\pi}{4}$,那么,Z_1、Z_2、Z_3 的辐角都应是 $\frac{\pi}{4}$。此时,$a=b$,$b=c$,$c=a$,即 $a=b=c$。也就是说,当 $a=b=c$ 时,求证的不等式的"="号成立。

其实,这道证不等式的代数题,也可以不换个角度来想,而径直利用代数中的"平均数不等式"公式:

$$a、b\in\mathbf{R}^+,\quad \sqrt{a^2+b^2}\geqslant\frac{\sqrt{2}}{2}(a+b),$$

当且仅当,$a=b$ 时,"="号成立。

解法三

由 a、b、$c\in\mathbf{R}^+$,根据"平均数不等式"公式

a、$b\in\mathbf{R}^+$ 时,$\sqrt{a^2+b^2}\geqslant\frac{\sqrt{2}}{2}(a+b)$(当且仅当,$a=b$ 时,"="号成立)。

那么,$\sqrt{a^2+b^2}+\sqrt{b^2+c^2}+\sqrt{c^2+a^2}$

$$\geqslant\frac{\sqrt{2}}{2}(a+b)+\frac{\sqrt{2}}{2}(b+c)+\frac{\sqrt{2}}{2}(c+a)$$

$$=\sqrt{2}(a+b+c)。$$

"="号成立的条件是 $a=b=c$。

恐怕这也是出题人本来想让同学们采用的方法。

但大多数学生为什么想不到这种方法呢?因为课本上没有这个公式。如果教师补充它,是不是增加了学生的负担?但我讲了它,不但不会增加学生的负担,而且恰恰相反。

公式如下:

高中课本上,只有公式

对于 a、$b\in\mathbf{R}$,有 $a^2+b^2\geqslant 2ab$。

这时,黑板上留下的是

$$(a-b)^2\geqslant 0 \quad (a,b\in\mathbf{R}) \qquad ①$$
$$\Updownarrow$$
$$a^2+b^2\geqslant 2ab \qquad ②$$

对②式的两边都加上它的右边，得
$$a^2 + 2ab + b^2 \geqslant 4ab,$$
$$(a+b)^2 \geqslant 4ab。$$

当 a、$b \in \mathbf{R}^+$ 时，两边可取算术根，得到
$$a + b \geqslant 2\sqrt{ab}。$$

这时，黑板上的公式变成了：

$(a-b)^2 \geqslant 0\ (a、b \in \mathbf{R})$　　　　①

$\Updownarrow$

$a^2 + b^2 \geqslant 2ab$　　　② 两端都加上"右边"

$(a、b \in \mathbf{R})$　　　　　　　　　$\downarrow$

　　　　　　　　　　$a + b \geqslant 2\sqrt{ab}$

　　　　　　　　　　$(a、b \in \mathbf{R}^+)$

（二）把高中课本上这两个散置的公式和初一代数中的非负数知识交织成一个小系统，浑然一体

但是，内容到此绝不应结束。从哲学的高度来看，对于②式，既然把它的两端都加上它的"右边"能得到公式
$$a、b \in \mathbf{R}^+ \text{时}, \quad a+b \geqslant 2\sqrt{ab}。$$

那么，对称地，理应把它的两端都加上它的"左边"，得到
$$2a^2 + 2b^2 \geqslant a^2 + 2ab + b^2,$$
$$2(a^2 + b^2) \geqslant (a+b)^2。$$

当 a、$b \in \mathbf{R}^+$ 时，两边可取算术根，得到
$$\sqrt{a^2 + b^2} \geqslant \frac{\sqrt{2}}{2}(a+b)。$$

这时，黑板上便出现了：

　　　　　　　　　　$(a-b)^2 \geqslant 0\ (a、b \in \mathbf{R})$

　　　　　　　　　　　　$\Updownarrow$

两端都加上"左边"　　$a^2 + b^2 \geqslant 2ab$　　两端都加上"右边"

$\downarrow$　　　　　　　$a、b \in \mathbf{R}$　　　　　$\downarrow$

$\sqrt{a^2+b^2} \geqslant \frac{\sqrt{2}}{2}(a+b)$　　　　　　　$a+b \geqslant 2\sqrt{ab}$

$(a、b \in \mathbf{R}^+)$　　　　　　　　　　$(a、b \in \mathbf{R}^+)$

一幅多么美丽的图画！

这就是让知识总是以系统中知识的面貌出现在学生面前，让学生总是站在系统的高度去把握知识，眼前已不再是一望无际的瓦砾，一潭浊水变得清澈见底。

编织过程的关键在于：画面的左半部，是如何构思出来的呢？上面说了，是从哲理的高度，从广义的对称思想出发；既然有过两端都加上"右边"，当然应该试试两端都加上"左边"。

"矛"和"盾"是对立的，但又互相依存。任何矛盾，都是由两个侧面构成的，它们互相对立，互相制约，共存于一个统一体内，依据一定条件向对方转化。

我对它的一种理解，就是我上面谈的广义对称思想。

对称，就是事物的合理性。

20 世纪 70 年代，毛泽东会见李政道博士时，毛泽东问，"告诉我，为什么对称是重要的"？李政道先生回答，"我所说的对称，是平衡，是指世上万物，一切都处在它应该处在的位置上。"随后，李政道把一支铅笔放在本子上，再使本子倾斜朝向毛泽东，然后又朝向他自己。这支铅笔就在本子上来回滚动。李政道解释说，"尽管没有一个瞬时是静止的，然而整体而言，这个动力学过程也有对称性。"

在本节，仅对于如何在教学中逐渐渗透"运动"和"广义对称"的观点，举了一个例子并做了一点儿说明，但这并不是哲理观点的全部。例如，量变到质变的观点，一般和特殊之间关系的分析等，对于提高学生的思维水平，都有广泛的应用，都有重要的意义。

不过，其中最重要的，是广义对称的观点。但是，就"运动""广义对称"这两个观点，也远没有反映出它们的全貌。

例如，矛盾的对立统一，广义对称，还包含着一分为二，强调在一定条件下的比较和转化等，都在我们的教学和学生的学习与思考过程中时时表现出来。如果能注意运用，则可立即使思考高瞻远瞩。

但是，就我在本节的举例，还远远不能够反映哲理的巨大指导作用。因为哲理的巨大作用，是它和知识与思考融为一体，如春雨落地，"随风潜入夜，润物细无声"。

为此，我将在本书第二篇中做一个详细的讲解。

第四节　教师要造就学生成为课堂的真正主人

在课堂上，要创造条件，造就学生总是想在老师前面，向老师（包括课本）挑战，让学生在思维运动中训练思维，做课堂的真正主人。

在课堂上，什么样的学生是好学生呢？

如果一个学生特别专心，把老师讲的功课，甚至每句话，都听进耳朵中，记到心里，从课堂听讲这个角度来看，这算不算好学生呢？

还有人说，有的学生会听讲，知道哪些重要，能把老师最要紧的话一点也不漏掉地记住，而剩下的时间，还可以走走神，做做小动作。

我的看法是，从课堂听讲这个角度来看，他们都不是理想的好学生。

如果学生只会因袭老师，那么只会让他们停滞不前。人类能有今天的进步，从教学的角度来看，是许许多多优秀的学生创造性学习的结果，也是许多优秀的教师，自觉或不自觉地，促成自己的学生不断超过自己的结果。正因如此，科学才不断向前发展，社会才不断进步。

（一）把舞台让给学生

从某种意义上讲，我在自己班上所做的，是鼓励学生开展学习的革命——"反对"孙老师，"打倒"孙老师。

如果争辩的结果，是我错了，那有什么不好？不是有什么不好，而是太好了。

在课堂的争论中，若是教师的看法被推翻了，那么，师生失去的只是错误，而得到的呢？除了正确的认识之外，更主要的是，智力素质的发展，思维水平的提高。还有呢？还有勇气和信心。

有人说，如果开放了这座门，学生们会瞎提问题，钻牛角尖。

的确会出现这种情况的，怎么办？我们不是有辩证法吗？

去引导、去驾驭，只要真理在自己手里，而且运用娴熟，功底深厚、宽阔，是不会出"乱子"的。

如果学生的看法是错误的，却偏偏要去推翻老师正确的认识，这样做会不会有什么坏处？不会！学生正是从正确的认识被打而不倒的过程中，体会到它深深的根基。

我教我的学生6年数学，几乎每道例题、每个定理、每个公式，都是引导学生自己动手完成的。孩子们争先恐后，抢在我的前面，想出题目的解法，想出定理的证明，甚至我刚刚写出定理的前提，他们就抢到我的前面，猜想定理的结论该是什么。再进一步，瞻前顾后，审时度势，在需要建立概念的时候，试着让学生来定义。乃至，我在说一句话时，学生就要求自己判断出老师的下一句话该是什么了……

每个公式、每个定理，我都让学生自己动手推导。由于历尽险阻，熟知路上的坎坎坷坷，学生必将印象深刻，记忆久远，甚至终生难忘。

更重要的是，日复一日，年复一年，大脑高速运转并习以为常时，不正是一个强大的头脑日臻成熟之日吗？

那么，我做什么呢？

我把舞台让给学生，自己退居幕侧。当"导演"，引导学生把一堂堂课演绎成一场场攻克一座座山头的战斗。让学生自己动手发现，去归纳、去证明、去总结、去完成。有想法的同学，到讲台上来讲，在黑板上写，我则审时度势，从造就一个强大的头脑和眼前的实际出发，不时点语引句。但不是提示。千万不要提示！提示只是把练习跳高的学生托过横竿去，而学生此刻需要的是纠正错误动作和发展弹跳力。

这样上课，比我自己潇洒的"一言堂"（很无奈，我在电视台或外出的讲座只能是"一言堂"）下来，要难许多。因为，必须在打开了闸门的学生思维的滚滚洪流中，敏锐判断，做出应对，应付自如。但学生的收效和长进却要大得多，这个道理，前面已经说过，正可谓"自己动手，丰衣足食"。

另外，教师讲，学生听，间或有些提问，其实质是学生在教师那块土地上采掘。而我把舞台让给学生，让一个个学生到前面来"慷慨激昂"，其结果就是形成学生之间聪明才智的相互感染的氛围。这远比教师"一言堂"那块土地要肥沃得多。

此外，处在这样一种气氛下，教师还需要维持课堂纪律吗？不需要了，学生们在踊跃向前唯恐落后的心态下，哪还有心思说笑打闹、做小动作呢？倒是下课铃猛然打响时，许多学生吓了一跳，他们说："怎么这么早就下课了，我还没过完上课的'瘾'呢！"当学生成为课堂的真正主人时，教师维持课堂纪律、组织教学的任务就相对被淡化了。

有人说，这样上课，教学进度怎么办？一方面要等待学生想出来，另一方面学生的表态又不清楚，必定会耽误很多时间。

开始时，会是这样的。但随着学生们因这番学习过程而提高，教学进度将大大加快。

以我们班为例，在课时并不增加的情况下，初中3年就基本学完了中学6年的数学课程，而且还增加了许多课本上没有的内容和一些大学的数学课程。

（二）事实上，学生们蕴藏着巨大的智慧，这往往使我们始料未及

我在带第二轮实验班时，有一次，讲到高一代数中的周期函数不一定有最小正周期这个问题。当时学生刚上初三，这又是个教材中没有的问题，问谁能证明，有不少学生说，常数函数 $f(x)=a$ 是周期函数，但它没有最小正周期，并完成了证明。

但这时，总有一点儿让人不尽兴，因为，$f(x)=a$ 这个函数毕竟太个别了，天底下不就这么一个吗？

面对一时间寂静的课堂，我只好准备构造几个没有最小正周期的周期函数了。

不料，这时彭壮壮同学举起了手：

$$狄利克雷函数：D(x) = \begin{cases} 1, (x \text{ 是有理数}), \\ 0, (x \text{ 是无理数})。 \end{cases}$$

（这个函数，中学教材中没有讲过，但一年以前我信马由缰时，向学生们提到过。）

对于它，任意有理数加上一个有理数后，还是有理数；任意无理数加一个有理数后，还是无理数。所以，任何有理数都是它的周期，但正有理数没有最小值，所以这个周期函数没有最小正周期。

喔！简洁而准确的回答，教室内顿时一派欢跃，啧啧声不绝于耳。我呢？一时惊愕。

偶然吗？

5 年后，第三轮班又讲到此处了，我特意再提出这个问题，答出狄利克雷函数的同学，可不是一个人，而是十几个人。

这就是学生的潜能，打开这道闸门，智慧的洪流将汹涌澎湃。

（三）记者的一篇听课记

1991 年第 3 期《北京教育》刊登了记者刘书文老师听了我的课以后写的一篇听课记：《不培养只会"摘取果实"的人——北京市第二十二中学数学特级教师孙维刚课堂教学印象》。转载如下：

在讲授二项式定理的课上，孙维刚让学生写出了 $(a+b)^1$、$(a+b)^2$、$(a+b)^3$、$(a+b)^4$ 的展开式后，接着发问："谁能从以上的式子中总结出规律，写出 $(a+b)^n$ 的展开式？"以不完全归纳法推导出二项式定理，这确属高中代数中的难点，却又是锻炼学生思维和推理能力的一个很好的机会。尽管是首次接触这个知识，孙维刚的学生却能纷纷举手请答，从具体到抽象，无一差错地推导出来……

在运用二项式定理计算若干组合数的代数和的时候，孙维刚又开始发问："你能够根据系数的特点联想出它与复数 'i' 有怎样的关系吗？"这对高二的学生来说，确实是较高层次的要求，可学生们仍能争先恐后地举手。一个学生答出来了，马上有人发现了错误。孙老师问道："谁来分析一下他错在哪里，你认为正确的又该是怎样的？"学生中又是一阵踊跃地举手，一个接一个地站起来讲，全讲得有根有据、条理分明……

这不过是孙维刚课堂教学的一两个镜头，却明显体现了他惯有的教学主张——由学生当主角，以知识的魅力调动学生的学习兴趣，使他们所掌握的知识在应用中得到融会贯通。

在孙老师的课堂上，学生们都感到学习是一桩乐事，不光有浓厚的兴趣，思维也奇迹般地飞展穿行，仿佛没有攻不破的难关。处于这样的学习氛围中，谁还会走神、偷懒呢？谁还会把学习当作包袱而硬着头皮去应付呢？当然更不可能有谁不懂装懂，"蒙混过关"。

每学完一个章节，每遇到一个难点，孙老师总要一声接一声地追问："现在谁还不懂？""全懂了的举手。""会的谁来推导一下？"……他扫视着每个人，叫起一个最爱把类似概念搞混的学生,叫起一个反应比较慢的学生,再叫起一个基础比较差的学生——全答出来了,全答对了。孙老师笑了。"×××也会了,我真高兴!这道题很有难度,让同学们半分钟想出来确实不容易……"

孙维刚始终认为:"教学,并不是把一个一个的结论教给学生就完了。一个事物是怎样来的?要引导学生去探究原因,而不要使学生成为一个只会摘取果实的人。要使他们懂得只有学会耕耘播种,才能收获果实。"平素孙维刚着力培养学生的创新精神,不止一次在课堂上引用鲁迅先生的话:我最佩服第一个吃螃蟹的人——以鼓励学生勇于探索、大胆创新。

课堂上没讲过的东西,孙维刚让学生去思考;书本上没出现过的习题,他布置学生去做;第一次搞错了,他竭诚鼓励:"敢于这样想就很了不起,人类就是从不断的失败中吸取教训而进步起来的。"

孙维刚主张学生在课堂上不记笔记。他说:"真正的好学生是上课认真思索,课后经过分析再把课堂笔记写下来,从中有所发现,有所创造。"他要求学生不能把思维停留在答案上,一道题做出来,应该再回过头考虑一番,从中得到一点启发、一点体会才是。别人的做法如果与你不同,你就要弄明白他的思路,当你知道了他的思路时,就应该以同样的思路想到他前面去。

每当学生们对某个问题产生不同意见时,孙维刚甚至比学生还兴奋。他鼓励他们各抒己见,展开争论。这样的时间孙维刚最舍得花,他明白,在这种讨论中,无论是发言的同学还是洗耳恭听的同学都可能在这种探求知识的规律、探求诸规律千丝万缕的联系中迈上一个新的高度。

当一道难题被剖析透彻,当一个规律被论证清楚时,当一个结论被从多种途径推导出来时,师生便共同体会到一种成功的喜悦。这成功就在于学生不仅仅学会了某些知识,重要的是在掌握知识的同时,学会了开拓自己的思路,学会了在不断更新的探索途径上增加自己的才智与能力。

这也正体现了孙维刚教学的一个基本思想——我们的教学不应该以学生学会知识为目标,在教学中,教师应把知识当作土和水,把学生比作花,以知识为营养,培养学生具有良好的意志品质、多方面的能力和智力素质,这才是教学真正要达到的目的。

对于课堂讨论,我不赞成下面的方式。

教师提出某个问题,或写出一道题目后,给几分钟或更多一些时间,让学生分组讨论。然后,让解决了问题的小组中的代表,站起来进行回答。

我认为,这样做的弊端有三个。

(1) 学生中的一些优秀的思考,传播的范围小;而一些不正确的想法,教师听不到。

(2) 分组讨论会让课堂的秩序乱哄哄,甚至会闹起来。我们的课堂,应该笼罩着深沉思考的气氛。

(3) 这样做最不利的是,几个人你一言我一语地拼接成了答案,这样一来,问题虽然解决了，但每个人都没有独立完成一个全过程的思考。而且没有得到有一定强度的思考锻炼，思维水平总停留在一个比较低的水平上。

我更不赞成下面的做法。

为了表明不是一言堂，教师在讲课过程中，时时提出一些很简单的问题，例如，

> 对不对呀？
>
> 有没有呀？
>
> 正的还是负的呀？
>
> ……

然后让同学们齐声回答，或七嘴八舌地喊。

这样做，能达到什么目的呢？

提问的目的之一，是了解学生的想法，了解不明白或想法错误的学生有多少。在一首嘈乱的"大合唱"中，教师根本分辨不出明白的学生有哪些，不明白的学生有多少。

要想达到这个目的，比较好的方式是，向同学们说：

> 认为这个变形正确的，请举手。
>
> 认为这个变形不正确的，请举手。

两次都不举手的，就是弄不清楚的学生。

这时，三类学生各约多少，分别是哪些同学，一目了然。

曾经有一位老师向我埋怨："上您班的课，真把我急死了，我问问题，没有人呼应。"

"不会吧，您别着急，我到班上问问看，找找什么原因……怎么，连陈硕、王一、杨维华他们都不明白？"我回答得犹犹豫豫。

"不，不是，不是这个意思。不是他们不明白，而是他们不张口回答。我一问，他们就举手，而不是冲口而出大声回答。"

"哦——"，我明白了。

于是，我向她解释了课堂回答教师提问时用举手的方式然后站起来回答的好处。

但这位教师还是有些遗憾，她认为，没有人呼应她，课堂的气氛不够，劲儿不足。

我笑了。我说："课堂是战场，但又不是端着刺刀冲锋在硝烟弥漫的山头的战场。我们的劲头、我们的信心，无论是学生的，还是教师的，都不是呐喊出来的，而是冷静和深刻地思考的结果，是实在的、深沉的，而不是表面的、虚假的热烈。切不可把缜密探讨的一堂课，演成一幕闹剧。"

教师的信心建立在哪儿？学生的劲头从哪里来？是靠真理，靠功底，靠教学艺术。

我又说："教师都不愿在一个乱哄哄的班上讲课；而有时，纪律的混乱，是我们自己

造成的。"

思考的炽烈与局面的热闹，是两回事。

请注意我在本节开头的那段话，特别是我造成学生课堂上超前思维和"反对"孙老师、"打倒"孙老师的说法。请认真辨析一下这"两回事"的区别。

毛主席有句话：我们需要的是热烈而镇定的情绪，紧张而有秩序的工作。

脑子里是高强度的拼搏，教室的气氛却是井然有序的安静。静谧的气氛保障了深入的思考，而在达到胶着状态的构思行程中，情绪必须是凝重的。

第五节 正确对待做题

通过做题，掌握如何应用所学知识；通过应用，进一步加深对知识的理解。更重要的是，在一道题目面前，能正确有效地进行观察、解剖、判断、决策、制订方案，加以解决，从而达到培养、提高分析问题和解决问题的能力的目的。

所以，学数学及一切功课，都要做题。但同样是做题，效果却不同，这与方法是否得当有关。

什么是较好的方法？

有句俗话，水能载舟，也能覆舟。题海战术，就是覆舟之术。

题不在多，但求精彩。精彩，是指题目本身应无错误；不应当只是对定义、定理、方法、条文进行复述的题目；在解决方法上，解决的思路宜充满活力，综合性强，有灵活性应用的广阔天地，而不是死气沉沉烦琐地堆砌公式，冗长无味；同一类型的题目，有一两个有代表性的即可，不必大量重复；不选用那些对于概念理解没有价值、思考方法不符合一般规律的偏题、怪题等。

正确对待做题，是指态度和方法要得当。

不能为考试而做题，更不能抱着希冀将来试卷上有眼前这样题目的心理；否则，必将陷于死记硬背和题海战术中。

（一）一题多解，多解归一，多题归一

打个比喻，我们进入一座刚刚落成的大楼，如果上上下下转几圈，陌生的感觉很快就会消失了。做题也是如此，愈是难题，我们愈要做下去。如果费了很大的劲，才想出了一种解法，那么，坚持下去，一定要再去想第二种、第三种……这时，你会感到，题目并不像开始做它时那么"可怕"，它不再难了，任我们"榨干、吃净它的血肉"。

下面，通过证明三角形内角平分线性质定理来说明这个道理。

本来，数学中的众多定理、公式，只是应用的工具，只要用一种方法证明它是正确的即可。之后，应用这些定理和公式去解题或推证以后的定理、公式。

但我在课堂上，却不匆忙向前，而是逗留下来，一堂课，可以使同学们想出 24 种证法。

这样做起到什么作用呢？

第一，对于相似形这章的一类重要问题：证明四条线段成比例（这条定理的结论正是证明 4 条线段成比例），归纳了主要的思考规律。

第二，思考方法、解题能力得到充分的训练。

第三，最次要的，但也是人人都得到了的——终生不会忘记的三角形内角平分线性质定理的内容。

下面讨论其中的 8 种证法。

三角形内角平分线性质定理：三角形任一内角的平分线，把它的对边分成的两部分与这角的两边对应成比例。

【例 1-6】 已知：如图 1-15 所示，$\angle 1 = \angle 2$。

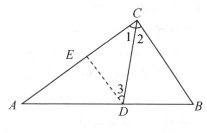

图 1-15

求证：$\dfrac{AD}{BD} = \dfrac{AC}{BC}$。

证法一

作 $DE \parallel BC$，DE 交 AC 于 E。

则 $\dfrac{AD}{BD} = \dfrac{AE}{EC}$（平行线分线段成比例定理）。

则 $\angle 2 = \angle 3$，

$\triangle ADE \sim \triangle ABC$（三角形相似预备定理）。

于是 $\dfrac{AE}{DE} = \dfrac{AC}{BC}$。

又因为 $\angle 1 = \angle 2$，所以 $\angle 1 = \angle 3$。

于是 $DE = EC$。

那么 $\dfrac{AD}{BD} = \dfrac{AE}{DE} = \dfrac{AC}{BC}$。

> **说明**：本证法的思路是，利用作平行线 DE 进行等比代换。

也就是说，把比式 $\dfrac{AD}{BD}$ 和 $\dfrac{AC}{BC}$，都转换到比式 $\dfrac{AE}{DE}$ 上，从而得到结论 $\dfrac{AD}{BD} = \dfrac{AC}{BC}$。

那么，我们是怎么想到了采用"等比代换"这个思路来达到证明 4 条线段 AD、BD、

AC、BC 成比例的目的呢？

其实，首先想到的，并不是这条思路，而是由于一眼所见，这 4 条线段分居于 △ACD 和 △BCD 中。因而，第一选择，是证明这两个三角形相似。

但我们接着发现，这两个三角形不可能证得相似，原因是它们不一定总相似。因为，如果通过它们相似来证明 $\dfrac{AD}{BD}=\dfrac{AC}{BC}$，那么边 AC 和 BC 就应该是对应的；于是，∠ADC 和 ∠BDC 是对应的；但当 $AC \neq BC$ 时，∠ADC 和 ∠BDC 是不相等的，这时，两个三角形便不可能相似。

于是，我们才考虑到用等量代换的方法，或者用等比代换的方法。证法一采用了后者，即把两个比式 $\dfrac{AD}{BD}$ 和 $\dfrac{AC}{BC}$ 分别转移出去。

可是怎样转移呢？由于 AD、BD 在同一直线上一字排开，常用的方法是，过分点或端点做相应的平行线，造成"平行线分线段成比例定理"的"用武之地"。

> **说明**：证法一，是通过分点 D 作 $DE \parallel BC$ 而达到目的的。〔我们也可以运用在本章第三节中所介绍的广义对称思想，即对于 D 点来说，BC 和 AC 是平等的，因而，过分点 D 作 $DE \parallel AC$，亦必定可得到与证法一整个过程完全类似的证法（请读者自己写出）。〕

这样，$\dfrac{AD}{BD}$ 便转换到 $\dfrac{AE}{EC}$ 上了。

接下来再考虑把 $\dfrac{AC}{BC}$ 向 $\dfrac{AE}{DE}$ 上转移。由于 AC 和 BC 不是在同一条直线上一字排开的，而是同一个三角形（△ABC）中的两条边，那么，首先选用的转移方式，是争取得到这个三角形和另外的三角形相似的结论。而这时，由于作了 $DE \parallel BC$，故 △ABC 和 △ADE 相似显而易见，这样 $\dfrac{AC}{BC}$ 便转移到了 $\dfrac{AE}{DE}$ 上。

又由于以前总结过一条小规律：**当角的平分线和一条平行线同时出现时，要注意利用必定出现的那个等腰三角形**（在本题中是 △CDE）。

由此，挖出了 $DE=EC$ 这一潜在因素。这时，一条链子便连接完成了。

请注意，这是为了进行等比代换。由于 AD、BD 在同一直线上一字排开，常用的方法是，过分点或端点作相应的平行线。证法一是过分点 D 作的平行线。如果过端点 A 或 B 作平行线呢？

这时便得到了证法二。

证法二

如图 1-16 所示。

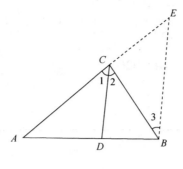

图 1-16

作 $BE/\!/CD$，BE 交 AC 延长线于点 E。

则 $\dfrac{AD}{BD}=\dfrac{AC}{CE}$。

因为 $\angle 1=\angle E$，$\angle 2=\angle 3$，

又因为 $\angle 1=\angle 2$，

所以 $\angle 3=\angle E$，$BC=CE$，

因此 $\dfrac{AD}{BD}=\dfrac{AC}{BC}$。

> **说明**：证法二的思路仍是利用等比代换。这是怎么想到的？其实，证法二和证法一利用等比代换的思路完全相同，在这一点上，可以说是多解归一。从表面上看，它们的图形完全不同，证法一是在 △ABC 内部进行分割，证法二是在 △ABC 外部进行拼补。但实际上，它们都是面对"两条线段在一条直线上一字排开"的形式，通过从分点或端点作平行线的方式，利用平行线分线段成比例定理，把它们的比转移。而这两种方法表面形式上的不同，不过是因为，证法一是从分点作的平行线，证法二是从端点作的平行线而已。

两个证法，又都利用了一条小规律：**当角的平分线和一条平行线同时出现时，要注意利用必定出现的那个等腰三角形。**

在实质上，两个证法唯一的区别是，证法二在把比式 $\dfrac{AC}{BC}$ 转移出去时，已经不必寻找 △ABC 和哪个三角形相似了，因为此时 BC 和 CE 的相等，已经使目的达到了。

现在写出的证法二，是通过端点 B 作了 CD 的平行线，那么对称地，通过端点 A 来作相应的平行线，当然会有类似的证法。

证法三

仍用图 1-16。

延长 AC 到点 E，使 $CE=BC$，连接 BE，则 $\angle 3=\angle E$，

因而 $\angle 3=\dfrac{1}{2}(\angle 3+\angle E)$。

又因为 $\angle ACB = \angle 3 + \angle E$，$\angle 1 = \angle 2$，

所以 $\angle 2 = \dfrac{1}{2}(\angle 3 + \angle E)$，

所以 $\angle 2 = \angle 3$，于是 $BE \parallel CD$。

那么，$\dfrac{AD}{BD} = \dfrac{AC}{CE} = \dfrac{AC}{BC}$。

> **说明**：证法三用了证法二的图，这是因为从表面上看，两个证法分别按自己的思路做完辅助线后，形成的图形完全相同。

但是，证法三的构思过程与证法二的构思过程是不同的。

证法三的构思是这样进行的。

观察求证式 $\dfrac{AD}{BD} = \dfrac{AC}{BC}$ 这个目标中，AD、BD、AC、BC 这 4 条线段，虽然分别居于 $\triangle ACD$ 和 $\triangle BCD$ 中，但是它们却不能相似。

这 4 条线段在图形上的位置，也不能直接应用"平行线分线段成比例定理"。

但仔细观察一下，线段 AD、BD 是一字排开的，AC 和 AD 有共同端点，如果把 AC 延长一段，使得接出的这段长度是 BC 的长。那么，我们只要致力于证明这时符合"平行线分线段成比例定理"的条件，即使得封口的线段 $BE \parallel CD$，不就完成了证明吗？！证法三就是这样构思的，并且成功了。

当然，由于 AC 和 BC 是平等的，根据对称思想，延长 BC，一定会得到与证法三类似的证法。

上面刚刚说过，观察求证式 $\dfrac{AD}{BD} = \dfrac{AC}{BC}$ 这个目标时发现，AD、BD、AC、BC 这 4 条线段，虽然分别居于 $\triangle ACD$ 和 $\triangle BCD$ 中，但不可能证得它们相似。

然而，$\triangle ACD$ 和 $\triangle BCD$ 中，已经有了 $\angle 1 = \angle 2$，那么，是否可以把其中一个三角形略加改造，在尽量保持这 4 条线段的长度不变的前提下，再制造出一组相等的角，使得两个三角形相似，从而达到 $\dfrac{AD}{BD} = \dfrac{AC}{BC}$ 这个目标呢？

这样，就得到了证法四。

证法四

如图 1-17 所示。

(1) 当 $AC \neq BC$ 时，不妨设 $AC > BC$，则 $\angle B > \angle CAB$。

这时，以 AC 为一边，在 $\angle CAB$ 的同侧，作 $\angle CAE = \angle B$，AE 交 CD 的延长线于 E。

因为 $\angle 1 = \angle 2$，$\angle CAE = \angle B$，

所以 $\triangle ACE \sim \triangle BCD$，

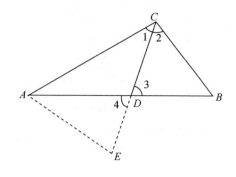

图 1-17

则 $\dfrac{AE}{AC} = \dfrac{BD}{BC}$。

因为 $\angle 4 = \angle 3$

$= 180° - \angle B - \angle 2$

$= 180° - \angle CAE - \angle 1 = \angle E$,

所以 $AE = AD$。

于是 $\dfrac{AD}{AC} = \dfrac{BD}{BC}$，即 $\dfrac{AD}{BD} = \dfrac{AC}{BC}$。

(2) 当 $AC = BC$ 时，有 $\angle CAD = \angle B$。

又因为 $\angle 1 = \angle 2$,

所以 $AD = BD \Rightarrow \dfrac{AD}{BD} = \dfrac{AC}{BC}$。

说明：$\angle CAD$ 和 $\angle B$ 是平等的，证法四是把 $\angle CAD$ 改大，使之与 $\angle B$ 相等，构造了和 $\triangle BCD$ 相似的 $\triangle ACE$，如果把 $\angle B$ 改小，那么，一定会得到与证法四类似的证法。

本证法，按照 AC 与 BC 不等和相等两种情况，分别给出了证明。解题过程中，考虑问题要缜密，这样才能使推理严谨。这一点要特别注意，养成好的习惯。

换个角度来看，证法四和证法三，在本质上又是共通的。

因为，如果说证法一和证法二都是利用"等比代换"证明了4条线段成比例，那么证法三和证法四，都是利用了"等量代换"，证明了4条线段成比例。

分析

求证目标 $\dfrac{AD}{BD} = \dfrac{AC}{BC}$ 时，证法三是把 BC 换成了和它相等的 CE，证法四则是把 AD 换成了和它相等的 AE。

证法五

如图 1-18 所示。

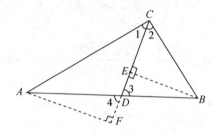

图 1-18

(1) 当 $AC=BC$ 时,证明过程与证法四中的(2)相同。

(2) 当 $AC\neq BC$ 时,不妨设 $AC>BC$。

这时,$\angle DAC<\angle B$。

又因为 $\angle 1=\angle 2$,及三角形内角和为 $180°$,

所以 $\angle ADC>\angle BDC$,则 $\angle ADC>90°$,$\angle BDC<90°$。

于是,过 A 作 CD 的垂线时,垂足 F 在 CD 的延长线上;过 B 作 CD 的垂线时,垂足 E 在线段 CD 上。如图 1-18 所示。

因为 $\angle 1=\angle 2$,

所以 Rt$\triangle ACF \backsim$ Rt$\triangle BCE$,

所以 $\dfrac{AC}{BC}=\dfrac{AF}{BE}$。

又因为 $\angle 3=\angle 4$,

所以 Rt$\triangle ADF \backsim$ Rt$\triangle BDE$。

于是 $\dfrac{AD}{BD}=\dfrac{AF}{BE}$,

因而 $\dfrac{AD}{BD}=\dfrac{AC}{BC}$。

> **说明**:从宏观上看,证法五属于等比代换。

从具体操作上来看,证法五和证法四是共通的。说得准确些,即证法五是折中了证法四的两种方法。

也就是说,面对 $\triangle ACD$ 和 $\triangle BCD$ 不能直接证得相似时,证法四,是改造 $\triangle ACD$,向 $\triangle BCD$ 靠拢,使之与 $\triangle BCD$ 相似;而利用对称思想,与证法四类似的证法,则相反,是改造 $\triangle BCD$,使之与 $\triangle ACD$ 相似。而证法五呢?是同时改造 $\triangle ACD$ 和 $\triangle BCD$,使它们都向第三者靠拢,并分别与一对已经相似的三角形相似。

这也是一种常用的手段,特别是,保留已有的那一组相等的角,利用作垂线封口的方式，构造一组相似的直角三角形，如本证法五所示。

证法六

作 $DE \perp AC$ 于 E，$DF \perp BC$ 于 F，如图 1-19 所示。

因为　　$\angle 1 = \angle 2$，

所以　　$DE = DF$，

所以　　$\dfrac{S_{\triangle ACD}}{S_{\triangle BCD}} = \dfrac{\dfrac{1}{2} AC \cdot DE}{\dfrac{1}{2} BC \cdot DF} = \dfrac{AC}{BC}$。

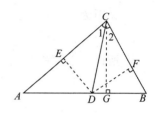

图 1-19

作 $\triangle ABC$ 的高线 CG。

那么，在有共同的高线 CG 的 $\triangle ACD$ 和 $\triangle BCD$ 中，有

$$\dfrac{S_{\triangle ACD}}{S_{\triangle BCD}} = \dfrac{\dfrac{1}{2} AD \cdot CG}{\dfrac{1}{2} BD \cdot CG} = \dfrac{AD}{BD},$$

所以　　$\dfrac{AD}{BD} = \dfrac{AC}{BC}$。

说明：本证法是利用面积证明 4 条线段成比例，事实上，利用面积，还可以解决其他许多类似的几何问题，以及三角、代数中许多表面看来与面积无关的题目。

当一道几何题目的已知和求证中，都不出现面积的字样，而我们却试图利用面积作为工具参与证明过程达到目的时，往往需要把某个或几个图形的面积，从两个不同角度加以表达。

例如，本证法六中，就是把一组有关的三角形 $\triangle ACD$ 和 $\triangle BCD$，都用两种方式各表达了一次：

$$S_{\triangle ACD} = \dfrac{1}{2} AC \cdot DE \qquad S_{\triangle ACD} = \dfrac{1}{2} AD \cdot CG$$

$$S_{\triangle BCD} = \dfrac{1}{2} BC \cdot DF \qquad S_{\triangle BCD} = \dfrac{1}{2} BD \cdot CG$$

这是本证法六得以成功的关键。

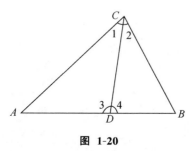

图 1-20

如果学过三角形面积的另外一个公式

$$S = \dfrac{1}{2} ab \sin C$$

那么，本定理还可以有另外一个面积的证法，即证法七。

证法七

如图 1-20 所示。

因为 $S_{\triangle ACD} = \frac{1}{2}AC \cdot CD\sin\angle 1$,

$S_{\triangle BCD} = \frac{1}{2}BC \cdot CD\sin\angle 2$,

又因为 $\angle 1 = \angle 2$,

所以 $\dfrac{S_{\triangle ACD}}{S_{\triangle BCD}} = \dfrac{\frac{1}{2}AC \cdot CD\sin\angle 1}{\frac{1}{2}BC \cdot CD\sin\angle 2} = \dfrac{AC}{BC}$。 ①

因为 $\angle 3 + \angle 4 = 180°$,

所以 $\sin\angle 3 = \sin\angle 4$。

又因为 $S_{\triangle ACD} = \frac{1}{2}AD \cdot CD\sin\angle 3$,

$S_{\triangle BCD} = \frac{1}{2}BD \cdot CD\sin\angle 4$,

所以 $\dfrac{S_{\triangle ACD}}{S_{\triangle BCD}} = \dfrac{\frac{1}{2}AD \cdot CD\sin\angle 3}{\frac{1}{2}BD \cdot CD\sin\angle 4} = \dfrac{AD}{BD}$。 ②

于是,$\dfrac{AD}{BD} = \dfrac{AC}{BC}$。

> **说明**:证明过程中,又是把△ADC和△BDC的面积都用两种方式各表达了一次。

当然,证法七中的从①处到②处的这几步推导,亦可用证法六中的

$$\dfrac{S_{\triangle ACD}}{S_{\triangle BCD}} = \dfrac{\frac{1}{2}AD \cdot CG}{\frac{1}{2}BD \cdot CG} = \dfrac{AD}{BD},$$

过程则更简短些。

有一些同学在课外时就把高年级的数学知识预习了,读到了正弦定理,如下:

在一个三角形中,各边和它所对角的正弦的比相等:

$$\dfrac{a}{\sin A} = \dfrac{b}{\sin B} = \dfrac{c}{\sin C}。$$

这样,就有了证法八。

证法八

仍用图1-20。

因为 $\angle 3 + \angle 4 = 180°$,

所以 $\sin\angle 3 = \sin\angle 4$。

在△ACD中,由正弦定理,有

$$\dfrac{AD}{AC} = \dfrac{\sin\angle 1}{\sin\angle 3},$$

同理, $\dfrac{BD}{BC} = \dfrac{\sin\angle 2}{\sin\angle 4}$。

又因为 $\angle 1 = \angle 2$,

所以 $\dfrac{AD}{AC} = \dfrac{BD}{BC} \Rightarrow \dfrac{AD}{BD} = \dfrac{AC}{BC}$。

说明：这个证法是怎么构思出来的呢？

证法八是在进行逆推分析（由求证向已知进行靠拢）时，写出了求证式 $\dfrac{AD}{BD} = \dfrac{AC}{BC}$ 的等比式 $\dfrac{AD}{AC} = \dfrac{BD}{BC}$，转而对欲证 $\dfrac{AD}{AC} = \dfrac{BD}{BC}$ 进行逆推分析。如果知道正弦定理，这时自然会立即想到，$\dfrac{AD}{AC} = \dfrac{\sin\angle 1}{\sin\angle 3}$ 和 $\dfrac{BD}{BC} = \dfrac{\sin\angle 2}{\sin\angle 4}$，而已知 $\angle 1 = \angle 2$，那么，证法八就手到擒来了。

对这个定理的证明，暂写出以上 8 个证法，但仅仅这几个证法，如果进行小结，就已经可以使证明 4 条线段成比例这一类问题的思考规律，初见端倪了。规律如下。

（1）观察欲证成比例的 4 条线段，是否分居于两个可能相似的三角形中，或是否处于能运用"平行线分线段成比例定理"的形势下。若是，则设法证明所需要的相似或平行。

（2）若求证式不属于情况（1），则观察其中的三条线段能否处于适合情况（1）的状况。若是，则设法把另一条线段代换出去，这是称作等量代换的逆推分析方法，如本例的证法二、证法三和证法四的后半部分。

（3）若情况（2）也不适合，则观察求证的比例式，如 $\dfrac{a}{b} = \dfrac{c}{d}$ 两端的比式 $\dfrac{a}{b}$ 或 $\dfrac{c}{d}$，是否能转换为另外的比，努力证出那另外的两个比相等，最后转换回来，得到 $\dfrac{a}{b} = \dfrac{c}{d}$。这称作等比代换的方法，如本例证法一、证法五、证法六、证法七、证法八及证法二的前一部分所示。

当然，等比代换的过程中，也常常辅以等量代换，如本例证法一所示。

若不成功，则考虑先将 $\dfrac{a}{b} = \dfrac{c}{d}$ 变化为它的等比式 $\dfrac{a}{c} = \dfrac{b}{d}$ 后，再进行等比代换的分析思考，如本例的证法八所示。

（4）当 4 条线段分居的两个三角形已经有一组角相等，但又不可能证出它们相似时，可以考虑改造它们，使之相似，改造的方式有两种：

①把一个三角形的另两个角中的一个改大（或改小），使之与另一个三角形中它所对应的角相等，从而造成新三角形与第一个三角形相似，如本例证法四所示。

②同时改造这两个三角形，使它们分别和另一组已经相似的三角形相似。经常采取的是保留原来相等的一组角，利用作垂线封口的方式，制造一组相似的直角三角形，如本例证法五所示。

（5）利用面积证法，即三角形面积等于底和高乘积的一半，三角形面积等于两边乘积再乘上夹角正弦后的一半，等高三角形面积比等于它们底边之比，等底三角形面积之比等于高之比，这些方法都是常利用的工具。

无论利用哪种工具，证明过程中，都要对同一个图形的面积用两种不同的方式（并不是指必须采用不同工具）加以表达，这是证明完成的关键。

当然，证明4条线段成比例，也还有另外一些（已没有多少了）思考方法，在本例证明的证法中，没有表现出来。例如，对于欲证 $\dfrac{a}{b} = \dfrac{c}{d}$ 比例式成立，可以通过证明它的乘积式 $bc = ad$ 成立，而达到比例式成立的目的。

那么，怎样去证明 bc 和 ad 相等呢？

经常用到的方法是，考虑 bc 和 ad 是否可以是两个等积形的面积（或面积的2倍），甚至是否可以是同一个图形的面积（或面积的2倍）；还可以寻找它们是否是同一条线段（或两条相等线段）的平方。

显而易见，学生们在这里得到的收获，比课上老师匆忙地把定理证一遍后，就写出两三道以它为工具的应用题目，自己演示或让学生做练习，无论从知识上，还是从思维锻炼上，都不知要好出多少倍。

（二）多解归一，寻求共性

多解归一，寻求共性是指，在一题多解的基础上，分析和寻求不同解法的共同本质。

这里有三层意思。

1. 在思想方法上，有哪些是共同的

例如，例1-6中的证法一、证法二、证法五、证法六、证法七、证法八，都是"等比代换"的思想；证法三和证法四，都是"等量代换"的思想；证法六、证法七，都是利用面积；证法四、证法五，都是改造、制造相似三角形等。

2. 在具体步骤上，有哪些是共同的

例如，证法六和证法七这两个不同的面积证明方法，都离不开"要把某个图形的面积用两种方法各表达一次"这个关键步骤；又如证法四和证法五，用不同的方式去改造或构造相似三角形时，都必须保留原来相等的那组角（∠1，∠2）等。

甚至，有某个工具是谁都必须得用的，某个步骤，是谁都无法绕开的。例如，对于下面这道题目。

已知：C、D 是以 AB 为直径的半圆 $\odot O$ 上的两个点，并且 $DC=BC=\dfrac{1}{4}AB=1$。如图 1-21 所示。

求：AD。

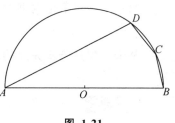

图 1-21

对于这道题目，我们在课堂上提出了 6 种彼此距离很大（即很不相同）的解法，但任何解法，都要用到"直径所对的圆周角是直角"这个工具。因而，都离不开"制造出直径 AB 所对的直圆周角"这一思想。

3. 几种解法融会贯通，由特殊到一般，统一在了一个最本质、最简捷透彻的方法上

下面用一个例子说明第三层意思。

【例 1-7】 （1）把 8 本书排在上、下两格的书架上，每格 4 本，求有多少种排法。

（2）把 8 本书排在书架上，上格 1 本，中格 3 本，下格 4 本，共有多少种排法？

（1）

解法一

第一步，从 8 本书中取 4 本在上格中做排列，有 A_8^4 种排法；

第二步，把剩下的 4 本，在下格做排列，有 A_4^4 种排法。

整个过程是分步完成的，所以应该应用乘法原理。排法共有

$$A_8^4 \cdot A_4^4 = 40\ 320\ （种）。$$

解法二

第一步，把 8 本书分成 4 本一组，共 2 组，那么，有分组方法

$$\dfrac{C_8^4 \cdot C_4^4}{A_2^2} = 35\ （种）。$$

第二步，把第一组书、第二组书向上格、下格分配，有排法

$$A_2^2 = 2\ （种）。$$

第三步，把上格的书做全排列，有排法

$$A_4^4 = 24\ （种）。$$

第四步，把下格的书做全排列，有排法

$$A_4^4 = 24\ （种）。$$

整个过程是分步完成的，应该应用乘法原理计算方案总种数，为

$$\dfrac{C_8^4 \cdot C_4^4}{A_2^2} \cdot A_2^2 \cdot A_4^4 \cdot A_4^4 = 40\ 320\ （种）。$$

解法三

第一步，把 8 本书分给上格、下格各 4 本，共有分配方法

$$C_8^4 \cdot C_4^4 = 70\ （种）。$$

第二步，对上格的书做全排列，有排法

$$A_4^4 = 24\ （种）。$$

第三步，对下格的书做全排列，有排法
$$A_4^4 = 24 \text{（种）,}$$
整个过程是分步完成的，应该用乘法原理计算方案总种数，为
$$C_8^4 \cdot C_4^4 \cdot A_4^4 \cdot A_4^4 = 40\,320 \text{（种）.}$$

解法四

对 8 本书做全排列，共有分配方法
$$A_8^8 = 40\,320 \text{（种）,}$$
它等于把 8 本书排在上格、下格各 4 本的两格上的排法种数.

(2)

解法一

第一步，从 8 本书中拿出 1 本放到上格，有排法
$$A_8^1 = 8 \text{（种）.}$$
第二步，从剩下的 7 本中，拿出 3 本放到中格上进行排列，有排法
$$A_7^3 = 210 \text{（种）.}$$
第三步，把剩下的 4 本书，放到下格上进行排列，有排法
$$A_4^4 = 24 \text{（种）.}$$
整个过程是分步完成的，应该应用乘法原理计算方案总种数，为
$$A_8^1 \cdot A_7^3 \cdot A_4^4 = 40\,320 \text{（种）.}$$

解法二

第一步，把 8 本书分成三组，第一组 1 本，第二组 3 本，第三组 4 本，共有分配方法
$$C_8^1 \cdot C_7^3 \cdot C_4^4 = 280 \text{（种）.}$$
然后，分别把它们分配给上格、中格、下格三格，由于已经规定，上格、中格、下格依次接受 1 本、3 本、4 本，所以分配方法只有 1 种.

第二步，对上格的书进行排列，有排法
$$A_1^1 = 1 \text{（种）.}$$
这个结果是显而易见的，因而不必用 $A_1^1 = 1$ 来计算.

第三步，对中格的书进行排列，有排法
$$A_3^3 = 6 \text{（种）.}$$
第四步，对下格的书进行排列，有排法
$$A_4^4 = 24 \text{（种）.}$$
应该用乘法原理计算方案总种数，为
$$C_8^1 \cdot C_7^3 \cdot C_4^4 \cdot A_1^1 \cdot A_3^3 \cdot A_4^4 = 40\,320 \text{（种）.}$$

解法三

第一步，从 8 本书中，选出 1 本给上格；从所余的 7 本书中选出 3 本给中格；从所余 4 本中选出 4 本给下格，共有分配方法

$$C_8^1 \cdot C_7^3 \cdot C_4^4 = 280 \text{（种）}。$$

以下的第二步、第三步、第四步与解法二相同，于是共有排列方法

$$C_8^1 \cdot C_7^3 \cdot C_4^4 \cdot A_1^1 \cdot A_3^3 \cdot A_4^4 = 40\ 320 \text{（种）}。$$

解法四

对 8 本书进行全排列，共有排法

$$A_8^8 = 40\ 320 \text{（种）}$$

这也是把 8 本书分别给上格、中格、下格依次为 1 本、3 本、4 本的排法种数。

> 说明：在第（1）、（2）两道小题的各 4 种解法里，最简单的，也是道理最不明显的，是它们的解法四。而且，对于两道不同的题目，竟然能列出同一个计算式子。这是为什么呢？

我们以第（2）题为例进行分析，

按题目的要求，排好后应当是

△　　　　　　　　　　　　（上格）
△△△　　　　　　　　　　（中格）
△△△△　　　　　　　　　（下格）

它与摆成

△　　　　　　　　　　　　（上格）
　△△△　　　　　　　　　（中格）
　　△△△△　　　　　　　（下格）

时的摆法种数，以及摆成

　　△　　　　△△△　　　△△△△
　（上格）　　（中格）　　　（下格）

时的排法种数，以及摆成（向左靠拢一下）

△△△△△△△△

时的排法种数是相同的。

而最后一种形式的排法种数是全排列 P_8^8。

这样，我们便从两道题的多种解法的比较中，总结出了关于分段排列问题的一个统一的简捷解法——转化为对全部元素全排列的种数进行计算。

（三）多题归一，形成规律

前面，对证明三角形内角平分线性质定理的多种证法的总结中，归纳出了对于证明 4 条线段成比例问题的一般思考方法。

对于例 1-6 前面的半圆上存在点 C、D 的 6 种解法的比较中，我们发现：**见到直径，宜去挖出它所对的那个直圆周角。**

事实上，如果仅仅从一道题目的讨论中，就认定了这是一般性的方法、规律，尚为

时过早。

真正可靠的解题思考规律的形成,应当是在多解归一的基础上,即在挖出一道题目的不同解法的共同点的基础上,再比较一批题目各自的共同点,发现它们的共同点的一致性,从而形成普适性的解题思考规律。

实际上,上面刚总结出的这两条规律(证4条线段成比例,见到直径宜去挖出它所对的直圆周角),也是在比较解一批题目的基础上,比较它们各自的共同点而总结出来的,因而是可靠的,具有普适性的。

再举一个例子,比较下面4道题目的解法。

【例1-8】 (1) 已知:BO、CO 分别平分 $\angle ABC$、$\angle ACB$,$MON /\!/ BC$,如图1-22所示。

求证:$MN = BM + CN$。

(2) 已知:BO、CO 分别平分 $\angle ABC$ 和 $\angle ACB$ 的外角,$MNO /\!/ BC$,如图1-23所示。

求证:$MN = BM - CN$。

证 明

(1) 因为 $MON /\!/ BC$(已知),

所以 $\angle 2 = \angle 3$ (两直线平行,则内错角相等)。

又因为 $\angle 2 = \angle 1$(已知),

所以 $\angle 1 = \angle 3$,

所以 $MO = BM$(等腰三角形判定定理)。

同理 $NO = CN$,

所以 $MN = MO + NO = BM + CN$。

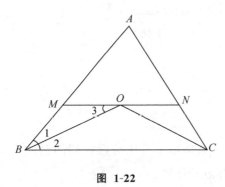

图 1-22　　　　　　　　图 1-23

(2) 因为 $MNO /\!/ BC$(已知),

所以 $\angle 2 = \angle 3$ (两直线平行,则内错角相等)。

又因为 $\angle 2 = \angle 1$(已知),

所以 $\angle 1 = \angle 3$,

所以 $MO = BM$(等腰三角形判定定理)。

同理　$NO=CN$。

所以　$MN=MO-NO=BM-CN$。

> 说明：请看上面两道题的证明过程中加着重点符号的两句。

这是两道不同的题目，已知条件的共同之处是，都有角的平分线，也都有和角的平分线所在的角的一边平行的直线。而在证明过程中，都先证出了一个等腰三角形，由此再向前推进，求证的目标就达到了。

这是不是具有普遍意义的规律呢？

再来看一个例子。

【例 1-9】　已知：如图 1-24 所示，CE、CF 分别平分 $\angle ACB$ 和它的外角，$EF \parallel BC$，EF 交 AC 于点 D，E 是 AB 上一点。

求证：$DE=DF$。

证　明

因为　$EF \parallel BC$（已知），

所以　$\angle 2=\angle 5$（两直线平行，则内错角相等）。

又因为　$\angle 2=\angle 1$（已知），

所以　$\angle 5=\angle 1$，

所以　$DC=DF$（等腰三角形判定定理）。

同理　$DC=DE$，

所以　$DE=DF$（等量代换）。

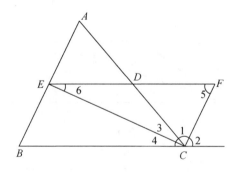

图 1-24

> 说明：在本例的证明中，又一次利用了等腰三角形判定定理（见加着重点符号的一句），使证明完成，而题目的已知条件和例 1-8 一样，又是角平分线和平行线同时出现。

现在是否可以说，这是普遍规律了呢？

仍待商榷。

因为，以上两道例题中，角平分线都是两条，那么是否角平分线一定都要两条呢？再来看下面这道题目。

【例 1-10】 已知：B、D 分别在 AC、EC 上，AD 是 $\angle CAE$ 的平分线，$BD /\!/ AE$，$AB=BC$，如图 1-25 所示。

求证：$AC=AE$。

证　明

因为　$BD /\!/ AE$（已知），

所以　$\angle 2=\angle 3$（两直线平行，则内错角相等）。

又因为　$\angle 2=\angle 1$（已知），

所以　$\angle 3=\angle 1$，

所以　$AB=BD$（等腰三角形判定定理）。

又因为　$AB=BC$（已知），

所以　$BD=BC$，

所以　$\angle C=\angle BDC$（等腰三角形性质定理）。

又因为　$BD /\!/ AE$（已知），

所以　$\angle E=\angle BDC$（两直线平行，同位角相等），

所以　$\angle E=\angle C$，

所以　$AC=AE$（等腰三角形判定定理）。

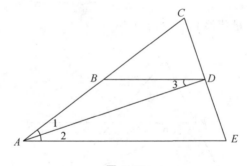

图 1-25

> **说明**：证明过程中，两次用到了等腰三角形判定定理，但第二次利用时，我并未在它下面加着重点符号，因为这次利用，与我们要归纳的规律无关。而第一次的利用，我在它下面加了着重点符号。

在这道题目的已知条件中，只出现了一个角平分线和一条平行线，而证明过程中，判定 △BDC 为等腰三角形，仍是达到目的的一个桥梁。

至此，从多题归一的角度，我们就可以说，总结出这样一个规律：

当一道题目的已知条件中同时出现了角平分线和与这个角的一边平行的直线时，应首先把这时的图形内必定存在的等腰三角形挖出来，这往往是顺利达到目的的一座桥梁。

再做一些题目后会发现，那条与角的一边平行的直线，也可以是与这条角平分线平行的直线。

而且，这条角平分线和这条平行线，并不一定必须是在已知条件中同时出现，也可以是证明过程的中间产物。

于是，这条规律就修改成了下面的样子：

当角平分线和一条与角的一边或平分线本身平行的直线同时出现时，立即找出其中必定存在的等腰三角形，常常可以推动分析、思考前进一步。

这是一条普适规律。

在本节证明三角形内角平分线性质定理的证法一和证法二中，都是由于适时地运用这条规律，有力地帮助我们找到了全题的证明方法。

就例 1-10 的证明而言，还有其他的证法。

规律总结出来了，它们能不能成为我们解题思考的好帮手，能不能提高，甚至大大提高同学们的解题能力，就要看下一步的事情能否做好了。

下一步是什么事情呢？

那就是，时刻应用它！

今后在碰到题目时，不管题难、题易，都不要自然主义地、随遇而安地去想它，绝不要满足于碰巧撞上正确解法，不能满足于侥幸地把题目解出来了，不能不知是怎么回事儿就解出来了，不能满足于自己也弄不清是依据什么想法去构思，就把题目解出来了。

如果自己没解出来，而是参考了教师或书上讲解的方法，自己一定要把他们的解法解剖，把得到这种解法的思路归结到我们总结出来的规律上，从而使这些规律成为自己得心应手的武器。

第六节　从初一年级开始，就提倡和指导学生开展问题研究，练习写论文

在数学上，进行问题研究，有两个方面的含义。

（一）数学的应用

应用的广泛性，是数学三大特性之一。数学的全部分支，都是既从它们自身的起源方面，也从实际应用方面，同生活联系着。

数学生命力的源泉在于，它的概念和结论尽管极为抽象，但它们都是从现实中来，并且在整个科学技术领域中，在全部生活实践中，有着广泛的应用。没有数学，全部现代技术都将成为不可能；反过来，社会和科学技术的发展，又需要数学向更深、更广的

领域发展。它们向数学提出新的问题，推进数学向不同方向发展，提供证明的标准。

作为这种意义的应用，是在中学生中开展"数学建模"活动，这如同为培养未来赛车手而进行的卡丁车练习，是非常有意义的。

我现在要说的，是另一种意义下的问题研究。

（二）学生们运用自己已经掌握的数学知识，解决超出习题范围或超出课本范围的数学问题

这无论对于学生深入理解知识还是培养其创新能力、提高思维水平，都是极富成效的，因而越早开展越好。我的建议是从初一就开始开展。

课题在哪里？

从初一到高三，只要发掘，俯拾皆是。

简单举个例子：试说明有理数不可能是无限不循环小数的道理。

解　答

有理数是整数和分数的总称。

其中的整数，当然不是无限小数。

分数呢？可以把它分为两类。

第一类，约分后，分母只含有 2 或 5 的质因数，这类分数化为小数后，一定是有限小数。

理由如下：

（1）把分母分解质因数后，如果因数 2 的个数和因数 5 的个数相同，那么，这时的分母是 10^n，用它去除分子，当然得到有限小数，小数位有 n 位。

（2）把分母分解质因数后，如果因数 2 的个数比因数 5 的个数多 m 个，就在分母和分子上都乘以 5^m。这时，分母又成为 10^n，还是化为了有限小数。

（3）把分母分解质因数后，如果因数 5 的个数比因数 2 的个数多 k 个，就在分母和分子上都乘以 2^k，使得分母仍然成为 10^n，则又化为了有限小数。

第二类，约分后，把分母分解质因数，质因数中有 2 和 5 以外的质数。这时化成的小数一定是无限循环小数。

理由如下：

（1）化得的小数是无限的。

由于 $\dfrac{m}{a \cdot b \cdot c} = m \div a \div b \div c = m \div b \div c \div a = m \div c \div a \div b = \cdots$

于是，可以先用分母中的质因数 2^p、5^q（其中，p、q 都是自然数）去除分子，得到了有限小数。

这时，用一个 2 和 5 以外的质因数，设为 b，去除分子，由于分数是既约分数（意思是约分之后的分数），则不可能整除而需要补 "0"，但补 "0" 后，绝对不会商一个数后使它和 b 相乘以后的积的末位是 "0"（因为只有 2 和 5 相乘才得 "0"）。这样，相减后余

数不会是"0",于是只好再补"0"。而此时,又是刚才的局面,所以,"0"要无尽无休地补下去。商也就无尽无休地商下去。商——分数的值,也就要无休无尽地写下去,即化得的小数是无限的。

(2) 化得的无限小数为什么是循环的。

化得的无限小数是循环的原因是,开始补"0"后商哪个数字,是由上一次得到的余数决定的,也就是说,如果逐次补"0"得到的一次次余数从某次开始循环起来了,那么商也就开始循环了。

而余数只能在大于"0"并小于除数之间的自然数中间变化,这些自然数的个数是有限的,那么当然,最多 ($b-1$) 次以后,余数就要重复了,那么商也要和余数配合起来重复,出现了循环。

整个问题的解答,到此完成。

回首这段过程,我想,至少能有下面几点体会。

(1) 课题真是俯拾皆是,在我们周围,处处留心皆学问。

(2) 世上无难事,只怕有心人。初看起来难以入手的一个难题,竟然只需小学的知识就能解决了。

(3) 虽然需要的知识很基础,但解决过程中所需要的能力和思考方法,却不是可以信手拈来的,它需要灵活地运用那些人人皆知的基础知识。

用最简单的知识,去解决陌生的课题,这不就是在培养创新能力吗?!

(4) 在本问题的解决中,最关键的,是进入整式除法的过程,弄通竖式除法的情景,弄清被除数、余数、商、除数之间微妙的关系。而这,正是我总结过的解题思考的第一个大规律——弄通情景。

(5) 完成这样一道题目对学生解决实际问题的能力的培养价值,要胜过 10 道为背定理、公式而机械重复练习的题目。

(6) 完成了这道题目,待到初二学无理数时,理解"无理数是无限不循环的小数"这一概念时,将如履平地,轻而易举。因为把这道题目的结论换言之即为,"是无限不循环小数就不是有理数"。

为什么说上述的第 (4) 条是关键的呢?因为弄通了情景,弄清了被除数、余数、商、除数之间的微妙关系,就可以想出各种各样的解答。

例如,对于当分母只含有 2 或 5 的质因数时,为什么只能化成有限小数?还可以做这样的解释。

仍利用 $\dfrac{m}{2^p \times 5^q} = m \div \underbrace{2 \div 2 \div \cdots \div 2}_{p} \div \underbrace{5 \div 5 \div \cdots \div 5}_{q}$

当用第一个 2 作除数时,由于是既约分数不能整除,余数只能是 1,补"0"后,商"5"即除尽,以下类似。待到用 5 作除数时,余数只能是 1 或 2 或 3 或 4,分别商以 2 或

4 或 6 或 8，不就可以除尽了吗?!

由于篇幅所限，其他有关的举例和说明，本书把它放在第二篇第五章第四节中再作详细的介绍。

第七节　帮助学生科学安排学习和生活，保证学生每天睡眠 9 小时左右

> 中学生一定要有充足的睡眠。
> 中学生也一定要有足够的体育锻炼。

（一）只有充足的睡眠和足够的体育锻炼，才能保证身体的正常发育，才能为学习提供充沛的精力和清醒的头脑

我们班的学生在中学 6 年间，大多数人每天睡眠 9 小时左右。一些学习成绩优秀的同学，每天睡眠都在 9 小时以上；睡眠少的个别同学，也在 8 小时以上。

做到这一点的关键是，**学生白天要抓紧时间，提高时间利用率；教师留作业一定要少！**

我在帮助学生们制定时间安排时，细到晚饭几点吃，都会和家长明确下来。同时，这 6 年来，我没留过书面家庭作业，从未收过作业，这就给了同学们很大的自由度。而教我们班的各科教师，都从爱护孩子的角度出发，少留甚至不留家庭作业。

除了学校的体育安排之外，我还在班内组织小组之间的篮球赛，教学生们打排球、乒乓球、篮球，练田径，带学生们去游泳，并安排每天放学后女同学跑 800 米，男同学跑 1500 米。

上初一时，我们班的学生在年级里最瘦小，运动会在年级里也排不上名次。6 年后，我们班成为年级里平均身高最高的班，有十多名男生在 1.8 米以上。到高二、高三时，在学校运动会上，我们班的团体总分在高中组总能获得压倒性的第一（高中组一共有 12 个班，各班的总分多在 30 分左右，而我们班，一次 126 分，一次 122.5 分）。

高中毕业进入大学后，在清华大学计算机系获得一等奖学金的刘婷同学获得清华大学运动会女子 800 米第 3 名，1500 米第 4 名，第二年又获清华大学运动会女子 800 米第 1 名；在计算机系成绩优秀的温世强则兼任清华大学男子登山队队长；张海飞同学连续两年获得北京大学运动会男子铅球第 3 名；在北京大学生命科学学院获一等奖学金的桑丽芸获得北京大学女子 800 米第 7 名，还是北京大学女子登山队的负责人之一。

刻苦的体育锻炼，不仅让学生们拥有了强健的身体，为学习提供了可靠的保证，还造就了他们坚强的意志品质。

（二）学术素养的提高，有利于促进学生全面素质的发展

此外，我还鼓励学生们积极发展艺术爱好：班上有 7 名学生会弹钢琴，4 名学生会拉手风琴，1 名会拉小提琴的学生还曾在北京市获过奖。我还组织学生们排练多声部合唱，在学校的合唱比赛中，我们每次都是第一名；我们班每年都会举办一次文艺演出班会。陈帆同学曾代表二十二中获得 1996 年北京市中学生书法一等奖，在 1999 年，他又代表清华大学获得全国大学生艺术节书法二等奖。

艺术素养的提高，有利于促进学生全面素质的发展。

学生的思想品德素质、智力素质、身体素质、艺术素养同步向前，互相促进，相映生辉。是否能实现这一点，在于教师们的观念，大家的认识统一后，一方面可以坚决少留或不留作业，减轻学生的课业负担；另一方面，要提倡和指导学生们科学地安排生活，全面发展素质。

综合素质的提高，将为学生的成才打下坚实的基础。

第二章　写给班主任

第一节　我不赞成的一些倾向和做法

"十年动乱"之后,教育工作拨乱反正,学科教学重新为人们所重视。但是在各主科备受关注的同时,班主任工作却被冷落了。选择学校之际,很多家长多方打听任课教师,尤其是数学、外语、语文教师配备如何,至于班主任谁当,对不住,鲜有问津了。

(一) 第一重要的,是班主任

班主任的位置,不但在各科任课教师之前,而且比选择学校的名气更重要。所以,正如"写在前面"中我的发言所述:"我教数学,更当班主任。"事实上,我从1962年来二十二中,到1997年,我兼教过物理、历史、地理、音乐,兼任过二十二中排球队、乒乓球队、篮球队教练和20世纪60年代学校唯一的手风琴伴奏。但我在35年中从未间断的,是教数学和当班主任。1991—1992学年,尽管我已53岁,我还同时担任高三(4)和初一(1)两个班的班主任。这是因为,对于我的事业来说,班主任工作实在太重要了。

我们当教师的培养学生,使他们思想品德高尚,是第一位的。因为,社会需要的,是为大众谋福利的人才;同时,无私大度的人,才能真正享受人生的幸福。

这样,德育工作当然是第一位的,而在学校的德育工作的众多环节中,班主任是最关键的。一方面,教育处、共青团、少先队的思想工作,必须得到班主任的配合,才能落实;另一方面,优秀的班主任和孩子们在一起,如鱼得水,水乳交融,才能把话说进孩子心里。

同时,也正如我在"写在前面"中所说:"德育和智育是互相关联、相辅相成的。远大理想将产生刻苦学习的强大动力;反过来,智力素质的提高,使人看得远,有助于形成正确的人生观。"

所以,应该把德育和智育结合起来,而实现结合的最好方式,是当班主任。

(二) 班主任应当抓什么

关于班主任应当抓什么,一种认识是,抓学习。有这种想法的人认为,班主任应该做好保证各科教学的工作。于是,班主任成天统计分数,抓态度、督刻苦,让优等生介绍经验,组织差生补课……

这种认识和做法,背离了德是第一标准的原则。而且,停留在这种层次上,学习也抓不上来。

例如，班主任让学生刻苦学习，可是没从建设崇高的理想上入手，那么，学生凭什么要刻苦？为了考上好大学！考上好大学又为了什么？为了找到好工作！什么是好工作？挣钱多又轻松！

到这里，我们自己即将黔驴技穷了。

因为若对方再反问一句：有人不要说上好大学，连初中都没毕业，可是现在已腰缠万贯了，哪个上大学的比得上他？

我们只好张口结舌了。

而且，从小就想着将来多挣钱、图轻松，未免太渺小了，这不是好苗头。

还有一种认识是，班主任工作主要是抓纪律。

良好的纪律是各项工作的保证。它的基础，源于高尚的品德。不从这里入手，只会一波未平，一波又起。因为，头痛医头，脚痛治脚，不从根本上改善健康状况，是不能彻底把病治好的。

所以，德育工作，才是班主任要全力抓好的大事，一切都要围绕它而展开。

（三）班主任工作怎么做

在北京，几乎谁都知道这个词："请家长"。

这是指中小学的班主任把学生家长找来，向家长告状。而近些年来，在有些学校则变成了"训家长"。

这实在是一种不智之举。

其一，班主任这样做降低了自己的身份。这等于向学生和家长宣告自己的无能。因为，向家长告状嘛，让家长来评理。"我是没法子了，只好请您出山。"

其二，有人倒不是请家长来断"案子"，而是为了让家长回家好好教育孩子。但事实上，许多家长回去后把满肚子的怒气发泄一顿，这哪有什么教育效果？反而使学生认为教师此举是为了出气，加深了师生间的隔阂。

至于"训家长"，则更是把家长也推向了教师的对立面。

我能体谅班主任，特别是许多中青年班主任，他们工作任务多，家庭负担重，生活又清贫，心情本来就不平静；对于问题不断、后院失火，他们容易冲动不冷静，动辄训斥学生。可是有些师生矛盾当时压下去了，日后却会加剧。因为，学生没被说服而是行为暂时被压制，这就为以后的冲突埋下了火种。

这种做法也包括尖锐的讽刺、刻薄的挖苦，使学生当时无言以对，只能把委屈甚至泪水咽进肚里。

与此相反，有的年轻班主任，对学生一味迁就，听之任之，甚至投其所好，任其自由发展，等到孩子身上的缺点越来越严重时，已难以收拾。

上面两种做法，其根源都是没有设身处地从孩子的身心出发，没有从孩子的前途考虑；其本质都是待问题发生时，去当消防队员，而不是防患于未然。须知，使人不生病的医生，才是真正的好医生。

可是，怎样当这样的好医生呢？

第二节　营造一个优良的环境

教育上，有"通过集体进行教育"这样一条原则。而当今，社会影响比较复杂和多元化，这条原则就愈显重要。因为，不管外面的人怎么想、怎么做事、如何为人，但自己周围的人却一致地蓬勃向上、正派高尚，这不仅是一种巨大的约束力量，而且是一种说服力量，更是一种强大的鼓舞。这条原则会帮助每个成员，战胜困难，迎来成功。

我当班主任时，和同学们相约，建设一个优秀的集体，为人民炼一炉好钢。

（一）我们制定了建班方针，要求德智体全面发展（共八条）

其中，第一条，就是德的标准：要诚实、正派、正直；树立远大理想，要为人民多作贡献；做有丰富感情的人，要因为我来到世界上，而使别人更幸福。

这里的每句话、每个字，都赋予了我们的理解。例如，关于"远大理想"，我们的远大理想是什么？当然不只是上大学，当博士。那么又是为了什么呢？

我们的理想，是要为人民多作贡献。

正因为如此，在现代社会的条件下，对于我们班的同学，大学是争取要上的，而且应当是第一流的大学，博士也要当。我们要为祖国早日富强而上大学，要为人民而成才。这"才"当然愈高大愈好，愈多愈好。

所以，谁有了好书好题目，立即给大家共享；谁有了好解法，抢着上讲台讲给大家听，这在我们班不过是寻常事。下面给大家举几个例子。

上高中以后，在数学竞赛的方向上，班上同学间有了一定的差距，为了加强辅导时的针对性，闫珺同学主动向我提出，把全班分成两大组，在高一、高二暑假和竞赛前的9月份，由他和我分别给两大组讲课。前前后后，闫珺讲了近200个小时，而这时，他也面临着要通过一关又一关的选拔，去争取进入由6个人组成的国家代表队。当我们班在1995年的全国高中数学联赛中，获一等奖3人、二等奖6人时；当我们班在1996年的全国高中数学联赛中，获一等奖5人、二等奖3人、三等奖6人时，闫珺同学说："这正是我最高兴，也是我最希望看到的。"

陈硕同学的物理学得好，我发现他上高三之后的自习课，几乎都是在教室的外面，给一个接一个的同学解答物理问题。

为什么在教室外面？我们班的纪律严明，不但课上，就是自习及课间，教室内也不要有声音，目的是不妨碍同伴的学习或思考。作为班主任，我也自觉遵守这条纪律，若有话要和谁说，做个手势一起到教室外面，让神圣的课堂永远保持安静。

桑丽芸同学学习很好，聪明又勤勉，但高考前的十几天，她几乎没有执行自己的复习计划。因为，她天天在电话里给林雨同学解答问题。桑丽芸的妈妈有些着急，怪她自己的功课不复习，"别忘了，你自己也要考试啊！"但桑丽芸说服了自己的妈妈："对于考试，林雨比我更担心，现在学校放假了（7月7日高考日之前的两周，同学们都回家自己复习），我不帮她，我心里过意不去。"

林雨同学是在初一第二学期来到我们班的，她的学习，一直比较吃力。但是，这次高考，她以超过本科线 2 分的成绩，进入中国民航大学，实现了我们班的满堂红。上大学后她奋发努力，一年后，她在中国民航大学获得奖学金，消息传来，同学们欢呼雀跃、奔走相告。我们的集体都为每个同学的一点一滴的进步而高兴，同时也绝不让任何一名伙伴掉队。

这样的具体事例还有很多。在一个优秀的集体里，使每个同学更深刻受益的，是那无形的精神财富，这种精神财富是促成每个孩子德智体优异发展的巨大力量。

1996 年，学校让我们班给全校师生介绍经验，当时，副班长刘婷同学在全校大会上有这样一段发言：

……我们鄙薄社会上的一些花花绿绿，因为我们有自己美的标准，那就是我们的建班方针。我们的男同学都是短短的头发，男女同学都衣着朴素，从不轻浮地说笑逗闹，大家相互尊重……

孙老师教了我们许多歌，我们常陶醉在准确动听的二声部的旋律之中，我们欢笑，我们歌唱，我们沐浴着春天的阳光，沉浸在集体的温暖里。同学们团结友爱，为祖国成才而共同奋斗，可爱的集体，是每个人力量的源泉。正像我们第三首班歌所唱：

"我们高二（1）大家庭，充满着阳光，同学们互爱，像兄弟一个样。见着困难，大家抢着上，见着荣誉，大家相让，班级的生活，多么欢畅。嗨——嗨！团结就有力量，嗨！团结就有力量。"

见着困难，大家抢着上；在我们班，随时可见；见着荣誉，大家相让，一波连着一波……

（二）共同见证高三（1）班成长之路

1997 年 1 月 10 日，北京市东城区教育局在东城区少年宫，为全区 40 多所中学的 1000 名代表，举行大型报告会"北京市第二十二中学高三（1）班成长之路"。我们班 15

位同学做了讲演，最后，是全班同学大合唱歌曲《拥抱新世纪》。

此时此刻，一件件往事，涌上了我的心头。

……

1. 评选特优生

为了鼓励对优秀人才的培养，每年五四青年节，都要表彰东城区人民政府特优生（以下简称"特优生"）。开始时，在全区5万名中学生中，每届评选20人，近年增加到50人，平均下来每所中学也只有1人多一点儿的名额，但评选并不是搞绝对的平均主义，有严格的硬杠杠评选标准。虽然每位特优生有奖金200元，但人们更看重的，是它高度的荣誉感。

我们班初一入学生源并不理想，初中三年，没有人被评上特优生，整个二十二中也无人被评上。

高一时，闫珺、刘婷被评上了特优生。

高二时，报闫珺、刘婷、杨维华，当然能评上。往下呢，陈硕和任晓军，也都达到标准。但一个班一次报5个，史无前例，有点儿悬。考虑再三，决定在陈硕和任晓军之间只报陈硕，免得因为报上任晓军后，连陈硕也被拉了下来。

我向任晓军讲了这个想法后，他十分坦然地表示赞成。我也向陈硕讲了这个想法，然后请他把我们班4个人的材料抄写好交上去，因为当天中午我要去参加北京市人民代表大会的会议。

结果呢，陈硕把任晓军也报上去了。

上高三时，我们班够条件的人更多了，达到8位同学。区里说，一个班评8个，太多了，给你们5个名额吧。

推荐谁呢？8位同学（闫珺、戴强、王一、杨维华、廖东南、刘婷、温世强、陈硕）你推我让，有人还给我写了信。

例如，温世强同学在信中最后这样写道：

以上是我真心所述，绝不是谦让之词，不论从全班还是同学个人角度，都请您考虑我的建议，我绝不后悔。

2. 为什么不给我们一个学习雷锋的机会

为了免除同学们每天上下学路上书包过于沉重的负担，孙阳同学的妈妈设计了6组共有48个柜门的书柜，又花了4000元请人制作并运来学校。书柜乳白色中透着淡蓝，素雅大方，每个柜门上，都有一副精巧的吊扣，整整齐齐，从北到南占了教室后半面墙壁。以后三年，各地来听课的老师们一进门，最先吸引他们的，就是这排书柜了，它给我们的教室增加了亮色，增添了肃静，更给我们增加了力量——齐心协力建设好我们集体的力量，为人民成材的力量。

同学们当然希望交钱，但是孙阳同学坚持不肯收，孙阳的妈妈说："为什么不给我们一个学习雷锋的机会呢？"

最终，孙阳妈妈一分钱没收。激励，却永远留在了每一个同学的心上。

陈硕同学的家长下岗，一次，陈硕的腿感染，病势很急，医生说如果注射一种进口药，每针400元，打6针就能好。同学们闻讯，一个中午就捐齐2 400多元急急送过去。

后来，陈硕的病情有了缓解，没有再注射，而他的爸爸随钱送来的一封催人泪下的信，又让全班同学久久不能平静。

贾笑天同学踝骨骨折了，那些日子，每天一大早，几个同学就骑车到他家，用自行车把他驮到灯市口无轨电车车站。早有几个有月票的同学等候在车站，再把贾笑天架到无轨电车上。车到交道口时，另一拨骑车的同学已等候在车站，再把贾笑天驮到学校。接力第4棒的同学是最有力气的同学，背他上楼去。骨折是不幸的，但贾笑天的功课，却一点儿也没耽误。

每逢向社会捐款捐物，我们班人人踊跃。除了全班共同捐助的一名希望工程的同学之外，杨萱、雷易鸣、孙兴等同学都各自单独捐助了一名，而张悦同学则又单独捐助了两名。

全校大扫除时，阅览室、实验室的老师，都争着要让我们班的同学去。他们说我们班的同学干活最好，纪律又好，他们最放心。

中学的前5年，每个寒暑假，我们班同学都要拿出两天的时间，到东城区区教育局仓库，把全校师生要用的几万册新课本、练习册、参考书搬运回学校。高二暑假时，我曾建议同学们不再搬书了，同学们说："孙老师，您不用管了，为学校做点儿事，是应该的。"

3. 李冰确诊风疹之后

1994年6月初，正是中考复习的关键时刻，因为6月24—26日，全市中考。一天上午，李冰同学的座位是空着的，我问同学们什么原因，有人说，李冰早晨来了，有点不舒服，上医院拿药去了，一会儿就回来。见他书包还在位子里，我就放心了。这些日子，班上几乎没有人请假。

下午放学前我到班上，李冰的座位仍然是空着的，同学们要给他送书包，我没同意，心想让他在家里好好休息一下吧。

晚上10点，我回到家，电话铃响了："孙老师，我是李冰的爸爸。李冰病了，有些发烧，是最近流行的风疹，这病传染。听说××中学，大半班、大半班地病倒了，所以，李冰一听说自己得了这病，就从医院直接回了家，没敢回班级，怕把病传染给别的同学。书包我也没去取，我怕我身上也有病毒……"

听到这里，我的呼吸沉重起来了。

李冰爸爸接着说："孙老师，我打电话，我一是给李冰请个假，等他彻底好了，再去学校；二是请您告诉同学们，喝板蓝根，一次两包，一天两次，可以预防风疹；明天教室里要熏熏醋，多通风，不知李冰是不是已经把病毒扩散到教室里了……"

我还能说什么呢！与其感谢他的一份真情，不如赶紧采纳他诚恳的建议。

这时，已经是晚上10点多了，按我们班的规定，同学们已经入睡了，但是，喝板蓝根这事更重要，因为，如果真如李冰爸爸所说，李冰已把病毒带进教室，可怎么办？这时，我记起白天在办公室，听说有的班，请病假的同学很多，是不是得的就是这种风疹呢？于是，我果断决定：全班停课三天，有病没病的同学，都在家复习！

接下来，打电话吧！

按照惯例，我第一个拨通了郭绍汾，不过我说今天可不用他再通知别人了。

"你放下电话，喝完板蓝根，就赶快再上床睡觉！"

但郭绍汾就是不肯，再三恳求我由他通知同学。讨价还价的结果，他通知班里2/3有电话的同学，余下的归我通知。

"起来喝板蓝根，一次两包，一天两次，明天晚起床，从明天起，自己在家复习三天。"

这一声声带着真情的"命令"通过电流，在深夜北京市电话线网上，流向了四面八方。

郭绍汾还问，没电话的同学怎么办？他也要去通知，我说，明天一大早，我到学校大门口去拦住他们吧。

拨完我分管的电话，已经深夜12点了，我骑车进城，到交道口芳草药店的夜间售药小窗口，买了4盒板蓝根，两盒留给我儿子孙兴，两盒给和我邻楼李晓崧同学。当时他家还没装电话。

我敲开李晓崧家的门，他爸爸只穿着睡衣，听我说完后，他要我等一下，返身回去，立即和晓崧妈妈一起出来了。

晓崧父母说："孙老师，您回家休息吧，班上还有没有电话的同学，我们去通知……"

我感动得一时不知说什么好。我说明了我的安排，他们送我下楼后才回去。

那时，我们班有十多个同学家没有装电话。第二天一早，我就站在学校大门口等候。可是左等右等不见他们来，快7：30的时候，李晓崧的妈妈来了，她说，晓崧今天起来后说英语韩老师有份材料在他手上（李晓崧是英语科代表），他怕耽误韩老师给别的班讲课，让我给韩老师送来。听到这里我又无话可说了，我们班的同学总静不下心来，因为，他们心中总装着别人。

可是我要等的人，一个也等不来。

这是怎么回事？

第一节上课铃响了，大概不会有人来了吧，难道都病了？我害怕了，我骑到没装电话的最近一个同学家，才知道是廖东南同学在校门口把他们都拦回去了。

廖东南家里有电话，当他接到郭绍汾的电话通知时，立即想到了班上还有一些同学家里没有电话，为了不让这些同学走进教室。于是，先于我之前，廖东南站在了学校大门口。

我实在无话可说了，学生们为他人操的心，比我想得还多、还细。

…………

报告会在少年宫有序地进行着。

同学们一个一个的发言，打动着每位听众的心，会场里一片静谧。

然而，就在这次报告会进行过程中发生的一件事，却让我自责终生。

4. 这件事让我自责终生

当我们班同学的大合唱结束后，大家排着队整齐地走到后台，高航同学说自己不舒服，贾笑天和孙兴立即送他去了医院。

我处理完会后的一些事，接着又给杭州打了长途电话。因为我是第 12 届中国数学奥林匹克竞赛的北京队领队兼主教练，本应在当天中午和 5 名队员（包括我们班的闫珺、戴强）一起乘飞机前往浙江大学，因为下午这个报告会，我只好推迟一天，但仍放心不下先期到达杭州的同学。晚上 7 点我才回到学校，贾笑天和孙兴在学校等我，他们已经把高航从医院送回家。

我没想到高航竟烧到 39.2 ℃。这么严重！

我赶到南河沿南口高航家时，已经是晚上 8 点了，高航刚睡下，他的奶奶说，高航感冒有几天了，今天早晨体温是 37.5 ℃，奶奶劝他不要去学校，说马上要期末考试，还是抓紧把病治好，别闹大发了，不然考试都考不好。高航不肯听，他说今天下午要去少年宫开会，最后是全班大合唱，队形已经排好，如果自己不去，那又要重新排队，给老师和班干部添麻烦。他觉得自己体温也不太高，吃点药就好了，等合唱完了再请假。

我从杭州回来时，已是 5 天以后，高航已经完全康复，参加了期末全区高三统一测试。在学校里见到他，我问起那天的事，他说：

"那天从中午开始，我就觉得有点不妙，可能会发烧，因为我有些发冷、发抖……"

"那你为什么不早说，抓紧上医院，也不至于后来烧成那样。"我似乎在责备他。

"那……我就更不能说了，已经要出发了，我要是一说，合唱队形不但重新排，而且还要同学陪我上医院，大家心里都会惦记我，开会和讲演就该分心了……"

这就是高航，我们班上的一名战士，心中首先装的是别人，是集体、是工作，尽管我们并不提倡，也不赞成他这种做法。

这需要多么坚强的意志！同学们竟然都没看出来，原来他一直在和高烧搏斗。

我为我没有觉察，而深深自责。

那天晚上，高航家说什么都要留我吃晚饭，奶奶打开火给我做饭，看着热气腾腾的饭菜，我的心也是热乎乎的。

5. 评选市级三好学生

这次报告会过后没多久，大概是 5 月下旬，高考报名各项工作纷纷启动，其中之一，是评选省（直辖市）级三好学生，凡评上者高考时每人可以加 10 分。

这当然有名额限制，鉴于我们班的情况，上级破例给了我们 4 个名额。

给谁呢？

就条件而论，我们班的大多数同学，都符合标准，而且彼此之间相差不多。

我征求符合条件的排在前 15 名的同学的意见（这其中包括我的儿子孙兴），他们都愿意把这个机会让给后面的伙伴，使他们由于加这 10 分，而能够考取北大、清华。

时间匆忙，我们只好这样决定了，这 15 名同学，都不评"三好学生"。

这 15 名谦让的同学后来都考上了北大、清华。而得到加 10 分机会的同学，裸分也达到了北大、清华的分数线，但是在考前，谁有这个把握呢？

有人说，高考分数下来，1 分就能差出一大操场人。这可是关系人生前途的大事啊！

但为了伙伴，在我们同学那里，却是那么坦然。

上面讲的几个小故事，你是否感受到在我们班有一个何等温馨的氛围，一个何等激励人奋进的氛围呢？

希腊神话里有一个故事。

> 相传很久以前有一位英雄，大地是他的母亲，他的力气很大，敌人望而生畏。
>
> 战斗中，这位英雄也有过力渐不支的时候，这时，他就跳下马来，俯身地上，从大地母亲的胸怀中汲取力量，然后翻身上马，把敌人打得落花流水，闻风而逃。
>
> 后来，敌人知道了这个秘密，设法使他无法下马，隔离他和大地母亲，终于打败并杀死了他。
>
> ……

我们的集体，就是这位大地母亲。她源源不断地把力量注入每个孩子的躯体中，使得他们振奋向上、充满朝气，哪里还有什么心绪烦乱？哪里还有什么彷徨、苦恼？……

而充满集体的，则是呐喊和温情织构的交响乐。同时，全班40人的才华和智慧汇聚起来，武装每个伙伴的头脑，又是何等的难得？！

那么，这个集体，是如何形成了今天这个样子的呢？

第三节　建成一个优秀集体的关键

比确定一个正确的建班方针更重要的，是它的实施，是使它深入每个孩子的心田，化做他们自觉的行动。

电影《带兵的人》中，有这样一个情景，连长语重心长地对气哼哼的班长说："这浇菜要浇根，这浇（教）人要浇（教）心。"

怎么才能浇（教）到学生心上呢？

（一）关键是班主任的言行和对孩子们的真诚

本节主要引用一名学生和一名家长在本书开始提到的1999年6月10日由东城区教育局举办的"孙维刚同志教育思想研讨会"上的发言。王一同学正在清华大学经济学院读书，曾担任经7（1）班长，刚刚当选为清华大学经济学会会长并获得清华大学奖学金，他的讲稿如下。

1. 我一生的榜样——谈孙维刚老师的德育教育

能成为孙老师的学生，是我一生中最幸运的事情。

孙老师不仅是我们的数学老师、班主任，更是我们思想和灵魂的导师。他是我一生学习的榜样。

近些年来，人生价值取向，社会道德观念，纷争不休。在这种环境下，孙老师始终如一地将道德教育放在首位，投入了极多的时间和精力。我想这是符合素质教育原则的，也是难能可贵的。

《资治通鉴》里有这样一段话:"是故才德全尽谓之圣人,才德兼亡谓之愚人,德胜才谓之君子,才胜德谓之小人。凡取人之术,苟不得圣人,君子而予之,与其得小人,不若得愚人。何则?君子挟才以为善,小人挟才以为恶。"记得孙老师说过:"德育是智育的基础,我们现在学习科学文化知识和能力,为的是将来能为社会作出较大的贡献,为人民谋幸福。如果利用自己的知识和能力,作为向人民讨价还价的资本,只顾自己,不管他人,更而甚之,危害社会。这时,智育再'成功',也是毫无价值的。"因此,他首先教我们做人,再教我们做一个有用的人。也许更多的人只知道孙老师书教得好,但不知道孙老师将更多的心血花了指引学生们的人生方向、完善学生们的健康人格上。正如他自己所说的:"我们要为祖国炼出一炉好钢。"

小学五年级的时候,我被小学老师推荐到孙老师的数学班听课。事实上,第一堂课我就被他深深地吸引了,他和蔼的笑容、优雅的举止、敏捷的思维以及流畅的言语,都给人以美的享受。更重要的是,他对我们那么好,就像对待自己的孩子一样(你无法拒绝他慈祥的笑容)。后来我便十分渴望加入他的实验班,原因很简单,世上竟然有这么好的人。有了孙老师,生活就变得美好起来,我愿意追随这位善良而睿智的引路人。这就是我,一个五年级小学生当时真实的想法。

两年后,我的希望成了现实,我成为二十二中初一(1)班的学生。刚一入学,孙老师就提出了我们班建班的三条原则:一是,诚实、正派、正直;二是,树立远大的理想和宏伟抱负;三是,做有丰富感情的人,要因为自己来到这世界上,而使别人生活得更幸福。当时我的身体似乎被注入了强大的力量,心潮随之澎湃。年轻人需要激情,以前没有别的老师像孙老师那样如此明晰对我讲应当做一个什么样的人,至少没有如此强烈地引发我对人生的思考。正是孙老师点燃了我的激情,照亮了我的人生道路。虽然我的心底还有困惑,但毕竟我知道自己的方向了,要因为我来到这个世界上而使别人生活得更幸福些,这是一个多么美好的境界啊!在我幼小的心灵中,孙老师埋下了一颗多么善良的种子啊!

孙老师是怎样实现他的德育目标呢?我认为,首先一点,是孙老师个人魅力的感染。我们知道,榜样的力量是无穷的。要求学生做到的,孙老师首先要做到,这样,学生就信服他,愿意模仿他,身教胜于言教。

去年,我在清华大学经管学院通过了转正考察,成了一名正式的共产党员。在这里,请允许我转述在转正思想汇报中的几句话:"我们的心灵从他的言行中得到净化。大家热爱劳动,来自恩师每天早晨到教室打扫卫生;大家良好的修养,来自恩师每天上下班都和看门的老大爷亲切地打招呼;大家严格遵守纪律,来自恩师迟到了便向我们做检讨甚至到教室外面罚站;大家艰苦朴素,来自恩师一年四季仅仅两套的旧外衣……"

更重要的是,孙老师这样做,完全是一种无私奉献。多年来的寒暑假,他一直没有休息过,为我们上课、为我们操劳,但从来没有向我们要过一分钱。相反,孙老师反而经常为我们垫付一些费用,如报名费、车费等。当时他总是说这些钱可以报销,但往往是骗我们的。后来我才了解到，孙老师带了三轮实验班，自己贴的钱就有上万元。其实，孙老师对我们的付出又怎能以金钱来衡量?! 几十年来，他一心扑在工作上，只求奉献，不求索取，燃烧自己的生命照亮教育事业的殿堂。刚刚接手我们第三轮实验班的时候，孙老师就身患膀胱癌，面对这一切，他的坚强与乐观令我们折服。他顽强地与病魔做抗争，在手术后又全身心地投入到工作中，似乎什么事都没有发生过一样。从他的病情考虑，医生规定他每天骑车不能超过15分钟，但孙老师每天上下班就要骑行近1个小时的路程；这还没有算上他为我们骑车四处奔波，蹬着车去开会、去奥校讲课、去火车站迎接载誉归来的同学，连我们考上大学也是他蹬着车送我们到北大、清华报到的。孙老师真是为我们操碎了心！

现在如果有人问我，"8年来，你从孙老师身上学到的是什么？"我会回答，"我学了很多，而最重要的东西，就是他这种无私奉献的精神。"不过不是8年，而是10年。因为在清华大学的这两年生活中，孙老师仍然给了我极大的关怀，每次在电话中或我们班聚会中，听他讲话，我都能学到很多东西。比如，孙老师在去年了解到了大学中普遍的学习方式之后，专门对我们班同学的学习方法提出了看法和建议，这对我的促进很大。又如，孙老师得知我在宿舍里睡上铺，特意打电话让我注意安全，千万不要从上面摔下来，这种无微不至的关怀，不仅令我感动，就连我的室友也说，你有这么一位好老师，真是很幸运。

虽然现在我不能在孙老师身旁贪婪地聆听他的教诲，但他的形象经常闪现在我的脑海里。尤其是当我打开录音机再次倾听我们最后一次班会的录音时，我都能感受到一股力量从心底升起。

我深深受益于孙老师的教育，我与父辈、祖辈之间根本不存在代沟，我和家人都能很好地沟通，不会整天抱怨不被理解，云云。这使我想起孙老师经常叮嘱我们关心体贴父母，有事多与父母商量，有一次家长会后还让同学们挽着父母的手回家。又如，我在大一体育考试时，老师把我的长跑成绩由85分错记成95分，我自己主动提出并更正了它，有的同学笑我傻，但我却能体味诚实的快乐。这使我想起在中学时，如果同学犯了错误，只要是自己主动承认，孙老师就不再批评，反而表扬他的诚实。我现在学经济学专业，我一直把它当作经世济民之学，我要努力把它学好，将来争取为祖国的经济发展尽自己微薄之力。这又使我想起孙老师的教诲，树立远大的理想、宏伟的抱负，为社会作贡献，为人民谋幸福。是的，孙老师的精神一直激励着我，促我上进，催我自新。无论何时何地，孙老师的人格永远感召着我，他将是我一生学习的榜样。

2. 张悦同学的妈妈刘莉莉同志的发言：感谢孙老师

我的女儿名叫张悦，是孙老师第三轮实验班的学生。虽然我女儿从二十二中已经毕业近两年了，但是孙老师依然是我家的一个非常重要的话题。究其原因，实在是因为在女儿成长的道路上，孙老师是一位对她影响最大的人。

我的女儿童年体弱，性格内向。上小学的时候，没有当过班干部，学习成绩中上等。她上课极少主动举手发言，胆子特别小，不善与人交往，甚至不敢打电话，不敢买东西、不敢问路。面对一个充满竞争的社会，不仅我，连所有的亲属和老师都替她发愁。

后来小学老师推荐她进了东城区小学数学奥校，有幸听到了孙老师和其他一些优秀老师讲的数学课，女儿对孙老师的钦佩之情溢于言表。从此以后，她一回到家里就和我们讨论数学题，这成为我家重要的生活内容。

后来，女儿升入了初一，正式成为孙老师的学生。从那时到高三毕业，我明显地感到了女儿的进步，而这些进步都紧紧地与孙老师相连。

现在关于应试教育和素质教育的讨论是一个热门话题，我也想以我的女儿为例对此谈一点体会。

我的女儿体弱，我想让她学习好，又怕她累着。看到许多中学生日日深夜才睡，我真是很替她担心。可是我发现，她的学习负担不重，晚上很少超过10点睡觉。她爱看课外书，在家做作业的时间很短，但看课外书的时间长。她在班里成绩虽然中等，但与她自己的过去相比，确实有了进步，而且是稳步提高。我放下心来，打心里钦佩孙老师的高明。办公室的同事们都很羡慕我，他们的孩子，才上初中就天天学习到深夜，当家长的都很心疼。我对她们说："不高明的老师累学生，高明的老师累自己。"孙老师教的不仅仅是精湛的知识，还有巧妙的学习方法，当孙老师的学生，会逐渐提高自己的学习能力，变得聪明起来。

我女儿逐渐爱说话了，说话的水平也越来越高。我有一个侄女与我女儿同岁，常常问她一些数理化的题，她是百答不烦，并且讲得头头是道。我惊异于她的表达能力，她说孙老师讲得才好。听孙老师讲课，那是一种享受，常有眼前一亮、茅塞顿开的感觉。女儿爱说话，还表现在关心集体和同学方面。由于她的介绍，我认识了她的许多同学和老师。她不但为班集体的荣誉自豪、兴奋，而且为同学的成绩自豪、兴奋。不论区里、市里或全国的数学竞赛，他们班同学常常能得很多奖项，不论这里边有没有她，她都一样高兴。回到家里，当她向我绘声绘色地讲班代表去领奖，抱回一大摞奖状和荣誉证书的样子时，对集体的热爱、对同学的敬佩之情溢于言表，这让我很感动。我感谢孙老师，他把一种崇高、美好的感情融化在女儿的心里。

女儿的知识面越来越丰富了，她喜欢古典文学、喜欢中外名著、喜欢纪实文学、喜欢科普书籍，聊起中国古代史、现代史和国际形势，常常颇有见地，言语中透出几分机智与幽默。作为母亲，我心里充满了喜悦，于是常常夸奖她，可是她却很不以为然，说比起好多同学来，还差得很远。说起孙老师的渊博，她更是充满敬仰。以史为镜，明事理；以人为镜，知差距。是孙老师和孙老师用心血培育的集体，让我的女儿有强烈的求知欲，有一颗积极向上的心。

虽然是独生子女，但女儿生活极俭朴，几乎没有花过零钱。衣服破了，她让我补上再穿；亲戚给的旧衣服，能穿就穿，从不嫌弃。如今上了大学，一个月的伙食费还不到200元。我让她吃好些，她说比起身旁家境贫寒的同学，已经很好了。当我周围的同事夸她懂事时，我就告诉他们，那是孙老师教育得好，在她的同学中，如我女儿俭朴者，比比皆是。

女儿有一颗善良的心。1994年，通过希望工程，我家结识了两个家庭贫寒的小姑娘。从此，她们好像成了女儿的妹妹。每年春节，女儿都能得到几百元压岁钱，考上了北大，又得到数百元奖励。这些钱中的大部分，女儿都寄给了这两个"妹妹"。另外，女儿把自己喜欢的课外书，以及数学参考书也寄给了她们。两个姑娘已经来过我家3次，3个女孩之间建立起深厚的感情。孙老师教育学生要做有丰富感情的人，他的班集体充满了友爱和互助，据女儿说，像她这样支援希望工程的同学，还有好几个，孙老师本人也有手拉手的对子。

女儿的工作能力变强了。高三时，她被选为学习委员，那正是学习紧张的时候，订购各种练习试卷，计算各种考试成绩，女儿做起来都极认真，做得也好，没有出过差错，进步真是太明显了。我想是老师和同学的热情能干感染了她。上大学后，她又当上了班级的生活委员，同学们都说她干得很好，认真负责，不怕麻烦，对工作也满腔热情。我非常看重女儿这方面的进步，她开始有了走向社会、独立工作的实际能力，女儿的素质提高得更全面了。

女儿长大了，有理想了。当我们说起未来时，她向我表示，学好知识到最能发挥作用的地方去报效祖国，如果能为祖国的科学事业作一点贡献，再苦也值得。我问她是不是想挣很多的钱，她告诉我，有钱当然好，但是她最看重的是能干出成绩，实现自己的人生价值。她说，凭孙老师的聪明才智和那样大的名气，他能挣到很多的钱，可是孙老师却甘心为自己的学生呕心沥血，连得了癌症住院还时刻挂念着他们，她也愿意像孙老师一样。她说，其实孙老师生活得很幸福，从孙老师看着同学们的眼神就知道。榜样的力量是无穷的，孙老师用他辛勤的工作和伟大的人格，给了学生们一个崇高的理想，给我们的民族带来更多的美好希望。

女儿毕业近两年了，两年中她一次又一次地对我说："真想孙老师啊！"何止是女儿想念孙老师，我们家长也想。孙老师用真挚的爱教育了孩子，也净化了家长的心灵。

我的工作和我的修养，其实达不到学生和家长在发言中所赞扬的，但我的确在要求自己向这个方向努力，特别是诚实、正派，为他人着想，我从心眼儿里爱孩子们。不然，培养孩子们时的认真、执着的精神是难以想象的。

（二）建设一个优秀的集体的工作中，还有一个重要的因素，那就是家长

我幸运地遇到了这样一些伟大的家长，他们真诚而高尚，他们插过队，当过工人，入过伍（有6位家长现在还是军人），吃过苦，真心实意地要和我一起把孩子培养成对人民有用的人，甚至期望自己的孩子将来成为国家的栋梁之材。因而他们首先重视孩子的思想品德的发展，重视孩子对班集体的贡献。这样，才有了成为二十二中、东城区、北京市先进班集体的我们班。

第二篇

学习方法——写给同学们

在第一篇中，我介绍了在教学上探索的一条崭新的道路。本篇，将介绍我在中学六年中如何指导我们班的学生们形成一套崭新的学习方法的。

这套学习方法，是与我们教学的方法配合运用的。本书在第一篇的篇名上也明确地写出了这一点，请同学们要先读好第一篇。

在本篇的开始，我再次强调这一点，请同学们把第一篇读透，这样才能建立好自己优秀的学习方法。

第三章 时时注意寻找知识之间的联系和规律

第一节 世上没有"没有为什么的事物"

本书第一篇第一章第二节中,写过这样一个例子。

学生问教师,为什么把整数和分数称作"有理数"。教师却令人痛心地回答:"这是数学上的规定,没有为什么!"

在那一节,我写出了个中原委,是翻译上的差错:把 rational 翻译成了"有理的",而 rational 还有一个意思:"能写成两个整数之比的"。整数和分数是能写成两个整数之比的数的全部,所以取名做"rational number"。中文的正确译法为"可比数",这种译法实在得当。这说明世界上没有"没有为什么的事物"的道理,在这儿,完全无悖。

其实,即使没有"没有为什么的事物"的思考,在这里,也可以继续分析下去。

单词"rational"的词根 rate 是"比率""速率"的意思,正是"比"的意思;往前追溯,它的意思是"配额"。旧时指军队里的配额,比如,军官每人 2 个面包,军士每人 1 个面包,士兵 2 人分得 1 个面包,这不是指 2∶1、1∶1、1∶2 的意思吗?而在旧军队里等级制度的观点下,认为这种安排是天经地义的,合情合理的,所以"rational"集"理性的、合理的"和"可以写成两个整数之比的"于一身,不也是顺理成章合情合理的吗?我们又找到了更深一层的"为什么"。

(一)我们抬眼所见,周围的一切,都是有"为什么"的

例如,为什么叫"足球"呢?因为它是用脚去处理的球类运动;那么,为什么用手去处理的一种球类运动不称作"手球"却叫作"篮球"呢?这是因为,用手去处理的球类运动不止一种,因而,这一种由于瞄准的目标像买菜的"篮子",称作"篮球";那一种的声音噼里啪啦,就叫作了"乒乓球",其实,这完全不是它本来的叫法。在欧洲,就称"乒乓球"为"桌球",因为它最早就源于人们餐后,在桌子上玩的游戏;"网球"是从它使用的器械上取名,"羽毛球"使用的器械也是个网拍,为了和网球区分,只好从击打的球上命名了……

为什么取名"河北省"呢?因为它在黄河以北,当然,也就有了"河南省";以洞庭湖来取名,就有了"湖南省"和"湖北省";四川省境内有 4 条大江;对于远古的各朝,玉门关外的原野,是新的疆域;而千里干燥的高原上,虽则仅是一湾青水,但很自然人

们称它是海,是"青海",整个省也因而起名了……

儿时在青岛,把踢足球时的手球犯规,称作"豆包儿",我心里很不痛快,对于用脚玩的足球运动来说,用手帮忙是不允许的,但为什么非指责人家"豆包儿"呢?上中学后的一堂英语课上,我恍然大悟了。当时老师带我们读一个新单词"hand"(手),由于"球"在英语里是"ball",那么,"手球"(犯规)就是"handball"。当年的青岛市民特别是儿童,不懂英语,只听外国人踢球时喊叫"handball",听起来像是"含得宝",不准确些就是"含豆包儿",于是,就"豆包儿""豆包儿"地传下来了。

在那堂课上,我非常兴奋,一下子明白了困扰了我多年的体育运动中许多"毫无道理"的说法的道理。

例如,把"出界"叫作"奥赛",原来它是"out side"的不正确读音;把乒乓球的20平和排球打到14平称作"就思";再赢一分时,喊"完包儿";发角球,称作"抗道儿";把打篮球时的"脚踢球"犯规称作"踢包儿",自以为,用脚踢球了嘛,当然称作"踢包儿"了。其实,人家是"football",读音"富欧特包儿",更不正确的读法是"富欧替包儿",多有意思!

明白了这些词语后,当我第一次见到扩音器的话筒时,别人告诉我:"这是麦克风",我心里就不别扭了,我明白,这是音译,并不是"麦地"把"狂风"克制住了。后来上高中改学俄语,学到单词"ТракТор"时,我从心眼儿里觉得,汉语里"拖拉机"这个字眼儿译得真是太妙了。因为英语里,拖拉机是"tractor",它与"ТракТор"的拼写是完全一样的(除了前者最后多一个字母之外),因为,俄文字母和英文字母的对应关系是:

T—t, p—r

a—a, к—c

o—o

这样一来,"ТракТор"和"tractor"就如出一辙了(在这里,它们之间有着外来语的关系),发音当然也是相近的了,"ТракТор"的读音如果用汉语拼音标注一下的话(用汉语拼音或汉字标涂俄语或英语单词的读音,是一种非常不好的做法!请同学们万万不可这样做!),读作"te ra ke te ro",把它译作"拖拉机",既照顾了音译,又表达了它的本质——牵引机械,怎不令人击掌叫绝,怦然心动?!

(二)"几何"起源新解

每位给初二学生讲几何的教师,在第一堂课上,基本都要先讲"几何"的起源:古埃及时,尼罗河每年泛滥一次,将土地淹没。水退去后,要重新丈量计算土地的面积。于是,产生并建立了几何科学。

为什么从这里开始引入呢?因为,课本上是这样写的。

我认为,这种引入方法,如同前面我不赞成地对学生说"整数和分数的全体称作有理数是数学上的规定"的做法一样,不但不能发展学生的思维,而且会扼杀学生在思维上的奇思妙想。

这里至少有三个问题不求甚解。

其一，丈量和计算土地的面积多少的计算学问，为什么叫作几何学？而不叫作"多少学"或者"丈量学"？

其二，为什么产生于古埃及？

其三，既然尼罗河水每年泛滥，为什么古埃及人不搬远些，或者筑堤防止它泛滥？

那么，我是怎样讲这第一堂课的呢？

走上讲台，我先问同学们，"历史课上学过人类文明的四大发源地吗？"

同学们回答："学过，是尼罗河流域的古埃及，黄河流域的中华民族，恒河、印度河流域的古印度，底格里斯河和幼发拉底河流域的美索不达米亚平原。"

我接着又问："为什么都是沿着一条河流呢？"

对这一追问，同学们回答得并不完整。其实这是因为，河流的两旁特别是中下游，都有冲积平原，适于耕作，有水利于灌溉。而这四条河流地域，气候湿润、气温较高，河水带来的腐殖质，使得土壤比较肥沃。这样，人们聚居，发展生产，文化在生产、生活发展需要的刺激下，就慢慢发展起来了。

在这四个流域中，尼罗河流域土壤、气候的条件最好，那时人类创造条件、改造自然的能力还很低，这样，因为尼罗河的文明，尼罗河的生产就最早发展起来了。

河水泛滥又退去后，重新勘测丈量土地的目的是什么呢？其中很重要的是，计算土地的面积，计算面积有多少。

计算图形的面积有多少，这门学问，就是今天我们要开始学习的几何学。

在英语里，几何学称作"geometry"；在俄语里，称作"Геометрия"。它们有外来语的关系，俄文字母和英文字母的对应关系是：

$$\Gamma—g,\ e(э)—e$$
$$o—o,\ м—m$$
$$т—t,\ p—r$$

它们的拼写是一样的，它们的发音也几乎完全相同。把"geometry"用汉语拼音标注一下它的读音（前面说过，同学们不可采用这种方法），是"zhei o mie chui"，"Геометрия"则是"gei o mie te rei ya"。从发音上，前3个音节是一样的，把"zhei o"译成什么好呢？

有句古诗，"人生几何，对酒当歌。"这里的"几何"二字，意思是"多少"，把"geometry"译做"几何"，又表达了（测量、计算图形的面积是）"多少"的意思，发音又相近。多么恰当！

在英语里，geo——大地，metry——测量。

由于测量、计算图形的面积是多少，需要研究、建立一整套有关图形位置和数量关系的定理、公式理论，"几何"这个词就慢慢改味了。"几何"慢慢变成了"图形"的代名词了，正如同"三角学"的改味一样。

(三)"三角学"的改味

在高等数学里,函数级数

$$\frac{a_0}{2} + \sum_{n=1}^{\infty}(a_n \cos nx + b_n \sin nx)$$

被称为三角级数,为什么会起名为三角级数呢?

因为这个级数是以三角函数数列

$$1,\ \cos x,\ \sin x,\ \cos 2x,\ \sin 2x,\ \cdots,\ \cos nx,\ \sin nx,\ \cdots \qquad ①$$

为基础所构成的函数级数。

为什么数列①称作三角函数数列呢?

这是因为数列的项是三角函数 $\sin nx$ 和 $\cos nx$。

为什么 $\sin nx$ 和 $\cos nx$ 称作"三角"函数呢?

这是因为,一方面,$f(x) = \sin x$ 和 $f(x) = \cos x$ 符合函数的定义;另一方面,它们是"三角学"里的函数。

为什么它们所在的数学分支称作"三角学"呢?也就是说,它们为什么产生于"三角学"中?即这个分支为什么称作"三角学"呢?

"三角学"的建立,产生于测量计算的需要,面临"解三角形"(解直角三角形或解斜三角形)的课题,故而称之"三角学"。尽管它后来的发展,已远远超出了"解三角形"的范围。

这就是"三角学"名称的改味。而对此的解释,恰恰是问"为什么",又问"为什么",再问"为什么"的一个刨根问底的过程。

问到何时为止呢?

问到"1+2=3"时才罢休。

事实上,"1+2"为什么等于 3,仍是有"为什么"的道理的,至少可以有下面两个原因。

其一,是人类记数符号和"加法是求总共多少"的定义所致。

其二,因为我们采用的是十进制。在二进制里,没有 2,二进制中的"1+2"相当于十进制中的"1+10",等于 11。

那好,问"为什么"又开始了。

计算机为什么是二进制的?因为只能有两个状态。而我们呢?——我们有 10 个手指头。

我们为什么长了 10 个手指头?

生物进化的过程,追根溯源……

(四)这样追根溯源的后果是什么

第一个后果:

> 八方联系,导致浑然一体。原以为离散的瓦砾,都有条不紊地"喜结连理"。理解不再困难了,记忆它们,无须头悬梁、锥刺股了。难以记忆的知识,会像影子一样,不能割弃。

例如，计算导体电阻的公式 $R = \rho \dfrac{l}{S}$ 中，l 当然应当在分子上，S 理当在分母上。因为，对于电流通过导体而受到的阻碍的作用 R，"路途"（长度 l）越长，需克服的阻碍越多；而"通道"（截面积 S）越粗，阻碍自然变小。

再如，欧姆定律 $I = \dfrac{U}{R}$，"源泉"（电压 U）的情况一定时，若阻碍（电阻 R）越大，电流强度（I）自然变小；若阻碍状况一定，那么"源泉"泵力越强，则电流越强。

当然，无论对于电阻公式还是欧姆定律，都是对实验数据整理后，通过严格推导建立起来的，但上述追究"为什么是这样"的过程，既加深了理解，又促进了记忆。

又如，对于记忆"当 $A \Rightarrow B$ 为真时，究竟 A 是 B 的必要条件？还是 B 是 A 的必要条件？"时间一久，很多同学都容易弄混。这是因为初学充要条件的概念时，学的知识只是浮在表面上。

如果当时追问一个"为什么"，当 $A \Rightarrow B$ 为真时，为什么称条件 B 是条件 A 的必要条件，那么记忆效果就好得多，而且即使记不清了，还可当即再分析出来。

起名为"充要条件"的原因是，当 $A \Rightarrow B$ 为真时，当然存在 $\overline{B} \Rightarrow \overline{A}$ 为真，即若非 B 则非 A。意思是说，如果 B 不满足，那么 A 不满足，因此，满足 B 就成了满足 A 的必要条件。

第二个后果：

每个"为什么"的答案，都是找出了"它"与"它"以外的事物的关联，有助于形成同学们的联想习惯和联想能力。这是最有价值的后果。

第三个后果：

逐步形成一种学习方法——在寻找与已掌握的知识的联系与区别中，学习、掌握新的知识。

第二节　寻找联系与区别，在比较中学习新知识

中学数学课程的内容不少，如果一个一个去攻克，一个一个去掌握，将会堆积成无际的瓦砾，并且不利于深入各个内容，事倍功半。

（一）用在比较中学习新知识的方法，观察、分析、寻找它与旧知识的联系与区别，挖掘共性、分离个性、解剖个性，则会事半功倍，并且能提高自己的能力

例如，在学习一次函数 $y = kx$ 时，数轴上的 3 个点 -1、0、1 把数轴分成了 4 个区间 $(-\infty, -1), (-1, 0), (0, 1), (1, +\infty)$，当 k 在这 3 个点及这 4 个区间上分别取值时，我们归纳了函数 $y = kx$ 的图象的全部变化情况，从而可以深入地掌握一次函数图象以及增减性等全部知识。

那么，学习二次函数 $y = ax^2$、幂函数 $y = x^a$、指数函数 $y = a^x$ 和对数函数 $y = \log_a x$ 时，我们仍然只需讨论 a 在上述 3 个点及 4 个区间上分别取值时的函数变化，并与一次函数 $y = kx$ 的 k 不同取值做对比，不但能举重若轻地掌握它们的图象以及增减性的全部知识，还会把这 5 个函数联系到一起，使之浑然一体。

同样地，学习过椭圆之后，可以在比较双曲线与椭圆的共同点和不同点的过程中，把椭圆的全部知识平移到双曲线内容上。

再举一个例子。"平面几何"课本第二册第四章中要讲解如下两个定理。

> **定理 1**　一个角的两边和另一个角的两边分别平行时，这两个角相等或互补。
>
> **定理 2**　一个角的两边和另一个角的两边分别垂直时，这两个角相等或互补。

对于这节课，许多教师认为是个负担，甚至是个累赘。因为这两个定理在解题时很少用到，至少在中考时，从来没有用过；而且，这两个定理的结论是"相等"或"互补"，什么时候相等？什么时候互补呢？

于是，许多教师在讲这两个定理时，只是拿出一堂课简单讲授，应付了事，而目前新编的课本，干脆删去了它们。

（二）学会站在系统的高度把握知识，既见树木，更见森林

我想说明的是，如果站在系统的高度来把握知识，见树木更见森林、见森林才见树木的话，学了这两个定理，不但不会增加负担，反而将减轻负担，让课本越学越薄，从本质上加深对于一片"知识森林"的理解。

用这两个定理的"第一个定理"，可以把"平面几何"第一册第二章的平行线性质的三条定理和"平面几何"第一册第一章的两个定义、一条定理统一起来，阐述如下：

上面的"第一个定理"（一个角的两边和另一个角的两边分别平行时，这两个角相等或互补）中，包含如图 3-1 所示的三种情况。

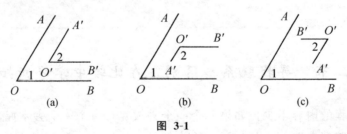

图 3-1

在情况（a）和（c）中，$\angle 1 = \angle 2$，

在情况（b）中，$\angle 1 + \angle 2 = 180°$，

在这三种情况中，都有 $O'A' // OA$，$O'B' // OB$。

在情况（a）中，当 $O'A'$ 边所在的直线和 OA 边所在的直线重合时，不恰恰是"**平行线性质定理 1：两直线平行，则同位角相等。**"吗？！如图 3-2 所示。

在这里，"第一个定理"成为"平行线性质定理 1"的推广，而后者则是前者的特例。

同样地，在情况（b）中，当 $O'A'$ 边所在的直线和 OA 边所在的直线重合时，"第一个定理"就变成了"**平行线性质定理 2：两直线平行，则同旁内角互补。**"如图 3-3 所示。

在这里，"第一个定理"成为"平行线性质定理 2"的推广，而后者则是前者的特例。

类似地，在情况（c）中，当 $O'A'$ 边所在的直线和 OA 边所在的直线重合时，"第一个定理"就变成了"**平行线性质定理 3：两直线平行，则内错角相等。**"如图 3-4 所示。

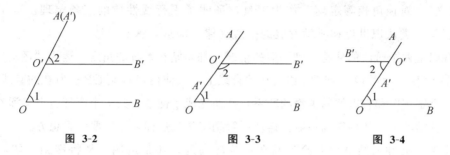

图 3-2　　　　　　　图 3-3　　　　　　　图 3-4

在这里，"第一个定理"成为"平行线性质定理 3"的推广，而后者则是前者的特例。

这样一来，"第一个定理"便囊括了平行线性质的三条定理，而平行线性质的三条定理不过是这个"第一个定理"的三种特殊情况。在"平面几何"课本中，先在第二章学习平行线性质的三条定理，到第四章才学习这个"第一个定理"，并且是用平行线性质定理推导证明了这个"第一定理"。这个先后顺序，又恰恰是人类认识世界和科学发展的一般规律，即从特殊到一般。

当我们的认识达到这种自觉程度之后，我们会回过头来审视，平行线性质的三条定理是不是也有渊源呢？它们是不是也是某些特殊情况的推广呢？

请看图 3-2，如果点 O' 和点 O 重合，如图 3-5 所示，这不正是第一章中所讲的角重合的定义吗？

这里，"平行线性质定理 1"成为"角重合定义"的推广，而后者则是前者的特例。

再看图 3-3，如果点 O' 和点 O 重合，形成如图 3-6 所示的样子，这不恰恰是第一章中所讲的"平角定义吗"？！即 $\angle 1 + \angle 2 = 180°$。

在这里，"平行线性质定理 2"成为第一章中"平角定义"的推广，而后者则是前者的特殊情况。

下面来看图 3-4，如果点 O' 和点 O 重合，则形成如图 3-7 的样子，这恰恰是第一章所学的"对顶角相等"定理，即 $\angle 1 = \angle 2$。

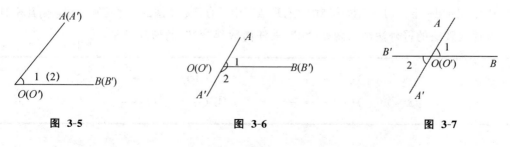

图 3-5　　　　　　　图 3-6　　　　　　　图 3-7

在这里,"平行线性质定理3"成为"对顶角相等"定理的推广,而后者则是前者的特例。

这样一来,又出现了和前面的总结完全相同的情形:平行线性质的三条定理,包括了第一章中的"角重合(相等)定义""平角定义""对顶角相等定理",是它们的推广,而第一章中的这两个定义和一个定理,不过是平行线性质的三条定理的特例。在"平面几何"课本中,先在第一章学习"角重合(相等)定义""平角定义""对顶角相等定理";再到第二章中学习平行线性质的三条定理,并且也是用"角重合(相等)定义""平角定义""对顶角相等定理"作为工具,证明了平行线性质的三条定理,这个先后顺序,也正是人类认识世界和科学发展的一般规律,即从特殊到一般。

综观以上两个阶段的从特殊到一般的情况,都是站在系统的角度,运用"运动"的思想(平移$\angle A'O'B'$,使得$O'A'$到OA边所在的直线上,又使得$O'B'$到OB边所在的直线上),寻找"第一个定理"和它以外的事物的联系,从而完成了使这总共7个定理、定义浑然一体的"伟业",更学习了"从特殊到一般,再从一般到特殊"这样一个重要的思想方法。

而事情至此并未结束,无论是站在系统的高度,还是运用"从特殊到一般,再从一般到特殊"的思想方法,在这个定理上还更有文章可做呢!(其实,在任何定理、知识环节上尽皆如此),解释如下:

"第一个定理"的结论是:这两个角相等或相补。怎样解释这个"或"字呢?

什么情况下这两个角相等呢?又在什么情况下这两个角互补呢?

要深入进去想!

从定理的前提条件进行分析,它一共有4种情况,如图3-8所示。

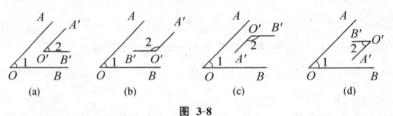

图 3-8

观察一下,在(a)、(d)两种情况时,$\angle 1 = \angle 2$。

在(b)、(c)两种情况时,$\angle 1 + \angle 2 = 180°$。

进行思考——什么因素,导致了这几种不同的情况发生呢?(这是在寻找它和它以外事物的联系)

这里有——4种情况,2种结果。

(三)联系有理数乘法的符号法则

让我们回想一下,初一代数第二章"有理数"中,有理数乘法的符号法则,和它何其相似!

有理数乘法的符号法则(忽略"0"乘任何数得"0"的情况)是:

①　(+)(+) ⟶ +　　　　②　(+)(−) ⟶ −

③　(−)(+) ⟶ −　　　　④　(−)(−) ⟶ +

如果我们把两个角相等，定义为"＋"，把两个上角互补，定义为"－"，那么，这"第一个定理"的结论，不恰恰也是情况（a）（d）得"＋"，情况（b）（c）得"－"吗？

剩下的工作，则是如何在定理的条件中定义"＋"或"－"了。

"第一个定理"的条件是边的平行，两角的边是射线，那么，就分成了方向相同和方向不同的两种情况。我们用箭头标注射线的方向，这时，图 3-8 就变成了下面图 3-9 的情况。

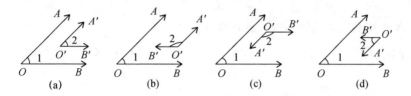

图 3-9

我们发现，这里出现的，不正类似有理数乘法的符号法则吗？

在图 3-9（a）的情况中，平行的一组边 $O'A'$ 和 OA 方向相同，定义为"＋"；另一组平行边 $O'B'$ 和 OB 方向也相同，也定义为"＋"。这时，按有理数乘法的符号法则，有

$$(+)(+) \longrightarrow +$$

那么，∠1 和∠2 应当相等，和"第一个定理"的结论∠1=∠2，恰好一致。

在图 3-9（b）的情况中，平行的一组边 $O'A'$ 和 OA 方向相同，定义为"＋"；另一组平行边 $O'B'$ 和 OB 方向相反，定义为"－"。这时，按有理数乘法的符号法则，有

$$(+)(-) \longrightarrow -$$

那么，∠1 和∠2 应当互补，与"第一个定理"的结论∠1+∠2=180°，恰好一致。

在图 3-9（c）的情况中，平行的一组边 $O'A'$ 和 OA 方向相反，定义为"－"；另一组平行边 $O'B'$ 和 OB 方向相同，定义为"＋"。这时，按有理数乘法的符号法则，有

$$(-)(+) \longrightarrow -$$

那么，∠1 和∠2 应当互补，与"第一个定理"的结论∠1+∠2=180°，恰好一致。

在图 3-9（d）的情况中，平行的一组边 $O'A'$ 和 OA 方向相反，定义为"－"；另一组平行边 $O'B'$ 和 OB 方向相反，定义为"－"。这时，按有理数乘法的符号法则，有

$$(-)(-) \longrightarrow +$$

那么，∠1 和∠2 应当相等，与"第一个定理"的结论∠1=∠2，恰好一致。

这样，初一年级学习代数伊始的有理数乘法的符号法则，就跨过"代数"与"几何"的"边界"，把触角延伸到了一年半以后初二"几何"课程中了。有理数乘法的符号法则，也是哲学上"否定之否定"的一种表现，因而，它不仅延伸到一年半后的初二"几何"课程中，而且诸多地方都有它的身影。

在高中代数里复合函数 $f[g(x)]$ 的增减性问题中，也可用有理数乘法的符号法则。

例如，如果我们定义函数递增为"＋"，函数递减为"－"，则

（1）当 $f(x)$ 递增且 $g(x)$ 递增时，复合函数 $f[g(x)]$ 为增函数，恰好符合 $(+)(+)$ $\longrightarrow +$；

(2) 当 $f(x)$ 递增且 $g(x)$ 递减时，复合函数 $f[g(x)]$ 为减函数，恰好符合 (+)(−) $\longrightarrow$ −；

(3) 当 $f(x)$ 递减且 $g(x)$ 递增时，复合函数 $f[g(x)]$ 为减函数，恰好符合 (−)(+) $\longrightarrow$ −；

(4) 当 $f(x)$ 递减且 $g(x)$ 递减时，复合函数 $f[g(x)]$ 为增函数，恰好符合 (−)(−) $\longrightarrow$ +。

又如，关于指数函数 $y=a^x$（$a>0$ 且 $a\neq 1$）。

如果我们定义，$a>1$ 为 "+"，$0<a<1$ 为 "−"；定义 $x>0$ 为 "+"，$x<0$ 为 "−"，则

(1) 当 $a>1$ 且 $x>0$ 时，有 $y>1$，恰好符合 (+)(+) $\longrightarrow$ +；

(2) 当 $a>1$ 且 $x<0$ 时，有 $0<y<1$，恰好符合 (+)(−) $\longrightarrow$ −；

(3) 当 $a<1$ 且 $x>0$ 时，有 $0<y<1$，恰好符合 (−)(+) $\longrightarrow$ −；

(4) 当 $a<1$ 且 $x<0$ 时，有 $y>1$，恰好符合 (−)(−) $\longrightarrow$ +。

继续举例，关于对数函数 $y=\log_a^x$（$a>0$ 且 $a\neq 1$）。

如果我们定义，$a>1$ 为 "+"，$0<a<1$ 为 "−"；定义 $x>1$ 为 "+"，$0<x<1$ 为 "−"，则

(1) 当 $a>1$ 且 $x>1$ 时，有 $y>0$，恰好符合 (+)(+) $\longrightarrow$ +；

(2) 当 $a>1$ 且 $0<x<1$ 时，有 $y<0$，恰好符合 (+)(−) $\longrightarrow$ −；

(3) 当 $0<a<1$ 且 $x>1$ 时，有 $y<0$，恰好符合 (−)(+) $\longrightarrow$ −；

(4) 当 $0<a<1$ 且 $0<x<1$ 时，有 $y>0$，恰好符合 (−)(−) $\longrightarrow$ +。

同样的例子，比比皆是。

而且一些看似有悖情理的现象，用它去分析，竟然合情合理了。

下面再举一个例子。

正比例函数 $y=kx$（$k\neq 0$），当 $k>0$ 时，它是增函数，如图 3-10（a）所示；当 $k<0$ 时，它是减函数，如图 3-10（b）所示。这个事实，人们乐于接受。

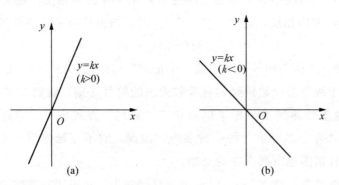

图 3-10

但对于反比例函数 $y=\dfrac{k}{x}$（$k\neq 0$），人们接受起来，就有点儿不痛快了。

因为，当 $k>0$ 时，它是分段减函数，如图 3-11（a）所示；当 $k<0$ 时，它是分段增函数，如图 3-11（b）所示。

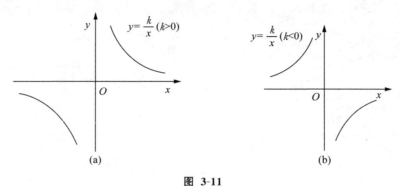

图 3-11

其实，从有理数乘法的符号法则来看待，这个现象才是合情合理的呢！

因为，如果把正比例函数的"正"定义为"＋"，把反比例函数"反"定义为"－"；把增函数定义为"＋"，把减函数定义为"－"，则出现下面的情况：

对于正比例函数，恰好

$$(+)(+) \longrightarrow + \qquad (+)(-) \longrightarrow -$$
"正" $k>0$ 　增函数 　　　　"正" $k<0$ 　减函数

而对于反比例函数，恰好

$$(-)(+) \longrightarrow - \qquad (-)(-) \longrightarrow +$$
"反" $k>0$ 　减函数 　　　　"反" $k<0$ 　增函数

瞧，有理数乘法符号法则的触角伸到这里了。繁花似锦的知识，在八方联系中浑然一体。**时时、事事站在系统的高度把握知识，知识就会越来越"少"，而自己的思维方式也会越来越高级。**

那么，上面所说的"第二个定理"（一个角的两边与另一个角的两边分别垂直时，这两个角相等或互补）是否也能让有理数乘法符号法则的触角伸进来呢？

（四）苏泳和他的获奖论文

苏泳同学在他的一篇获奖论文中发表了下面的见解。

> 当边与边互相垂直时，无法谈及方向的相同或相反。但这时换个角度，得用角的第二种定义：角是一条射线绕它的顶点旋转而成的图形。
>
> 这样，两条边就区分为始边、终边。
>
> 可以定义"始"为"＋"，"终"为"－"；角相等为"＋"，角互补为"－"。
>
> 于是存在，始⊥始 ⟶ 相等；
>
> 　　　　　始⊥终 ⟶ 互补；
>
> 　　　　　终⊥始 ⟶ 互补；
>
> 　　　　　终⊥终 ⟶ 相等。

这样，在图 3-12（a）的情况下，是 始⊥始 并且必然 终⊥终，导致∠1=∠2。

而在图 3-12（b）的情况下，是 始⊥终 并且必然 终⊥始，导致∠1+∠2=180°。

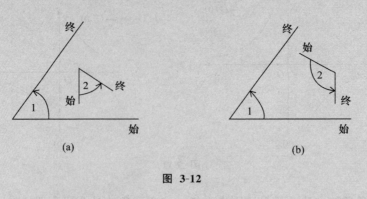

图 3-12

当时在论文评审时还有一个花絮。

一位评委对苏泳同学质疑，他说："在始边和终边认定上，如果把你的图 3-12（a）的情况用图 3-13 所示的方式认定，那么，结论不就完全改变了吗？"

苏泳同学回答："请老师看我的图（a）[指图 3-12（a）]，要求两个角的旋转方向应一致，要么都逆时针旋转，要么都顺时针旋转，而您的认定（如图 3-13 所示），是一个顺时针另一个逆时针了，与我的设定不相符。"

评委又"挑毛病"，说："好，但我按你的图（a）[指图 3-12（a）]，也可以把你的认定始边、终边改为如图 3-14 所示的情形，这不仍可改变你的结论嘛！"

苏泳同学继续回答："老师，请您再看看我的图（b）[指图 3-12（b）]，在初中平面几何中有约定，角都不大于180°，所以，不可能画出如图 3-14 所示的情形。"

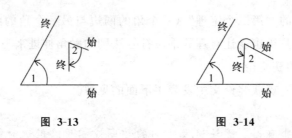

图 3-13　　　　图 3-14

至此，评委们发出一片"啧啧"的称赞。像这样解决实际问题的能力，当遇到考卷上陌生面孔的难题时，何愁不能将难题打得"落花流水"呢？

顺便说明一句，掌握了这个"第二个定理"，于物理上，也方便了许多。

例如，如图 3-15 所示，在高一物理中解与斜面有关的问题时，由于 f_1、mg 分别垂直于斜面和水平面，则 f_1 和 mg 的夹

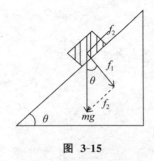

图 3-15

角等于斜面的坡角 θ,因而立即有

$$正压力\ f_1 = mg\cos\theta,$$
$$摩擦力\ f_2 = mg\sin\theta。$$

又如,发电机的线圈在磁场中转动产生感生电动势的计算。如图 3-16 所示,图(a)是发电机的线圈(只画了一条)在磁场中位置的立体示意图,图(b)是线圈转动时的纵剖面示意图。

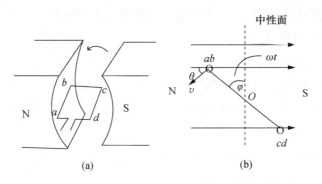

图 3-16

记线圈 $abcd$ 的 ab 段的长度是 l,它运动的线速度是 v,磁场的磁感应强度是 B,ab 段运动方向与磁力线方向的夹角为 θ,这时,产生的感应电动势是

$$\Sigma_{ab} = Blv\sin\theta,$$

由于 cd 段的切割磁力线运动情况与 ab 段是对称的,而 bc 段和 da 段的运动不切割磁力线,所以整个线圈产生的感应电动势是

$$\Sigma = 2Blv\sin\theta。$$

但是,这里的 θ 是个不断变化的角,如何随时计算它呢?

运用"第二个定理",就不难发现 θ 和 φ 是相等的。这里 φ 是线圈从中性面转到现在的位置所扫过的角度,它的两边(中性面线、半径 Oa)和 θ 角的两边(磁力线方向、v 的方向)分别垂直。

v 的方向(它是圆周的切线)$\perp$ 半径 Oa,磁力线方向 $\perp$ 中性面线。

因而,$\theta = \varphi$。

但 φ 是可以随时计算的,记 t 是线圈 $abcd$ 从中性面开始转动到目前位置所用的时间,记转动(匀速圆周运动)的角度为 ω,那么

$$\varphi = \omega t,$$

于是,$\theta = \varphi = \omega t$。

线圈上产生的即时感应电动势

$$\Sigma = 2Blv\sin\omega t,$$

其中,B、l、v 都是常数。当通路时,便产生了电流强度是时间的正弦函数的交流电。

以上,以"平面几何"第二册第四章的两个定理为例,说明了时时站在系统的高度

去把握知识，寻找每个知识点和它以外知识间的联系，将使繁花似锦的在八方联系中的知识浑然一体，即使学习的知识再多，也不会成为负担。相反地，由于是见森林才见树木，使它们在我们面前，乃如漫江碧透、鱼翔浅底。不费吹灰之力地掌握丰富的知识，当然有利于解决问题（包括考试）和进一步学习。更重要的是，这是一种科学的、优秀的学习方法和思维方式的逐步养成。通过这种训练，智力素质及一个强大的头脑就渐渐发展起来了。

不仅数学知识的学习如此，这种站在系统的高度进行比较、寻找共性与个性的学习方法，在各科中都是广泛适用的。

下面举一个学习语言的例子。

1996 年 5 月我得到了一份俄罗斯数学竞赛的试题。我完全可以把它译成中文后，拿到课堂上。但是我想，这是多么好的一次指导同学们学习新知识的机会啊！于是，我把其中一道题目的原文写在黑板上：

"Во взводе служат три сержанта и несколько солдат. Сержанты по очереди дежурят по взводу. Командир издал такой приказ:

(1) За каждое дежурство должен быть дан хотя бы один наряд вне очереди.

(2) Никакой солдат не должен иметь более двух нарядов и получать более одного наряда за одно дежурство.

(3) Списки, получивших наряды совпадать.

(4) Сержант первым нарушивший одно из изложенных выше правил, наказывается гауптвахтой.

Сможет ли хотя бы один из сержантов, не сговариваясь с другими, говарваясь давать наряды так, чтобы не попасть на гауптвахту？"

然后，"指导"同学们把它译成了英文。

我的指导方式是，一方面，对每个单词用英文作注释；更重要的是，对每个语法现象，与英语作比较，捕捉共性、分离个性，形成对俄语语言轮廓的认识。

这道数学题的分析和解答将在本篇第六章第六节（见本书第143页）提到，雷易鸣同学对我说，这节课使他一下子感到，世界是那么大，又那么小，在今后的学习道路上，不会再有一座座不可逾越的高山，**因为站在系统的高度，在寻求联系与区别中，一块块顽固的花岗岩，都将被化解。**

第三节 "情"的联系，"韵"的联系，恣意纵横

生活中，人们常说："×××就是聪明！一件事到他手里，三下两下，总处理得比别人高明。"

在学校里，每个班级总有那么一两个智力超群的学生。课堂上，教师刚张口，他就已经明白了。一道难题，大伙儿困于其中无从入手，他却一眼就盯出了"鸡蛋壳"上那

道细纹，把思考的触角伸了进去。

(一) 这种聪明的本质是什么？

一是活，出神入化的活。

二是深刻、准确、明察秋毫，切中要害。

本章倡导同学们时时注意寻找知识之间的联系和规律，最重要的目的是，打造这种思维的活泼。

本章的第一节诚然是服务于这个目标的，通过一层一层地追问"为什么"的过程，形成随时由此及彼、由表及里的思维状态。但这还不够。真正达到总是浮想联翩、思潮如涌的思维状态，还包括偶尔的大跨度的跳跃和联想。这已不仅仅拘泥于具体的知识关联，而且是"情"的联想，"韵"的相通——是激情，激情汹涌；是灵感，灵感突生。

狂风几将摇坠的阁楼卷噬时，聂耳脑中掠过一幕幕华北大地流离失所的难民洪流的影像，激情难抑，爬起来就放上弓子，迎着狂风，激昂地奏响了提琴，谱出了精彩的小提琴曲《风》。

多少著名作家的不朽篇章，源于激情澎湃；多少惊世创造的发现，构思于灵感突生。

这激情和灵感附于斯人的基础，是丰富乃至特殊的实践。但是同样的阅历，甚至朝夕与共的朋友，却不能同出硕果。

这是在这方面素质的差异导致的。

(二) 这种差异有遗传的因素，也有后天的培养、形成因素

在这里，"情"的联想，"韵"的相通，将有助于培养、形成这种素质，使孩子逐渐形成纵横驰骋、酣畅淋漓的思维和感情状态。

关于这个方面具体做法的举例，请同学们阅读本书第一篇第一章第二节（三）这一部分（见本书第13页）。

第四章 运用哲理

在本书第一篇第一章第三节中,我写了我在上中学时对学习哲理的体会,写了华罗庚先生关于读书的方法,写了李政道先生对于对称观点的阐释。这些,都请同学们在读本章之前,再细细读一次,认真体会一下。

(一) 理性的基础和惊人的结论

1998年,在北京大学,据说有一本书正在学生中风靡——《可怕的对称》,英文原名为 *Fearful Symmetry*,由 Anthony Zee 著。

书的扉页,这样写着:

我想知道上帝是怎么创造这个世界的,我对诸种现象并不感兴趣,我想知道上帝的思想,其他均属细节。

——阿尔伯特·爱因斯坦

书的正文第1页,用大字写了下面4行内容:

老虎!老虎!燃烧的火焰,
游荡在那黑夜的林莽。
什么样超凡的手和眼,
才能铸造你可怕的匀称。

——威廉·布莱克

在书的第四章"时间与空间的联姻"中,一开始即着重强调对称性。

在几乎整整300年的时间,物理学家对于对称性的认识还仅限于旋转和反射不变性,由于这两种对称都能让人立即觉察到,物理学家不会劳神费力地将对称当作一种基本概念。确实,在20世纪以前的物理学家中很少有人提到对称性。

1905年爱因斯坦提出了狭义相对论,这使我对时间和空间的认识发生了一场革命。我认为爱因斯坦的理论第一次发现了自然界一直在忍痛隐藏的对称性。就像我们在这一章将要看到的,要从自然的设计中辨认出相对论性对称性需要相当高的鉴赏力。

对物理感兴趣的外行人长期以来一直为爱因斯坦所得到的让人吃惊的科学幻想般的结论所吸引。然而,在本书中我要明确区分物理结果与物理学理论的理性基础。

爱因斯坦的理论的理性基础是对于对称性威力的深刻理解,正是在此基础之上,他才得出了这个理论的实际的物理结果。

是的,爱因斯坦给出的物理结果确实让人难以置信:质量与能量等价,时间与空间联姻,对此谁不会感到吃惊呢!因此,大多数介绍爱因斯坦工作的通俗读物要强调这些奇异特征是很自然的,但这样处理的结果往往失之于没能突出我认为是爱因斯坦真正辉煌的理论遗产的东西，即他对于对称性的看法，是爱因斯坦使对称性得以成为现代物理的明星。

物理学的明星，数学的美丽……都通向了"它"——"伟大的对称"。

对称是驾驭一切的，因为它是哲理，至高至精。

（二）数学中的广义对称

1983年开始，我曾在北京和其他省的许多次讲学及文章中提出过一个看法：

> 数学非常的美。数学的美，是它的高度的严谨和合理而达到的和谐，那样一种令人神怡的内在和谐。
>
> 这种合理和和谐，是作为数学科学的广义对称。

1986年，我第一次向学生们提出对称思想时，我这样说：

同学们，你们历史课上讲过《中美望厦条约》吗？那是美国侵略者强加给我们民族的不平等条约。由于美国的兴起较葡萄牙、英国、法国等国晚，当它来到中国时，发现这块"肥肉"已经被其他侵略者或者瓜分，或者划分，没有它多少机会了。

怎么办呢？

我继续说，这时同学们兴趣盎然，把"历史"带到数学课上，让同学们倍感亲切。

美国提出了，中国应该门户开放，对各列强机会均等，利益均沾。也就是说，对中国巧取豪夺，榨干我们的血肉，它美国一定也要有不能少的一份。

教室里，一片沉静。

今天，我们抛开美国对清政府提出"门户开放，机会均等，利益均沾"的用心不谈，我所说的对称，就是这12个字的后8个字，"机会均等，利益均沾"。

当然，这个"均"字，不是搞绝对平均主义，并不要求各占50%，或者"三一三剩一"，而是指事情的合理性，合情合理，或者说，是一个"该"字。命该如此，就该如此。

这时，同学们的情绪是复杂的：既有新鲜感、耳目一新、人心振奋，又有些茫然、感到玄乎，他们必定尽可能地联想，找根据：

等腰三角形的高线两侧，是完全一样的；过平行四边形对角线交点的任意一条直线，把平行四边形分成的两部分，是全等的……

但是，这些对称的两方面，是严格的各占50%呀！

噢，也不一定，轮换对称式

$$a^3 + b^3 + c^3 - 3abc$$

中的 a、b、c 是对称的，但并不是说它们各占30%，是指它们的地位是平等的。

如果把它改为
$$a^3 - b^3 + c^3 - 3abc,$$
a、b、c 就不是对称的了，但 a 和 c 是对称的。

"还有呢？"我停顿了一会儿问，待许多同学大致能联想到上面这种水平时，我又继续讲了：

例如，在余弦定理
$$c^2 = a^2 + b^2 - 2ab\cos C$$
中，由于在 △ABC 中，边 a 和边 b，对于边 c 来说，地位都是平等的，所以在等式右端，a^2 和 b^2 只能同号，哪怕都是负的于情理上也说得过去。但不能一正一负。第三项中两条边的乘积，只能是 $a \cdot b$，而不能是 $a \cdot c$ 或 $b \cdot c$，否则，对于 a、b 就是不平等的了。同理，只能再乘上 $\cos C$，使角 A、角 B 都不出现，这对边 a、边 b 也是平等的。

同样地，在三角形面积公式
$$S_\triangle = \frac{1}{2}ab\sin C$$
中，取 $\sin C$，就是为了保持边 a、边 b 的平等地位，使其具有合理性。

在另一个三角形面积公式
$$S_\triangle = \frac{a^2 \sin B \cdot \sin C}{2\sin A}$$
中，由于 $\sin B$、$\sin C$、$\sin A$ 三个正弦中，需要有两个写在分子上，有一个写在分母上，因为三角形的三条边在这个计算面积的公式中，只有边 a 出现了，那么，边 b 和边 c 是地位平等的，是对称的，就不能让 $\sin B$、$\sin C$ 一个在分子上另一个在分母上。从这种角度考虑出发，面积公式当然还可以写成
$$S_\triangle = \frac{b^2 \sin C \cdot \sin A}{2\sin B} = \frac{c^2 \sin A \cdot \sin B}{2\sin C},$$
而对于另外的一个面积公式，
$$S_\triangle = 2R^2 \sin A \cdot \sin B \cdot \sin C$$
及
$$S_\triangle = \frac{abc}{4R},$$
由于对于三角形的外接圆半径 R 来说，三条边尽管不一定一样长，但它们彼此间的地位是平等的。因此，无论 $\sin A$、$\sin B$、$\sin C$，还是边 a、边 b、边 c，要么"三兄弟"都出现在分子上，要么都出现在分母上，而不能有的在分子上，有的在分母上。

这时，教室里已是另一派景象，同学们的表情都很兴奋。我继续说：

大家来看海伦公式
$$S_\triangle = \sqrt{s(s-a)(s-b)(s-c)}$$
它对称得多么耐人寻味，既然把 s 减去 a 作为一个因子，那么，一定也要把

$(s-b)$、$(s-c)$请出来,可是$(s-a)(s-b)(s-c)$的单位是cm^3,取算术根后,得不出面积的单位cm^2。怎么办?只要在"$\sqrt{}$"号下再乘上一个cm,但乘上哪条边呢?乘上a?乘上b?还是乘上c?都不行,因为这样一来,对于a、b、c就不公平了。想来想去,还是乘上s吧,一方面,它的单位是cm,更重要的是,

$$s=\frac{a+b+c}{2},$$

对于s来说,a、b、c是平等的,对称的……

至此,教室里变得笑声一片了。

广义对称思想,就是这样从初一到高三,时时处处,耳濡目染。这种情景,恰如杜甫的《春夜喜雨》:"好雨知时节,当春乃发生。随风潜入夜,润物细无声。"

广义对称思想对于同学们的意义,绝不仅仅是做题。对于造就一个强大的头脑,这种思想是第一重要的,因为它是哲理对智慧的滋养。广义对称思想在我们班上,是最受同学们喜爱的,是最重要的哲理。

(三) 一个上午何以讲完一个月的课程

本书"写在前面"中写道的1999年6月10日北京市东城区教育局举办的"孙维刚教育思想研讨会"上,正在清华大学计算机系读二年级的清华大学奖学金获得者刘婷同学在发言中有这样一段:

……孙老师十分注意培养我们用哲学思想来学习。如对称思想、量变到质变,都是非常重要的思想。记得还在上初中时,一次,孙老师顺手在黑板写了个公式:

$$(a-b)^3=a^3+3a^2b-3ab^2+b^3。$$

他边回身、边问我们能不能记住这个公式,我说:"能"。孙老师摇摇头说:你应该说:'您这个公式一定写错了!因为在公式的左端,a和b是平等的,而在右端的展开式中,a和b就不平等了。那么,它一定是错误的'。这就是对称思想。"当然这个例子太小了。对称的含义是相当深刻、广泛的。对称就是和谐,是美,是一切事物都在它该在的地方。有了这种思想,才有了元素周期律表,才能预见、判断很多问题的结果。作为学生,我们还不能很深刻地理解它。但仅运用它的皮毛,我们就可以用一个上午学习并掌握三角函数118个公式,这是大部分学校一个月才讲完的功课,可见哲学思想指导的威力……

刘婷同学这里说的,我们一个上午学完的功课在大部分学校需要一个月才讲完,并不夸张。事实是,我用三个半天,讲完了整个高一第二学期的"代数"和高二第一学期第一个月的"代数"课程。由于高中数学是代数、几何两门课程,所以核算为我们一上午讲完一个月的课程。

那是1994年1月17—19日这三天的上午,是我们班初三第一学期放假前的三天空闲时间。由于在初二年级我们已经学完了初中数学课程,初三第一学期已经学完了高一第一学期的"代数"和高一两个学期的"立体几何",因此,我用了这三天的上午,讲完了高一第二学期全部"代数"和高二第二学期第一个月的"代数"(反三角函数和

简单三角方程)。

这些内容合在一起,有将近一本书,我当然不能依照课本逐页来讲。我们是站在系统的高度,进行整体教学和学习。

但是,无论你如何从系统的高度出发,这一部分光公式就有 80 个啊!更何况我们又有补充,总共 118 个公式呢!

然而确凿的是,我们的的确确完成了。

这是怎样做到的?

因为到这时,初中进校已经两年半。上面说过的运用哲理,特别是广义对称思想的耳濡目染的过程,站在系统的高度八方联系、浑然一体、浮想联翩、思潮如涌的过程,超前思维的过程,向老师挑战、在思维运动中训练思维的过程,一题多解、多解归一、多题归一的潜心钻研过程,已整整两年半了!同学们的思维水平已今非昔比,智力素质已经大大提高,造就一个强大的头脑而使自己聪明和更加聪明的效果已日益显著。因此,这么多的知识内容,不但可以在短短的三个半天拿下来,而且,往后的学习进度会越来越快。到初三毕业时,我们已基本完成了高中三年的数学进度,并且质量可靠。

如果跳不出狭隘的就事论事,上述的结果是不可能实现的。因为就具体的知识而言,如果没有另外的时间和精力的投入,怎么可能拿下来呢?!

但系统先进了,站得高了,头脑就变得强大了,昨天的一座山,在今天简直是个小土堆,甚至是黄土一杯。

以上,着重阐释了广义对称思想和它的运用举例。它是最重要的,但运用哲理观点,不仅仅限于广义对称。

例如,本书第一篇第一章第三节中介绍了"运动"的观点,在解题的分析思考中,表现为"换个角度看问题",起了很好的作用。

再如,"一分为二"的观点(它也可以看作是广义对称思想在这个领域的一种表现)。

它指出,世界上一切事物都具有两面性。

例如,没有绝对的好的事物,也没有绝对不好的事物。"好"和"坏"都是有条件的、相对的,并且依据一定条件向对方进行转化。

本书前面举过一个例子:把一块地耕完,是用拖拉机完成得快呢,还是一个人用铁锹翻得快些呢?

很多人会不假思索地回答:"当然是拖拉机快!"

这个回答就离开了一分为二的辩证观点。

如果是在茫茫的北大荒平原上,拖拉机和铁锹比赛,当然是拖拉机快。但如果看谁把窗前一小块种花的三角地翻完,开拖拉机进来,倒不如拿铁锹来翻得更快些了。

这就是"一分为二"的观点。它不但在具体的知识学习中会帮助我们,而且将指导我们的学习方法、工作方法和统筹安排。根据条件全面考虑,并随时调整,避免绝对化。

(四)运动的哲理观点在解题思考中的价值

关于哲学上"运动"的观点在学习上的应用,本书第一篇第二章第三节曾讲过一个例子，下面再用几个例子做些说明。

【例 4-1】 甲杯中盛有红墨水 800 mL，乙杯中盛有蓝墨水 400 mL，现在用一个容积为 50 mL 的小杯子从甲杯中盛走一小杯红墨水倾入乙杯中，当

情况（1）：待乙杯中两种墨水混合均匀后；

情况（2）：不待乙杯中两种墨水混合均匀。

从乙杯中盛走一小杯混合液倾入甲杯中，试问，这时乙杯中的红墨水的液量和甲杯中混进来的蓝墨水的液量相比，哪个多？

分　析

从 1978 年开始，二十多年来，在各种场合，我用这道题考过许许多多小学生、中学生、大学生和中小学教师，解答对者寥寥。

原因之一，这道题的叙述比较"弯弯绕"，读着读着，就陷入云山雾中了。

当然有些人还是读懂了题意，之后便寻找工具去计算了。

1986 年一位在北京某市重点中学读高二的成绩不错的学生处理过程，是很有代表性的。他这样解答情况（1）。

用小杯子从甲杯中盛满一小杯红墨水倾入乙杯后，乙杯中混合液中红墨水的浓度是

$$\frac{50}{400+50} = \frac{1}{9},$$

这时乙杯中混合液中蓝墨水的浓度是

$$\frac{400}{400+50} = \frac{8}{9}。$$

然后，再从乙杯中盛满一小杯混合液往甲杯中倾倒，其中的蓝墨水是

$$50 \text{ mL} \times \frac{8}{9} = 44\frac{4}{9} \text{ mL}$$

这便是题目中所问的甲杯中蓝墨水的液量。

而盛满的这一小杯混合液中红墨水的液量是

$$50 \text{ mL} \times \frac{1}{9} = 5\frac{5}{9} \text{ mL},$$

它回到甲杯中去了，那么，仍留在乙杯中的红墨水的液量就应当是

$$\left(50 - 5\frac{5}{9}\right)\text{mL} = 44\frac{4}{9} \text{ mL}。$$

于是，两次倾倒后，乙杯中红墨水的液量和甲杯中混进来的蓝墨水的液量相等。

这个答案是正确的。

这位学生又这样解答情况（2）：不能确定。

他的理由是，在乙杯中的 400 mL 蓝墨水和刚刚倒入的 50 mL 红墨水尚未混合均匀时就用小杯子盛混合液，如果盛在红墨水浓的地方，盛走的红墨水就多；如果盛在红墨水稀疏处，盛走的蓝墨水就多，甚至还可能盛在全是蓝墨水的地方。还可能碰巧了——由于动作迅速，把刚才倒入的 50 mL 红墨水全盛在小杯子里了呢！所以他回答：不能确定。

他对情况（2）的解答是错误的。

有一位只是上初一的小同学根本不去计算，也不去分情况（1）和情况（2），而是利用图形的方法，巧妙地解答了这道题目。

他把从乙杯中盛一小杯混合液向甲杯中倾倒的过程中的一瞬间定格，画出了如图 4-1 所示的情形。

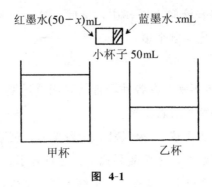

图 4-1

在这小杯的混合液中蓝墨水若有 x mL（$0 \leqslant x \leqslant 50$），那么它就是两次倾倒后甲杯中混进来的蓝墨水的液量，则小杯中有（$50-x$）mL 的红墨水回归到甲杯中，于是在乙中留下的红墨水的液量则是

$$50-(50-x)=x \text{（mL）}$$

这样，无论情况（1）还是情况（2），甲杯中混进来的蓝墨水液量和乙杯中留下的红墨水的液量，都是 x mL，一样多。

多么精彩！

然而，现在更要做的事情，是反思他是怎么想出来的。

原因之一，是他敢于深入去弄通情景，而不是像那位高二的同学，只是面上读懂了题意，就急于去算。

原因之二，当他弄通了情景之后，采用了图形的方法，这其实是哲学上的"运动"观点的表现之一——换个方式来处理。我们在本书第一篇第一章第三节中说过，**换个角度想问题，是灵活性的本质**。

下面，我们就运用换个角度看问题并采用图形的方法，对本题提出一个更为精彩的解法。

仍是情况（1）、（2）一起处理，如图 4-2 所示。

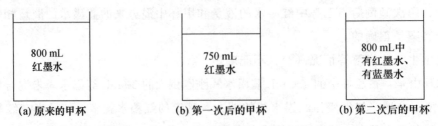

图 4-2

图 4-2 显示，第二次倾倒后的情况（c）仍维持 800 mL，但其中有了蓝墨水，那么，这些蓝墨水所排挤走的红墨水必与它等量，而这些等量的红墨水哪里去了呢？——到乙杯中去了。

所以，混进甲杯中的蓝墨水液量和进入乙杯的红墨水液量相等。

这么漂亮的解法，靠的是什么？

一靠换个角度看问题，这是哲学上运动观点的一种情况；二靠图形的方法。

为此，再举两个例子。这也是多年来我考过许多学生和老师的题目，当场答对者寥寥。而且每次都有一些学生特别是老师的解答，令人啼笑皆非。

【例 4-2】 现在是 3 点 10 分，再过多少分钟，分针和时针第一次重合？如图 4-3 所示。

图 4-3

分　析

我编这道题，第一个目的，是培养学生会用知识去解决实际问题。

一些学生和教师在这道看上去不是数学题的题目面前显得手足无措的原因，乃是不曾想过把表盘拉直了不就是一道追及问题吗！这就是弄通情景。

分针的速度是每 1 分钟走 1 个格，那么时针的速度呢？看不准确，就换个角度嘛！它 1 小时（60 分钟）走 5 个格，于是它的速度就是

$$5 \div 60 = \frac{1}{12}(\text{格}/\text{分钟})，$$

追上时间 = 距离差 ÷ 速度差 。

于是，每次总有些同学这样解答（而多数同学此时是手足无措的）

$$5 \div \left(1 - \frac{1}{12}\right) = 5\frac{5}{11}(\text{分钟})。$$

答：再过 $5\frac{5}{11}$ 分钟，分针、时针第一次重合。

这当然是不对的，当 3 点 10 分的时候，时针已从指向"3"向前挪动了一点儿，时针和分针的距离差就不是"5 个格了"，而是比"5 个格"多了一点点。

这"一点点"是多少呢？

每逢这时，总有一些学生特别是教师，自以为懂了，称运用"实践是检验真理的唯一标准"，只要把表针从 3 点 10 分往前拨到分针和时针重合，用了多少时间不就一目了然了吗？！

这哪里是一目了然？实在令人啼笑皆非。

眼睛不能准确地看清两个动态的物体在哪个瞬间重合后又离开，即使在显微镜下亦是如此。

踏实下来想，这个"一点点"并不难算出来嘛！

用时针的速度乘上 10 分钟，

$$10 \times \frac{1}{12} = \frac{5}{6}(\text{格})。$$

这样，时针和分针的距离差就是 $5 + \frac{5}{6} = 5\frac{5}{6}$ ，追上的时间是

$$5\frac{5}{6} \div \left(1 - \frac{1}{12}\right) = 6\frac{4}{11}(\text{分钟})。$$

但如果换个角度思考，解出这道题目，还可以有更好的解法，我们来看一下。

3 点 10 分时，时针和分针的位置差（距离差）不那么清楚明显。那么，什么时候它们的位置差一目了然呢？是 3 点整。那时距离差是 15 个格。

于是，我们可以把表拨回 3 点整，计算这时开始分针追上时针所用的时间，然后减去 3 点 10 分以前所用去的 10 分钟，

$$15 \div \left(1 - \frac{1}{12}\right) - 10 = 6\frac{4}{11}(\text{分钟})。$$

思路令人耳目一新，计算过程也很简捷，归功于谁？又是"运动"观点的表现之一——换个角度看问题，它是灵活性的本质。

【例 4-3】 设复数 $Z = \cos\theta - \sin\theta + \sqrt{2} + i(\cos\theta + \sin\theta)$，

(1) 当 θ 为何值时，$|Z|$ 取得最大值，并求此最大值；

(2) 若 $\theta \in (\pi, 2\pi)$，求 $\arg Z$（用 θ 表示）。

分析

这是 2000 年北京市某区的高考模拟考试的一道题目。

第（1）问的"评分标准"上的答案如下：

$$|Z| = \sqrt{(\cos\theta - \sin\theta + \sqrt{2})^2 + (\cos\theta + \sin\theta)^2}$$
$$= \sqrt{\cos^2\theta + \sin^2\theta - 2\sin\theta\cos\theta + 2\sqrt{2}\cos\theta - 2\sqrt{2}\sin\theta + 2 + \cos^2\theta + 2\sin\theta\cos\theta + \sin^2\theta}$$
$$= \sqrt{4 + 2\sqrt{2}(\cos\theta - \sin\theta)}$$
$$= \sqrt{4 + 2\sqrt{2} \cdot \sqrt{2}\cos\left(\theta + \frac{\pi}{4}\right)}$$
$$= 2\sqrt{1 + \cos\left(\theta + \frac{\pi}{4}\right)}$$
$$= 2\sqrt{2\cos^2\left(\frac{\theta}{2} + \frac{\pi}{8}\right)}$$
$$= 2\sqrt{2}\left|\cos\left(\frac{\theta}{2} + \frac{\pi}{8}\right)\right|$$

当 $\frac{\theta}{2} + \frac{\pi}{8} = k\pi\ (k \in \mathbb{Z})$，即 $\theta = 2k\pi - \frac{\pi}{4}\ (k \in \mathbb{Z})$ 时，$|x|$ 取得最大值 $2\sqrt{2}$。

这个解法比较烦琐，而且显得死气沉沉。走一步算一步，开始演算，甚至走到中间时，也难以预料最后的结局。

如果敢于深入弄通情景，不急于套"复数的模"的计算公式而多想下去几步的话，就会发现

复数 $Z = \cos\theta - \sin\theta + i(\cos\theta + \sin\theta) + \sqrt{2}$

$$= \sqrt{2}\left[\cos\left(\theta+\frac{\pi}{4}\right)+i\cdot\sin\left(\theta+\frac{\pi}{4}\right)\right]+\sqrt{2}。$$ ①

它是两个复数 $Z_1 = \sqrt{2}\left[\cos\left(\theta+\frac{\pi}{4}\right)+i\cdot\sin\left(\theta+\frac{\pi}{4}\right)\right]$,

$Z_2 = \sqrt{2}$

的和,它们的模都是 $\sqrt{2}$。

那么,根据 $|Z_1+Z_2|\leqslant|Z_1|+|Z_2|$,立即有 $|Z|$ 的最大值是 $2\sqrt{2}$。

多么明快！多么干净利落！

求此时的 θ 值,亦甚一目了然。

因为,当且仅当 Z_1 和 Z_2 的方向一致或至少之一为"0"时,"＝"号成立。本题它们都不为"0",Z_2 的方向固定,为 $2k\pi(k\in\mathbf{Z})$,Z_1 的方向与 Z_2 一致,得到

$$\theta+\frac{\pi}{4}=2k\pi,$$

$$\theta=2k\pi-\frac{\pi}{4}\ (k\in\mathbf{Z})。$$

得到这个令人心清目爽的解法,是在深入进去分析弄通情景之后,换了个角度,从纯代数运算,转移到了用图形的方法。

对于本题第（2）问,也是如此。

第（2）问的"评分标准"上的答案如下。

$$Z = \cos\theta-\sin\theta+\sqrt{2}+i(\cos\theta+\sin\theta)$$
$$= \sqrt{2}\cos\left(\theta+\frac{\pi}{4}\right)+\sqrt{2}+i\sqrt{2}\sin\left(\theta+\frac{\pi}{4}\right)$$
$$= \sqrt{2}\left[1+\cos\left(\theta+\frac{\pi}{4}\right)\right]+i\sqrt{2}\sin\left(\theta+\frac{\pi}{4}\right)$$
$$= \sqrt{2}\cdot 2\cos^2\left(\frac{\theta}{2}+\frac{\pi}{8}\right)+i\sqrt{2}\cdot 2\sin\left(\frac{\theta}{2}+\frac{\pi}{8}\right)\cos\left(\frac{\theta}{2}+\frac{\pi}{8}\right)$$
$$= 2\sqrt{2}\cos\left(\frac{\theta}{2}+\frac{\pi}{8}\right)\left[\cos\left(\frac{\theta}{2}+\frac{\pi}{8}\right)+i\cdot\sin\left(\frac{\theta}{2}+\frac{\pi}{8}\right)\right]。$$

因为　$\theta\in(\pi,2\pi)$,

所以　$\frac{\theta}{2}+\frac{\pi}{8}\in\left(\frac{5}{8}\pi,\frac{9}{8}\pi\right)\Rightarrow\cos\left(\frac{\theta}{2}+\frac{\pi}{8}\right)<0$。

因而上面 Z 的表达式不符合三角公式的要求,化它的三角表达式,得到

$$Z = -2\sqrt{2}\left|\cos\left(\frac{\theta}{2}+\frac{\pi}{8}\right)\right|\left[\cos\left(\frac{\theta}{2}+\frac{\pi}{8}\right)+i\cdot\sin\left(\frac{\theta}{2}+\frac{\pi}{8}\right)\right]$$
$$= 2\sqrt{2}\left|\cos\left(\frac{\theta}{2}+\frac{\pi}{8}\right)\right|\left[-\cos\left(\frac{\theta}{2}+\frac{\pi}{8}\right)-i\cdot\sin\left(\frac{\theta}{2}+\frac{\pi}{8}\right)\right]$$
$$= 2\sqrt{2}\left|\cos\left(\frac{\theta}{2}+\frac{\pi}{8}\right)\right|\left[\cos\left(\pi+\frac{\theta}{2}+\frac{\pi}{8}\right)+i\cdot\sin\left(\pi+\frac{\theta}{2}+\frac{\pi}{8}\right)\right]$$

$$= 2\sqrt{2}\left|\cos\left(\frac{\theta}{2}+\frac{\pi}{8}\right)\right|\left[\cos\left(\frac{\theta}{2}+\frac{9}{8}\pi\right)+i\cdot\sin\left(\frac{\theta}{2}+\frac{9}{8}\pi\right)\right]$$

因为 $\theta\in(\pi,2\pi)$，

所以 $\dfrac{\theta}{2}+\dfrac{9}{8}\pi\in\left(\dfrac{13}{8}\pi,\dfrac{17}{8}\pi\right)$。

而 $\arg Z\in[0,2\pi)$，

所以 当 $\dfrac{\theta}{2}+\dfrac{9}{8}\pi<2\pi$，即 $\pi<\theta<\dfrac{7}{4}\pi$ 时，

$$\arg Z=\frac{\theta}{2}+\frac{9}{8}\pi;$$

当 $\dfrac{\theta}{2}+\dfrac{9}{8}\pi\geqslant 2\pi$，即 $\dfrac{7}{4}\pi\leqslant\theta<2\pi$ 时，

$$\arg Z=\frac{\theta}{2}+\frac{9}{8}\pi-2\pi=\frac{\theta}{2}-\frac{7}{8}\pi。$$

解毕。

解法过程是正确的，如果换个角度用图形来解，就会生气勃勃并且简捷许多。

从式子①处开始

$$Z=Z_1+Z_2=\sqrt{2}\left[\cos\left(\theta+\frac{\pi}{4}\right)+i\sin\left(\theta+\frac{\pi}{4}\right)\right]+\sqrt{2}。$$

根据矢量加法的平行四边形法则（在本题 $|Z_1|$ 和 $|Z_2|$ 都是 $\sqrt{2}$，因而是菱形）和菱形对角线平分各内角的性质，

当 $2\pi\leqslant\theta+\dfrac{\pi}{4}<\dfrac{9}{4}\pi$，即 $\dfrac{7\pi}{4}\leqslant\theta<2\pi$ 时，如图 4-4 所示。

$$\arg Z=\frac{1}{2}\left(\theta+\frac{\pi}{4}-2\pi\right)$$
$$=\frac{\theta}{2}-\frac{7}{8}\pi。$$

当 $\dfrac{5}{4}\pi<\theta+\dfrac{\pi}{4}<2\pi$，即 $\pi<\theta<\dfrac{7\pi}{4}$ 时，如图 4-5 所示，图中是以 x 轴正向为始边，按逆时针方向旋转而成的

$$\angle ZOZ_2=\frac{1}{2}(2\pi-\angle Z_1OZ_2)+\angle Z_1OZ_2，$$

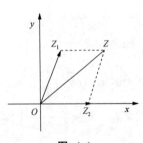

图 4-4

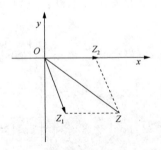

图 4-5

其中，$\angle Z_1OZ_2$ 是以 x 轴正向为始边按逆时针方向旋转到 OZ_1 终边位置的大于 π 的角，那么

$$\arg Z = \frac{1}{2}\left[2\pi - \left(\theta + \frac{\pi}{4}\right)\right] + \left(\theta + \frac{\pi}{4}\right)$$
$$= \frac{\theta}{2} + \frac{9}{8}\pi。$$

整个过程，多么明快简捷！

上面 3 个例子表现了运动的哲理观点在解题思考中的价值。

本章用几个例子，说明了怎样运用"广义对称"（矛盾的对立统一，一分为二），"运动"的哲理观点进行学习和思考。

对于一名中学生在促进自己更好地学好功课方面，除了上面提到的哲理观点以外，还有"量变到质变""一般和特殊之间的关系"等方面的观点。在本书第二篇第三章中，通过分析"平面几何"第二册第四章的两个定理与第一章、第二章乃至代数有理数乘法符号法则的联系统一，介绍了运用"一般和特殊的关系"的观点，以及怎样学习和运用，升华对知识的驾驭，提高自己的学习水平。

第五章 自己动手

第一节 课堂上怎样听讲

在叮嘱孩子好好学习，或者开学典礼上优秀学生代表全校同学表决心时，常常有这样的话语："……课堂上一定要专心听讲，紧跟教师；课后认真消化，充分吸收……"

（一）**我不赞成这种做法！更不赞成校方及教师这样号召学生！**

紧跟教师，教师错了怎么跟？（不仅教师，而且课本上也会有错误，这也是正常的。）

即使教师讲得百分之百正确，这样去做的话，学生也只能是在后面亦步亦趋。且不论完全谈不上智力素质的发展、创新能力的培养，仅就知识而言，也掌握的不扎实，因为学习过程没有真正去思考。

关于这个方面的观念和做法，请同学们返回去认真阅读一下本书第一篇第一章第四节的内容。

本节，只补充两个实例，希望能解除同学们对数学的畏惧心理。

1988年，我的第一轮实验班初一第二学期刚开学，我把上海市数学竞赛初三组的一道填空题写在黑板上。

【例 5-1】 已知：$a<b<c$，x 也是实数。

求：$|x-a|+|x-b|+|x-c|$ 的最小值。

分 析

给大家一段时间思考后，除了不会做的同学之外，绝大多数同学都是用下面的解法。那天，北京市教科所一位搞数学的老师来听课，他和大家的解法也一样。

1. 多数同学的解法

先把绝对值号打开，这时，根据实数绝对值定义，得到

$$原式 = \begin{cases} -x+a-x+b-x+c = -3x+a+b+c, & (x \leqslant a), \quad ① \\ x-a-x+b-x+c = -x-a+b+c, & (a<x \leqslant b), \quad ② \\ x-a+x-b-x+c = x-a-b+c, & (b<x \leqslant c), \quad ③ \\ x-a+x-b+x-c = 3x-a-b-c, & (x>c). \quad ④ \end{cases}$$

在 ① 式中，因为 $x \leqslant a$，并且 x 的系数为负，所以 ① 式的最小值在 $x=a$ 时取得，这样

> ① 式值 $\geqslant -3a+a+b+c=c-a+b-a>c-a$。
> 在②式中,因为 $x\leqslant b$ 且 x 的系数为负,所以②式的最小值在 $x=b$ 时取得,这样
> $$② 式值 \geqslant -b-a+b+c=c-a。$$
> 在③式中,因为 x 的系数为正且 $x>b$,所以
> $$③ 式值 > b-a-b+c=c-a。$$
> 在④式中,因为 x 的系数为正且 $x>c$,所以
> $$④ 式值 > 3c-a-b-c=c-a+c-a>c-a。$$
> 综合以上可得,原式的最小值是 $c-a$,这时 $x=b$。

我很高兴大家都是这个解法,因为这恰好给我一个机会,用我的较为简单的方法与之比较,来说明数形结合的优越性。

2. 我的解法

记
$$f(x)=|x-a|+|x-b|+|x-c|,$$
则
$$f(x)=\begin{cases} -3x+a+b+c, & (x\leqslant a), \\ -x-a+b+c, & (a<x\leqslant b), \\ x-a-b+c, & (b<x\leqslant c), \\ 3x-a-b-c & (x>c). \end{cases}$$

它的图象如图 5-1 所示。

显然,当 $x=b$ 时,$f(x)$ 取得最小值,这时,
$$f(x)=-x-a+b+c=-b-a+b+c=c-a。$$

作为一道填空题,这个解法要比大家的解法迅捷。

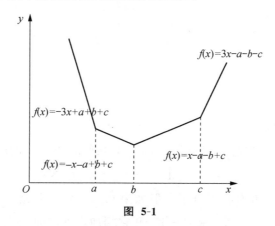

图 5-1

岂知,我的话音未落,李毅同学就把手举了起来。

他说,"老师,我的解法比您的更简单。"

3. 李毅的解法

> $|x-a|$ 的几何意义是，在数轴上表示数 x 和数 a 的两个点之间的距离。
>
> 于是，求 $|x-a|+|x-b|+|x-c|$ 的最小值的意义，就是在数轴上求一点 x，使得它到 a、b、c 三个点的距离和最小。那么，如图 5-2 所示，当这个点 x 取在点 b 的位置时，它分别到 a、b、c 三个点的距离和最小，为 $c-a$。
>
> 因为，点 x 取在点 b 以外的任何位置时，三条线段 $|x-a|$、$|x-b|$、$|x-c|$ 都有重叠部分，因而总长度大于 $c-a$，如图 5-3 所示。

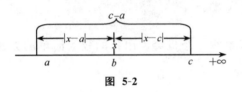

图 5-2

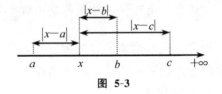

图 5-3

这个解法多么漂亮，比我的解法简洁得多。

李毅同学何以想出这个方法，追根溯源，归功于"运动"这个哲理观点，在这里表现为，换个角度看问题，代数的思考烦琐时，就试试转移到几何上，从几何上思考 $|x-a|$ 的意义。

李毅同学解这道题目的思想方法，后来几年，多次被同学们应用到对一些较难题目的思考上。

1990 年，还是我的上一轮实验班上，我曾想把我发现的一个数列中有间隔"0"周期性出现时求通项公式的方法介绍给同学们。我已经走上讲台了，又改变了主意，能不能引导同学们自己来发现它呢？

我在黑板上写下了这样一道题。

【例 5-2】 求下面数列的通项公式之一：

(1) 1，3，5，…

(2) 1，-3，5，-7，9，…

(3) 1，0，5，0，9，…

分　析

同学们纷纷举手回答。

解答第 (1) 题，很容易，$a_n = 2n-1 \ (n \in \mathbf{N})$。

解答第 (2) 题，也不难想到，利用 $(-1)^n$，造成间隔"-1"的出现，于是，便得到了

$$a_n = (2n-1)(-1)^{n+1} \quad (n \in \mathbf{N})。$$

解答第 (3) 题时，就有些困难了。但如果利用"转化归结"的思想，从第 (2) 题的解答出发，使出现"-1"时，有"+1"和它相加，抵消为"0"，于是，便得到了

$$a_n = (2n-1)[1+(-1)^{n+1}] \quad (n \in \mathbf{N})。$$

但这时，n 取奇数时，$1+(-1)^{n+1} = 2$，破坏了要保留的项。为了解决这个问题，只

需再除以 2，便可得到正确解答：
$$a_n = \frac{[1+(-1)^{n+1}]}{2}(2n-1) \quad (n \in \mathbf{N})。$$

问题到此，圆满解决了。

停顿了一下，我发问：

"问题的解决，真正圆满了吗?"我准备再写出几小问，把我的发现细细道来。因为，这道题毕竟较难，而且，知识的跨度又太大。

（二）"自己动手"的课堂听讲，才是最先进的

可是，这时张夏一同学举手了，他站起来这样回答：

"老师，问题的思考，并不应该到此结束，我设想，这道题如果还有更多的小问，当有

(4) 1, 0, 0, 7, 0, 0, 13, …

(5) 1, 0, 0, 0, 9, 0, 0, 0, 17, …

等等情况时，题目的答案又该是什么样子呢?"

太好了，这正是我准备再写出来的小问和再发出的提问，我以为同学们想不到，因为，至今为止，还没在哪本书上见过关于这个问题的讨论。学生中间，真是蕴藏着巨大的智慧！

同学们，你们要坚信自己，不要只是做应声虫去"紧跟"!

接着，张夏一同学为自己的设问，提供了正确的解答。

对于第（4）题

$$a_n = \frac{[1+\omega^{n+2}+(\omega^2)^{n+2}]}{3}(2n-1) \quad (n \in \mathbf{N})。$$

在这里，1、ω、ω^2 是方程 $x^3=1$ 在复数范围的 3 个根。

这个解答，显然是正确的。因为

$$\omega = \frac{-1+\sqrt{3}\,i}{3}, \quad \omega^2 = \frac{-1-\sqrt{3}\,i}{3}。$$

那么，当 $n=3k+1$ $(k=0, 1, 2, 3, \cdots)$ 时，
$$\omega^{n+2} = \omega^{3(k+1)} = 1,$$
$$(\omega^2)^{n+2} = (\omega^2)^{3(k+1)} = 1,$$

所以，
$$\frac{1+\omega^{n+2}+(\omega^2)^{n+2}}{3} = \frac{1+1+1}{3} = 1。$$

当 $n=3k+2$ $(k=0, 1, 2, 3, \cdots)$ 时，
$$\omega^{n+2} = \omega^{3(k+1)} \cdot \omega = \omega,$$
$$(\omega^2)^{n+2} = (\omega^2)^{3(k+1)} \cdot \omega^2 = \omega^2,$$

所以

$$\frac{1+\omega^{n+2}+(\omega^2)^{n+2}}{3}$$

$$=\frac{1+\dfrac{-1+\sqrt{3}\,i}{2}+\dfrac{-1-\sqrt{3}\,i}{2}}{3}$$

$$=0。$$

当 $n=3k$ $(k=1, 2, 3, \cdots)$ 时,

$$\omega^{n+2}=\omega^{3k}\cdot\omega^2=\omega^2,$$
$$(\omega^2)^{n+2}=(\omega^2)^{3k}\cdot\omega^4=(\omega^2)^{3k}\cdot\omega^3\cdot\omega=\omega。$$

这时,

$$\frac{1+\omega^{n+2}+(\omega^2)^{n+2}}{3}$$

$$=\frac{1+\omega^2+\omega}{3}$$

$$=\frac{1+\dfrac{-1-\sqrt{3}\,i}{2}+\dfrac{-1+\sqrt{3}\,i}{2}}{3}=0。$$

综上,

$$a_n=\frac{1+\omega^{n+2}+(\omega^2)^{n+2}}{3}(2n-1)\quad(n\in\mathbf{N})。$$

张夏一同学是怎样想到了利用 $x^3=1$ 在复数范围内的 3 个根来诱导 "3 个间隔 0" 做周期性出现的呢？又怎样想到给 ω 和 ω^2 冠以指数 "$n+2$" 的呢？

这里，他一方面运用了"转化归结"这个思想方法；另一方面，运用了"运动"的哲理观点。

张夏一首先去已经解决了的第（3）题

$$\frac{1+(-1)^{n+1}}{2}$$

中，去找出解决第（4）题的钥匙。

第（3）题中的"-1"是哪里来的？

当时的构思，是为了在需要的那项中，让"-1"出现来把"1"抵消，得到"0"。

但这在第（4）题中不能用了。因为，利用 $(-1)^n$ 时，"-1" 只能隔一个数出现一次，现在要求连续出现两次"-1"再隔一次（出"1"），是没有希望了。

但运用运动的哲理观点，换个角度来看，"1"与"-1"却是二次方程

$$x^2=1$$

的两个根，而第（3）题

$$\frac{1+(-1)^{n+1}}{2}$$

中分母的"2"与二次方程中的"二"(即2)不谋而合,指数"$n+1$"中的"1",是二次方程的"2"减去1得到的差。

那么,在问题(4)题中,当间隔"0"的个数增加了1个,试猜想,是不是二次方程的次数就应该升高一步,变成三次方程呢?分母的"2"是不是相应地要变成"3"呢?指数是不是也要由"$n+1$"变成"$n+2$"了呢?

这样,张夏一同学便构思了上面的猜想,继而给予了严格的证明。

归功于谁呢?是"转化归结"思想和"运动"的哲理观点。

那么,运用"分析共性,剥离个性"的思想方法,往下对于第(5)题的猜想,乃至再出现的(6)、(7)其他题,就一气呵成了。

对于第(5)题,它的通项公式之一可以是

$$a_n = \frac{1 + a_2^{n+3} + a_3^{n+3} + a_4^{n+3}}{4}(2n-1) \quad (n \in \mathbf{N}),$$

其中,1,a_2,a_3,a_4 分别是方程 $x^4 = 1$ 在复数范围的4个根。

进行验证,由于

$$a_2 = \mathrm{i}, \quad a_3 = -1, \quad a_4 = -\mathrm{i},$$

那么,当 $n = 4k+1$($k = 0,1,2,\cdots$)时,

$$a_2^{n+3} = \mathrm{i}^{4(k+1)} = 1,$$
$$a_3^{n+3} = (-1)^{4(k+1)} = 1,$$
$$a_4^{n+3} = (-\mathrm{i})^{4(k+1)} = 1,$$

这时,

$$\frac{1 + a_2^{n+3} + a_3^{n+3} + a_4^{n+3}}{4} = \frac{1+1+1+1}{4} = 1。$$

当 $n = 4k+2$($k = 0,1,2,\cdots$)时,

$$a_2^{n+3} = \mathrm{i}^{4(k+1)} \cdot \mathrm{i} = \mathrm{i},$$
$$a_3^{n+3} = (-1)^{4(k+1)} \cdot (-1) = -1,$$
$$a_4^{n+3} = (-\mathrm{i})^{4(k+1)} \cdot (-\mathrm{i}) = -\mathrm{i}。$$

这时,

$$\frac{1 + a_2^{n+3} + a_3^{n+3} + a_4^{n+3}}{4} = \frac{1+\mathrm{i}-1-\mathrm{i}}{4} = 0。$$

当 $n = 4k+3$($k = 0,1,2,\cdots$)时,

$$a_2^{n+3} = \mathrm{i}^{4(k+1)} \cdot \mathrm{i}^2 = -1,$$
$$a_3^{n+3} = (-1)^{4(k+1)} \cdot (-1)^2 = 1,$$
$$a_4^{n+3} = (-\mathrm{i})^{4(k+1)} \cdot (-\mathrm{i})^2 = -1。$$

这时,

$$\frac{1 + a_2^{n+3} + a_3^{n+3} + a_4^{n+3}}{4} = \frac{1-1+1-1}{4} = 0$$

当 $n = 4k$($k = 0,1,2,3,\cdots$)时,

$$a_2^{n+3} = i^{4k} \cdot i^3 = -i,$$
$$a_3^{n+3} = (-1)^{4k} \cdot (-1)^3 = -1,$$
$$a_4^{n+3} = (-i)^{4k} \cdot (-i)^3 = i。$$

这时，
$$\frac{1+a_2^{n+3}+a_3^{n+3}+a_4^{n+3}}{4} = \frac{1-i-1+i}{4} = 0。$$

综上，猜想结论得证，有
$$a_n = \frac{1+a_2^{n+3}+a_3^{n+3}+a_4^{n+3}}{4}(2n-1) \quad (n \in \mathbf{N})。$$

在这里，$1, a_2, a_3, a_4$ 分别是方程 $x^4 = 1$ 在复数范围的 4 个根。

再往下呢？间隔"0"的个数再增加了怎么办？

这时，已不仅是张夏一同学一个人了，李毅同学、廖翊民同学、彭壮壮同学经过思考，也加入到了张夏一同学的行列中。

他们在总结了第（3）～（5）题的规律的基础上，提出了如下的公式［在这里，不妨设第 1 项之后，有连续（$m-1$）个"0"做周期性间隔出现］，
$$a_n = \frac{1+a_2^{n+(m-1)}+a_3^{n+(m-1)}+\cdots+a_m^{n+(m-1)}}{m}(2n-1) \quad (n \in \mathbf{N})。$$

其中，$1, a_2, a_3, \cdots, a_m$ 分别是方程 $x^m = 1$ 在复数范围的 m 个根。

而且他们给出了证明，篇幅所限，本书不予叙述了。

这样，在中学数学里，一个基本上还没有多少人发现的结论，便在同学们的手中产生了。

1991 年《中学生数理化》杂志所刊登的，北京大学招生办公室与《中学生数理化》杂志联合举办的"全国高中通讯数学竞赛"试题是我编拟的。其中第 6 题，就是在这个发现的基础上，进行推广而拟成的。

但是，我写这件事，是让大家更深刻地懂得，"自己动手"的课堂听讲，是最先进的。

（三）以后发生的故事

若干年后，李毅同学获 1991—1992 年度全国高中数学联赛北京赛区第 1 名，廖翊民同学获第 4 名，张夏一同学获第 9 名。彭壮壮同学在此前出国探亲，以一篇数学论文及三轮答辩，获得美国高中学生最高规格的竞赛"西屋科学奖"（俗称"少年诺贝尔大奖"）后，进入美国哈佛大学。而李毅、廖翊民、张夏一则分别进入了北京大学和清华大学。

又过了 7 年，在我于 1999 年接手的初一（9）班，当我提出这个问题后，高亦斌同学想出了截然不同的另外一种解法。

他的解法如下。

对于数列

$1, \underbrace{0, 0, \cdots, 0}_{(m-1)个0}, 2(m+1)-1, \underbrace{0, 0, \cdots, 0}_{(m-1)个0}, 2(2m+1)-1, \cdots, 0, 2, (3m+1)-1, \cdots$

的通项公式，可以是

$$a_n = \frac{|k \cdot (k-2)(k-3)\cdots[k-(m-1)]|}{(m-2)!}(2n-1),$$

其中，k 是 n 除以 m 后所得的余数。

这个解答显然是正确的。因为，

当 $n=1, m+1, 2m+1, 3m+1, \cdots$ 时，$k=1$。

这时，分式的分子为

$$|1 \times (1-2)(1-3)\cdots[1-(m-1)]|$$
$$= |1 \times (-1)(-2)\cdots[-(m-2)]|$$
$$= 1 \times 1 \times 2 \times 3 \times \cdots \times |(m-2)|$$

与分母的 $(m-2)! = (m-2)(m-3)\cdots 2 \cdot 1$ 相除后，得到 $a_n = 2n-1$。

当 n 为其他数时，k 为 0 或 2，或 3，$\cdots$，或 $m-1$，那么，$k, k-2, k-3, \cdots$，$k-(m-1)$ 中，总有一个为"0"，从而得到 $a_n = 0$。

高亦斌同学是怎样想出了如此巧妙的一个解法呢？

高亦斌说他是这么想的：

第 1 步，他看到"0"是周期性重复出现时，就在脑子里搜寻周期性重复出现的数学现象。他想到了分数如果化成小数是无限循环小数的话，余数是重复出现的。

第 2 步，他去想，以谁为除数呢？

注意到每一个段落共存 $[1+(m-1)]$ 个数，于是，除数应当是 m。

第 3 步，如何出现 $(m-1)$ 个"0"呢？他想到了小学算术中的一个知识：若干个数连乘，只要其中有一个乘数是"0"，则乘积为"0"。

这样，只要构造 $k(k-2)(k-3)\cdots[k-(m-1)]$，就可以使 n 除以 m 后余数不是"1"的各项都变成"0"。

第 4 步，如何使 n 除以 m 后余数是"1"的项得到 $2n-1$ 呢？只要使此时的 $k(k-2)(k-3)\cdots[k-(n-1)]$ 变成"+1"即可。

怎么变呢？

最简单的作法，是除以它本身，但这样做会造成余数 k 不是"1"时，出现分母也是"0"的情况。因而需要深入一步弄清，当余数 $k=1$ 时，分子的

$$k(k-2)(k-3)\cdots[k-(m-1)]$$

究竟是什么？

显然，它是 $1(1-2)(1-3)\cdots[1-(m-1)]$

那么，只要构造分母为 $1(1-2)(1-3)\cdots[1-(m-1)]$ 即可。

第 5 步，又为了使整个分式值为非负，宜把整个分式加上绝对值符号"| |"。

由于引进阶乘符号

$$n! = n(n-1)(n-2)\cdots 3 \cdot 2 \cdot 1,$$

绝对值符号可以只写在分子的外面，这样便得到了

$$a_n = \frac{|k(k-2)(k-3)\cdots[k-(m-1)]|}{(m-2)!}(2n-1),$$

其中，k 是 n 除以 m 后所得的余数。

多么巧妙的解法！对于教学，这不是让学生只是跟在教师后面亦步亦趋机械地重复所能实现的；对于同学们的学习，这才是开启自己智慧大门的康庄大道。

第二节 上中学后，在学习上一定要抓"三个环节"吗

（一）第一个环节——课前是否要预习？

那是 1986 年，我的第二轮班入中学后第一次开家长会。会后一位家长找我，说："孙老师，可否请您管管××（他的小孩）？上了中学，还是小学的学习方法，不知道课前要预习，我批评他（家长是大学的教师），他还强词夺理，说：'孙老师不让我们预习数学。'假传圣旨，您看看这孩子可气不可气，他就是听您的话，您快说说他吧，您一说，他就听……"

我笑了，我说："对不起，这话真是我说的。"

有些中学教师怪罪学生学习不好的原因，是仍然用小学的学习方法，课前不知道预习。

这怪罪，不无根据。因为在小学，一个内容讲一个星期，第一堂课没弄明白，还有第二堂课……但上中学就不同了，一个内容就一堂课，还没等同学们反应过来，就过去了（在大学，则是一堂课要讲好几个甚至十几个内容），像在繁华的马路上，汽车一辆跟着一辆。

课前预习的观点，是有道理的，但它落伍了，落后了。

其一，它的出发点，仅仅着眼于知识，而没看到更高的目标——发展学生的智力素质。

其二，就知识的学习而言，也是低层次的。说到本质，课前预习是靠多次重复达到掌握知识，这当然不如自己历尽险阻所得而记忆久远，甚至终生难忘。

这里可以打个简单的比喻。第一次找一位朋友的家，如果是朋友带你去的，过些日子你自己去时，很可能找不到了；但如果第一次没人带你去，而是你自己左问路右打听，用了一个上午好不容易找到的，那么，即使过很长时间后你再去，仍会径直找到朋友家。

其三，通过预习已经知道了课上要讲的内容、结论、推导过程、例题解法等，那么，课堂上还谈何"超前思维、真正做课堂的主人、在思维运动中训练思维呢？"结果是，赔了夫人又折兵，既花去了课前的一段时间，又浪费了课堂上发展自己智力素质的机会。

所以，在中学阶段，我是不主张各科课前预习的。尤其是中学数学从系统的观点和哲理的高度来看，实在是很简单的那一点儿东西。

而为了知识能够掌握得扎实和深刻，我则更不主张中学数学课要预习了。至于上了大学，情况和条件改变了，那时，可以根据情况来考虑。

但有些科目的教师，多是文科教师，让学生预习的大多是大纲上要求的但他不准备

在课堂上讲或一带而过的内容（这样处理其实是不应该的），这时，学生只好看书预习。

也有些教师（理科、文科都有）课堂教学讲得不太明白；或者教师的课讲得还说得过去，但具体到某位同学，基础或反应的敏锐就不够理想了。在这种情况下，同学们也不得不进行一些预习。

但这个预习，一定要方法得当。

那就是，不要打开书找到准备预习的那个章节后，从头开始，一句句，一行行，一段段，从头看到尾，一面读，一面理解，一面记忆。

应该怎样呢？

> 应该先不看书，设想这节书的内容、结构，然后打开书，在看到要对某个名词进行定义时，就盖上书，自己试着定义一下；在看到一个定理的第一句叙述时，再盖上书，自己猜想一下它的结论；在看到一个公式时，也是如此；在看到例题时，马上盖住它，自己在纸上把例题做出来，再与书上的解法进行比较、思考……这样的预习，无论对知识的掌握还是思维的训练，都是有益的；而且，据此发展下去，将一步一步走向不再预习的阶段。

（二）第二个环节——课堂听讲

这个环节是必需的，但问题在于，应该应课堂上怎样听讲。

这个方面，在本章第一节和本书第一篇第一章第四节中已做阐释，请同学们返回去再读一读。

（三）第三个环节——复习、做作业、小结

这个环节一般说来，也是必需的。处理得好，它将使同学们加深对知识的理解和掌握，培养应用能力、分析问题和解决问题的能力，也有助于提高思维水平。

问题是，怎样的处理才算好？

一些中学教师或校方这样教育学生："再不要像上小学时那样，回家打开本儿就写作业，写完作业就完事大吉了。而应该先看书、看笔记，即复习后再做作业。"

我不赞成这种做法。

因为，像我们所主张的那种课堂听讲，应当是，铃响时，全部知识已尽收眼底，全数装在胸中。至多在做作业前，用回忆的方式来进行梳理；然后，通过做作业来练习应用，从而加以巩固并培养能力。同时，这也是一种检验学习成果的方法，万一有卡壳的地方，能发现漏洞，立即补上。

先复习一遍，不仅会浪费时间，而且常常掩盖了课堂上自己没学好的纰漏环节。因为这时又看了一遍，扫了一眼，这往往只有短时效性。

这样做还有一个不好的后果，就是造成同学们的依赖心理，降低了课堂上一定要当堂深刻掌握的高标准，心想，"反正做作业前还要再复习，到那时再说吧"。久而久之，课堂上听课时精神容易懈怠下来。

特别是，有些"好心"的教师，觉得有的作业题较难，至少例题中没有这种类型或这种方法，便另外编了相应的例题在课上先讲。这使得一些同学做作业时，照葫芦画瓢，失去了做这些难题的意义。

所以，在理想的课堂听讲方式的情况下，我是不主张先复习后做作业的。而宜先做作业（如前所述，必要时，对课上所学进行默忆、梳条理）。

做完作业后干什么呢？因为，时间省出来了，有时间了。

做完作业后，进行小结。

因为，我们主张的那种课堂听讲方式，使得课堂上已经完全掌握了知识，通过先做作业，得到深化。这时，同学们会有新的体会、新的认识、新的发现，这是十分宝贵的，应赶紧梳理、归纳并记下来。

每堂课都这样学习，积累到一定时间以后，再对一个单元或一种方法，进行视野再扩大一些的小结。在本章第三节，我将就此进行一个示范。

以上，就是我对于中学生的学习之环节的看法。

第三节 学会写小结

小结有两种：

（一）对知识理解、掌握方面的

请同学们读一读本书第一篇第一章第二节的例1-1和例1-2。

（二）是关于某种方法方面的

这方面，本书在前面已有不少举例，例如，在第一篇第一章第五节中在介绍对"三角形内角平分线性质定理"的一题多解之后，对于证明4条线段成比例的方法的归纳总结等，请同学们也返回去再读一次。

（三）再介绍一个这个方面的小结——解涉及二面角的度数或相等的题目的思考方法

与二面角有关的题目，从大的方面，可以分为两类：一类是只在图形中出现二面角，计算或推理过程与二面角的度量无关；另一类是，在已知或求证中，出现二面角的"度数"或二面角的"相等""不等"这些"字眼"。

总结解题思考方法如下。

1. 对于这种"涉及"二面角度数或相等的题目，一般要用到它的平面角。因而，应先去考虑它的平面角，考虑它的平面角的程序，应当是"先找后作"。因为"作"比"找"麻烦，图上没给出所需二面角的平面角时，才考虑作出它。

2. "找"的方法是从二面角平面角的定义出发。

3. "作"的方法，要根据图形的情况。

(1) 在棱上选择"适宜"的点，分别在两个半平面内作棱的垂线，所谓"适宜"的点，一般是指与已知条件或结论有牵连的点。

(2) 在一个半平面内选择"适宜"的点，向另一个半平面及棱分别作垂线，连接两个垂足，证明作出了二面角的平面角。

(3) 如果分别在两个半平面内，存在着关于二面角的平分面的两个对称点，那么分别从这两个点作棱的垂线，可证垂足重合，因而作得了二面角的平面角。

(4) 如果二面角的棱在已知图形中尚未出现，宜先合理地把棱作出来，再归结为以上的 (1) 或 (2) 或 (3)。

作棱的方法一般有以下几种。

① 当已知图形中已画出了棱上的一个点，并且存在分别在两个半平面内的两条直线互相平行时，那么过上述点作一条与这两条直线平行的直线，就是这个二面角的棱。此命题请同学们自证。

② 当已知图形上画出了棱上的一个点，并且分别在两个半平面上存在一组共面直线时，可以画出这两条直线的交点，它必是棱上的又一个点。于是，连接此点和已给出的点，便作出棱，为什么这是棱？也请同学们给予证明。

③ 当棱上的任何点在已知图形中都没有出现，但上述的共面直线有两组时，可以得到棱上的两个点，从而把棱画出。

(5) 无论上述哪种情况，在合适的条件下，运用"面积射影定理"，常常是求二面角度数的一种简捷方法。

这里所说"合适的条件"，是指存在于二面角的一个半平面上的多边形，它在另一个半平面上的射影易于作出。当已知图形中存在直棱柱，特别是长方体（当然包括正方体）时，应用这个方法，相当方便。

面积射影定理是

$$|\cos\theta| = \frac{S_{射影}}{S_{多边形}}。$$

这里，θ 是二面角的度数，$S_{多边形}$ 是指存在于一个半平面内的多边形面积，$S_{射影}$ 是指上述多边形在另一个半平面所在平面内射影的面积。

【例 5-3】 一副三角板如图 5-4 所示。其中，$\angle D = 60°$，$\angle ABC = 45°$，把 △BCD 所在平面沿 BC 折起，使它和 △ABC 所在的平面垂直，求二面角 A-BD-C 的度数。

分　析

本题属于"涉及"二面角的度数或相等的题目。那么，按"先找后作"的方法，先从图形上找二面角 A-BD-C 的平面角，图形上没有，则需作出它。

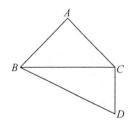

图 5-4

如图 5-5 所示，过 A 作平面 BCD 的垂线，由于平面 ABC⊥平面 BCD，故只需作

$AE \perp BC$ 于 E，即可推出 $AE \perp$ 平面 BCD。再作 $AF \perp BD$ 于 F，那么，$\angle AFE$ 即二面角 A-BD-C 的平面角（需写出证明），如图 5-5 所示。

这就是上面小结中"3（2）"的方法，A 点是"适宜"的点，因为从它作平面 BCD 的垂线时，有利于应用已知两平面垂直的条件。

顺便说一句，在平面 BCD 上容易产生视觉失真，在进行 $\triangle BCD$ 内的计算时，宜画它的移出图。

【例 5-4】 已知：正三棱锥 P-ABC 的侧面间所成二面角的度数是 2α，底面中心 O 到一条侧棱的距离 $OE=1\,\mathrm{cm}$，如图 5-6 所示。

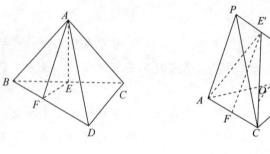

图 5-5　　　　　　　　图 5-6

求三棱锥的体积 $V_{P\text{-}ABC}$。

分　析

根据正三棱锥的对称性，可知点 A、C 是符合前述小结"3（3）"中要求的两个对称点条件的，这样，分别过 A、C 作棱 PB 的垂线，可证两个垂足重合于 E'。于是，$\angle AE'C$ 就是两个侧面所成二面角的平面角，其度数为 2α。

然后，可取 AC 中点 F，于是条件 $OE=1\,\mathrm{cm}$ 和侧面间所成二面角的度数是 2α（即 $\angle AE'C=2\alpha$）都可转化到平面 $AE'C$ 上，而且有 $E'F=\dfrac{3}{2}OE$。这里体现了解立体几何题目要把空间的条件转化到同一平面的思想。

当然，也可以过 O 作 $GH \parallel AC$，$G \in AB$，$H \in BC$，那么，G、H 也是符合小结中"3（3）"要求的对称点。根据本题的已知条件，只要连接 GE，HE，即可证明 $\angle GEH=2\alpha$，于是，已知条件都集中到平面 GEH 上，为进行计算奠定了基础。

最后答案为

$$V_{P\text{-}ABC}=\dfrac{9\tan^3\alpha}{4\sqrt{3\tan^2\alpha-1}}\quad(\mathrm{cm}^3)$$

【例 5-5】 已知：如图 5-7 所示。直三棱柱 $A_1B_1C_1$-ABC 中，$\angle C=90°$，$AB=a$，$\angle ABC=\theta$，过 C 与 AB 平行的截面 DEC 与底面 ABC 所成的二面角的度数也是 θ，试求 $V_{C\text{-}ABED}$。

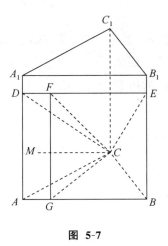

图 5-7

分 析

本题需要截面 DEC 与底面 ABC 所成的二面角的平面角，但这个二面角的棱在已知图形上并没有。点 C 是棱上的一点，互相平行的直线 DE 和 AB 分别在二面角的两个半平面内。

这时，由于适合前述小结中"3（4）①"的条件，故过 C 作 $CM \parallel AB$，CM 就是这个二面角的棱，再作 $CG \perp AB$ 于 G，作 $CF \perp DE$ 于 F，那么，$\angle FCG$ 就是这个二面角的平面角，度数为 θ（请同学们给予证明）。

最后答案为：

$$V_{C\text{-}ABED} = \frac{1}{3}a^3 \sin^3\theta \cos\theta 。$$

【例 5-6】 已知：如图 5-8 所示。正三棱柱 $A'B'C'\text{-}ABC$ 中，D、E 分别是侧棱 BB'、CC' 上的点，并且 $EC=BC=2DB$，求截面 ADE 与底面 ABC 所成的二面角的大小。

分 析

本题所欲求的二面角的棱，在已知图形上也只给出了一个点 A，由于在二面角的两个半平面上存在一组共面直线 ED、CB，于是，宜用前述小结中"3（4）②"的方法。分别延长 CB 和 ED，交于平面 ABC 上一点 F，连接 AF，即得二面角的棱 AF，如图 5-9 所示。

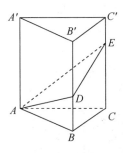
图 5-8

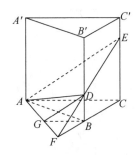
图 5-9

解法一

分别延长 ED、CB，设交于 F，连接 AF，作 $BG \perp AF$ 于 G，连接 GD。由三垂线定理可知，$\angle DGB$ 为所求二面角的平面角。

由已知条件，可设正 $\triangle ABC$ 的边 $BC = 2 \Rightarrow DB = 1$。

又由

$$\left. \begin{array}{r} DB = \dfrac{1}{2}EC \\ DB \parallel EC \end{array} \right\} \Rightarrow FB = BC \text{。} \qquad ①$$

可画底面的移出图，如图 5-10 所示。由

$$\left. \begin{array}{r} \text{正} \triangle ABC \\ FB = BC = 2 \\ BG \perp AF \end{array} \right\} \Rightarrow BG = \dfrac{1}{2}AC = \dfrac{1}{2}BC = 1 \text{。}$$

于是 $\angle DGB = \arctan \dfrac{DB}{BG} = 45°$。

解法二

设正 $\triangle ABC$ 边

$$BC = 2 \Rightarrow DB = 1 \text{。}$$

又由

$$\left. \begin{array}{r} DB = \dfrac{1}{2}EC \\ DB \parallel EC \end{array} \right\} \Rightarrow FB = BC \text{。}$$

那么，$FB = BC = AB \Rightarrow \angle FAB = \angle AFB = \dfrac{1}{2} \angle ABC$。又由已知，在正 $\triangle ABC$ 中，$\angle ABC = \angle BAC = 60°$，有

$$\angle FAB = \dfrac{1}{2} \angle ABC = 30° \Rightarrow \left. \begin{array}{r} FA \perp AC \\ EC \perp \text{平面} ABC \end{array} \right\} \Rightarrow FA \perp EA \text{（三垂线定理）}$$

那么，$\angle EAC$ 也就是所求二面角的平面角。

$$\angle EAC = \arctan \dfrac{EC}{AC} = 45°$$

解法三

如图 5-11 所示。作 $DM \perp A'A$ 于 M，作 $DN \perp C'C$ 于 N，则

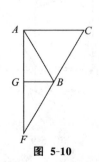

图 5-10

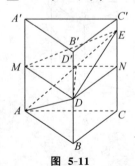

图 5-11

$$\left.\begin{array}{l}DM \;/\!/\; AB \\ DN \;/\!/\; BC\end{array}\right\} \Rightarrow 平面\, DMN \;/\!/\; 底面\, ABC \Rightarrow 平面\, DMN\, 与截面\, ADE\, 所成的二面角与所$$
求的二面角相等,并且 $C'N \perp$ 平面 DMN。

因为
$$\left.\begin{array}{l}BD \;/\!/\; CN \\ DN \;/\!/\; BC \\ DB = \frac{1}{2} EC\end{array}\right\} \Rightarrow \begin{cases} EN \underline{\;/\!/\;} DB \\ DN = BC \end{cases}$$

又因为
$$\left.\begin{array}{l}BD \;/\!/\; AM \\ DM \;/\!/\; AB\end{array}\right\} \Rightarrow \begin{cases} AM \underline{\;/\!/\;} DB \\ DM = AB \end{cases}$$

因为△ABC是正三角形,所以 $DN=DM$,并且 $EN\underline{\;/\!/\;}AM \Rightarrow$ 四边形 $ANEM$ 为平行四边形。

那么,若 MN、AE 交于 D',则 D' 是 MN 的中点,则在等腰△DMN 中,$DD' \perp MN$。又因为
$$CC' \perp 平面\, DMN \Rightarrow CC' \perp DD',$$
所以
$$DD' \perp 平面\, AA'C'C \Rightarrow DD' \perp D'E。$$
于是,$\angle ED'N$ 为平面 DMN 与截面 ADE 所成二面角的平面角。

又因为
$$\left.\begin{array}{l}AM = EN = NC \\ AM \;/\!/\; NC\end{array}\right\} \Rightarrow \left.\begin{array}{l}MN = AC = BC \\ D' 是 MN 中点\end{array}\right\} \Rightarrow D'N = \frac{1}{2}BC。$$

由已证
$$EN = DB = \frac{1}{2}BC,$$
可知,在 Rt△$ED'N$ 中,
$$\angle ED'N = \arctan \frac{EN}{D'N} = 45°。$$

解法四

设 $BC=2$,记截面 ADE 与底面 ABC 所成的二面角的度数为 θ,由面积射影定理可知:
$$S_{\triangle ABC} = S_{\triangle ADE} \cdot \cos\theta。$$

又因为 θ 是锐角,所以
$$\theta = \arccos \frac{S_{\triangle ABC}}{S_{\triangle ADE}}$$
$$= \arccos \frac{\sqrt{3}}{\frac{1}{2} AD^2 \cdot \sin\angle ADE}$$

$$=\arccos\frac{2\sqrt{3}}{(AB^2+DB^2)\sin\left(\arccos\frac{2AD^2-AE^2}{2AD^2}\right)}$$

$$=45°.$$

> **说明**：解法二比解法一更为简捷，表明在前述小结 1 中所说明的道理是正确的，即在考虑二面角的平面角时，宜"先找后作"。

就本题而言，应用面积射影定理的解法四要比前三种解法简单得多。

如果同学们不断地写出这种水平的小结，则思维水平将逐渐达到相当可观的高度。至于对知识和解题方法的掌握，更非同一般了。

小结再往上一步，就是写小论文。

第四节 写 小 论 文

本书第一篇第一章第六节中，介绍了小论文的含义和对学生的价值。请同学们再返回本节读一次。对于中学生来说，写论文是可行的吗？

下面举三个实例来说明。第一个实例的内容是前人已经发现和解决过的；第二个实例的内容是尚未见有人发现和解决过的；第三个实例的内容甚至还没有人考虑过。

（一）第一个实例：数学上已成定论的问题

【例 5-7】 两个数同次幂之和（差），是否能被此这两个数之和（差）整除？（初一年级的课题）即

(1) a^n+b^n 能否被 $a+b$ 整除（n 是自然数）；

(2) a^n-b^n 能否被 $a-b$ 整除（n 是自然数）。

分　析

对于（1）：

第 1 步，n 是几？

n 是抽象的数，不好下手，那么，设个数试试，从最简单的情况设起。

当 $n=1$ 时，$a^n+b^n=a+b$，当然能被 $a+b$ 整除。

当 $n=2$ 时，

$$\begin{array}{r}a-b\\a+b\overline{)a^2+0+b^2}\\\underline{a^2+ab}\\-ab+b^2\\\underline{-ab-b^2}\\+2b^2\end{array}$$

第 $n-1$ 余式

得，商式$=a-b$，余式$=+2b^2$，即 a^2+b^2 不能被 $a+b$ 整除。

当 $n=3$ 时，

$$a+b \overline{\smash{\big)}\begin{array}{l}a^2-ab+b^2\\a^3+0+0+b^3\end{array}}$$
$$\underline{a^3+a^2b}$$
$$-a^2b+0$$
$$\underline{-a^2b-ab^2}$$
$$+\underset{\cdots}{ab^2}+b^3\quad\text{第 }n-1\text{ 余式}$$
$$\underline{ab^2+b^3}$$
$$0$$

得，$(a^3+b^3)\div(a+b)=a^2-ab+b^2$，即 a^3+b^3 能被 $a+b$ 整除。

当 $n=4$ 时，

$$a+b \overline{\smash{\big)}\begin{array}{l}a^3-a^2b+ab^2-b^3\\a^4+0+0+0+b^4\end{array}}$$
$$\underline{a^4+a^3b}$$
$$-a^3b+0$$
$$\underline{-a^3b-a^2b^2}$$
$$a^2b^2+0$$
$$\underline{a^2b^2+ab^3}$$
$$\underset{\cdots}{-ab^3}+b^4\quad\text{第 }n-1\text{ 余式}$$
$$\underline{-ab^3-b^4}$$
$$+2b^4$$

得，商式 $=a^3-a^2b+ab^2-b^3$，余式 $=+2b^4$，即 a^4+b^4 不能被 $a+b$ 整除。

往下，应暂停试验。

因为，n 代表自然数，有无数个，如果靠枚举试验，是无尽无休的。

每次试验得到的结果不是目的，目的是从中发现规律。于是，

第 2 步，从刚才的试验中，来寻找规律

明显地：

①当 n 为奇数 1，3 时，a^n+b^n 能被 $a+b$ 整除；

②当 n 为偶数 2，4 时，a^n+b^n 不能被 $a+b$ 整除。

第 3 步，分析原因

观察上面几个竖式，能不能实现整除的关键，是在最后一步，从被除式落下来的 b^n，是否和商的最后一项 b^{n-1} 与除式第二项 b 相乘后得到的 b^n 同号。

也就是说，商式的最后一项与除式的 b 相乘得到的 b^n 这一项的符号若为"$+$"，那么，被除式落下来的 b^n 减去它时，得到的差为零，最后余式为零，实现整除。

如果商式的最后一项与除式第二项 b 相乘得到的 b^n 这一项的符号为"$-$"（即得到 $-b^n$），那么，被除式落下来的 b^n 减去它时，差为 $+2b^n$，最后余式为 $+2b^n$，不能实现整除。

导致出现这两种不同情况的原因，又在哪里呢？

从下而上，顺势挖掘，关键是第 $n-1$ 余式的第一项（加着重点的那一项）ab^{n-1} 这一项的符号。

如果第 $n-1$ 余式的第一项的符号是"$+$"，那么除得的商式的最后一项为 $+b^{n-1}$，导致它与除式的 b 相乘后得到"$+b^n$"，实现整除。

如果第 $n-1$ 余式的第一项 ab^{n-1} 的符号是"$-$"，那么，除得的商式的最后一项为

"$-b^{n-1}$"，导致它与除式的 b 相乘后得"$-b^n$"，不能实现整除。

这样，问题就归结到，第 $n-1$ 余式的第一项 ab^{n-1} 的符号又是由谁决定的呢？

火借风势，再往上找。

由于除式的第二项是"$+b$"，所以上述第 $n-1$ 余式的第一项的符号，是由商式的倒数第二项的符号决定的。当商式的倒数第二项符号为"$-$"时，使得第 $n-1$ 余式的第一项符号为"$+$"实现整除；而当商式倒数第二项的符号为"$+$"时，使得第 $n-1$ 余式第一项的符号为"$-$"，不能实现整除。

而商式倒数第二项的符号，又是怎么决定的呢？

由于累次"试商""乘以除式""相减得余式"的过程，可以证明，商式是一个 $n-1$ 次的 n 项齐次多项式。它的第一项 a^{n-1} 的符号为"$+$"，往下"$+$""$-$"相间。

证明如下：

$$
\begin{array}{r}
a^{n-1}-a^{n-2}b+a^{n-3}b^2-\cdots \\
a+b \overline{\smash{\big)}\,a^n\ +\ 0\ +\ 0} \\
\underline{a^n\ +a^{n-1}b} \\
-a^{n-1}b+0 \\
\underline{-a^{n-1}b-\ a^{n-2}b^2} \\
a^{n-2}b^2+0 \\
\vdots
\end{array}
$$

第一余式
第二余式

由于 $a^n \div a = a^{n-1}$，所以试商后，商式的第一项为"$+a^{n-1}$"。由于 $a^{n-1} \cdot b$ 得 $a^{n-1}b$，所以"0"减去它之后，得到的第一余式前项为"$-a^{n-1}b$"。当再用除式第1项"a"去除它试商时，得商式第二项为"$-a^{n-2}b$"，那么用它和除式第二项"b"相乘后，得"$-a^{n-2}b^2$"，再用"0"减去它后，得到第二余式前项为"$+a^{n-2}b^2$"。这样，再试商时，从符号上，将重复前两次试商的过程，而循环往复下去，形成的商式的符号规律是

$$\underbrace{+a^{n-1}-a^{n-2}b+a^{n-3}b^2-a^{n-4}b^3+\cdots+(-1)^{n-1}b^{n-1}}_{\text{共}n\text{项}}$$

当 n 为奇数时，它是 $-ab^{n-2}$，商式倒数第二项为 $(-1)^{n-2}ab^{n-2}$，最后一项为 $+b^{n-1}$，那么

$$
\begin{array}{r}
a^{n-1}-a^{n-2}b+\cdots-ab^{n-2}\ +b^{n-1} \\
a+b \overline{\smash{\big)}\,a^n+\ 0\ +\ \cdots+0\ +\ 0\ +b^n} \\
\underline{a^n+a^{n-1}b} \\
\vdots \\
\underline{-a^2b^{n-2}+0} \\
\underline{-a^2b^{n-2}-ab^{n-1}} \\
+ab^{n-1}+b^n \\
\underline{ab^{n-1}+b^n} \\
0
\end{array}
$$

第 $n-2$ 余式

第 $n-1$ 余式

实现整除。

当 n 为偶数时，商式倒数第二项为 $+ab^{n-2}$，最后一项为 $-b^{n-1}$，那么

$$\require{enclose}
\begin{array}{r}
a^{n-1}-a^{n-2}b+\cdots+ab^{n-2}\quad -b^{n-1} \\
a+b \enclose{longdiv}{a^n\ +\ 0\ +\cdots+0\ +\ 0\ +b^n}
\end{array}$$

$$a^n\ +a^{n-1}b$$

$$\cdots$$

$$+a^2b^{n-2}+0$$
$$a^2b^{n-2}+ab^{n-1}\qquad\text{第}\ n-2\ \text{余式}$$

$$-ab^{n-1}+b^n$$
$$-ab^{n-1}-b^n\qquad\text{第}\ n-1\ \text{余式}$$

$$+2b^n$$

不能实现整除。

证毕。

对于（2）：

由于我们前面对竖式除法的符号规律已经有了深入的了解，已经不再需要从设数开始来做列举试验了。

由于 a^n-b^n 除以的是 $a-b$，这使得商式的每一项的符号都为"$+$"，那么商式最后一项为 $+b^{n-1}$，它与除式第二项（是指第 $n-1$ 余式的第二项）"$-b^n$"减去它后，得"0"，即最后余式（第 n 余式）为"0"，实现整除。

$$\begin{array}{r}
a^{n-1}\ +a^{n-2}b+a^{n-3}b^2+\cdots+ab^{n-2}\ +b^{n-1} \\
a-b \enclose{longdiv}{a^n+0\ +\ 0\ +0\quad\ +\cdots+0+0\ -b^n}
\end{array}$$

$$a^n-a^{n-1}b$$
$$+a^{n-1}b+0$$
$$+a^{n-1}b-a^{n-2}b^2$$
$$+a^{n-2}b^2+0$$
$$+a^{n-2}b^2-a^{n-3}b^3$$

$$\vdots$$

$$+a^2b^{n-2}+0$$
$$+a^2b^{n-2}-ab^{n-1}\qquad\text{第}\ n-2\ \text{余式}$$
$$+ab^{n-1}-b^n$$
$$+ab^{n-1}-b^n\qquad\text{第}\ n-1\ \text{余式}$$
$$0\qquad\text{第}\ n\ \text{余式}$$

课题研究，至此圆满完成。

这道例题，在数学上，是已经定论的问题。对于初一学生来说，它是在课本及大纲之外的"高难度"问题。但我们从上面可以看到，整个研究，除了应用课本上的多项式除法的竖式方法（它只不过是小学竖式除法的略加延伸）之外，不需要任何其他知识，就圆满完成了。

更重要的是，一名初一的学生，在这个研究问题中，得到了什么？

（1）把抽象问题具体化的思考方法（见上面思考的第 1 步）；

（2）从特殊到一般的研究方法（见上面思考的第 1 步→第 2 步）；

（3）养成寻找规律的习惯（仍见上面思考的第 2 步）；

（4）培养深入的观察能力，尽快深入本质，抓关键（见上面思考的第 3 步）；

（5）培养思维的条理能力（见上面思考的第 3 步）；

(6) 善于运用已经得到的进展［对于题目（2）的解决］。

仅就以上几点，它对于提高一个孩子的能力和培养其正确的思想方法，是何等的重要？！

（二）第二个实例：孙兴所研究的课题，是还不曾见到有人发现的

下面这篇论文，在 1993 年北京市中学生论文比赛中获奖，全文转录如下。

我的发现：用"平面几何"的相交弦定理证明高中代数中的"平均数不等式"，并引申它的结论。

北京市二十二中学　初二（1）　　　　　　孙兴

1992·12

1. 一堂课上及课下发生的事

上个月一堂平面几何课上，学习相交弦定理（我们班进度快，现在即将讲完初中全部代数、几何，并且学过了某些高中数学内容，如充分必要条件、平均数不等式等）："过⊙O 内的一点 P 的各条弦，被点 P 所分成的两部分的乘积相等。"当然，它等于过点 P 的直径 AB 被 P 分成的两部分（AP、BP）的乘积，如图 5-12 所示。

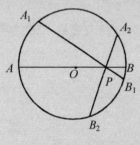

图 5-12

于是，在定圆⊙O 内，这个乘积就成为点 P 的位置的一个性质了。

老师问："P 在什么位置时，这个乘积最大？"

"当 P 点和圆心重合时。"全班众口一致。

"为什么呢？"老师又问。

班上大多数同学都回答说：当 AP 通过圆心时，由于 AP 与 BP 的和 2R（R 是⊙O 的半径）是定值，根据平均数不等式 $ab \leq \left(\dfrac{a+b}{2}\right)^2$，当且仅当 AP 与 BP 相等时，乘积最大。

老师表扬了回答正确的同学，不点名地批评了我。因为我没有举手表示自己也这样想。

我怎么想的呢？

我过 P 点作了和直径 AB 垂直的弦 $A'B'$，如图 5-13 所示。由垂径定理，$B'P$ 是弦 $A'B'$ 的一半，于是 $AP \cdot BP = B'P^2$。当 P 和圆心重合时，$B'P$ 为半径，是圆内最大的弦（直径）的一半。当然，此时 OB' 大于一切不是半径的 $B'P$ 了。所以，$AP \cdot BP$ 的最大值是 R^2。这时，$AP = BP = \dfrac{AP+BP}{2}$，并且，唯有这时，$AP \cdot BP$ 才最大。

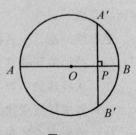

图 5-13

课后，老师听完我以上的说明后，表扬了我。

这时，老师问我："既然你和别的同学能用两种不同的知识，解释了同一个数学现象，那么，你应该有进一步的发现，是不是？"

听了老师这番话，我写出了下面的见解。

2. 用"相交弦定理"证明"平均数不等式"

平均数不等式：当 a、$b>0$ 时，

$\dfrac{a+b}{2} \geqslant \sqrt{ab}$，当且仅当 $a=b$ 时，"$=$"号成立。

在高中代数里，这个公式是由 $(a-b)^2 \geqslant 0$ 出发，用代数方法证明的。

下面，我用平面几何相交弦定理来证明它。

证法一

(1) 当 $a \neq b$ 时，以 $AB=a+b$ 为直径作 $\odot O$，如图 5-14 所示。

并且使 $AP=a$，$BP=b$。作弦 $C_1D_1 \perp AB$ 于点 P，作直径 $CD \perp AB$ 于点 O，根据垂径定理和相交弦定理，这时，

$$ab = D_1P^2 < OD^2 = \left(\dfrac{AB}{2}\right)^2 = \left(\dfrac{a+b}{2}\right)^2。$$

则 $\sqrt{ab} < \dfrac{a+b}{2}$ （因为 $a,b>0$），即 $\dfrac{a+b}{2} > \sqrt{ab}$。

(2) 当 $a=b$ 时，这时，P 点与圆心 O 重合，与 (1) 同理，有

$$ab = OD^2 = \left(\dfrac{AB}{2}\right)^2 = \left(\dfrac{a+b}{2}\right)^2。$$

得到 $\dfrac{a+b}{2} = \sqrt{ab}$ （因为 $a,b>0$）。

综合 (1) 和 (2)，公式证毕。

证法二

(1) 当 $a \neq b$ 时，记 $d=OP=\dfrac{|AB-BP|}{2} \neq 0$，如图 5-15 所示。

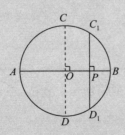

图 5-14

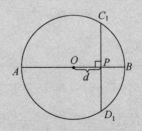

图 5-15

由 $ab = AP \cdot BP$
$= (R+d)(R-d)$
$= R^2 - d^2$
$< R^2 = \left(\dfrac{a+b}{2}\right)^2$,

得到 $\sqrt{ab} < \dfrac{a+b}{2}$ （因为 $a, b > 0$）。

(2) 当 $a = b$ 时，P 点和圆心 O 重合，

由 $ab = AO \cdot BO = R^2 = \left(\dfrac{a+b}{2}\right)^2$,

得到 $\sqrt{ab} = \dfrac{a+b}{2}$（因为 a、$b > 0$）。

综合（1）和（2），公式证毕。

3. 对平均数不等式的两个引申

在高中代数中，用 $(a-b)^2 \geqslant 0$，推导出的平均数不等式是：

仅当 $a = b$ 时，$\dfrac{a+b}{2} = \sqrt{ab}$，

当 $a \neq b$ 时，$\dfrac{a+b}{2} > \sqrt{ab}$。

但并没有指出，当 $a \neq b$ 时，对于"和为定值"的一组 a、b 值，它们各自的 $\sqrt{ab}$ 与 $\dfrac{a+b}{2}$ 的差额大小是否相同。若相同，为什么？若不相同，由谁决定？

也没有指出，对于"和为定值"的全部 a、b 取值，是否使 $\sqrt{ab}$ 布满了从 0（不包括 0）到 $\dfrac{a+b}{2}$ 的整段数轴。

而用我对于"平均数不等式"的两个证明，却不难解决这两个问题。

（1）第一个引申

> **引申**：对于任何一组"和为定值"的正数 a、b，$\sqrt{ab}$ 与 $\dfrac{a+b}{2}$ 的差额随 $|a-b|$ 的减小而减小。

当 $|a-b|$ 减小时，即 a、b 差额减小时，$a \cdot b$ 的值增大，直至 $a - b = 0$。即当 $a = b$ 时，$a \cdot b$ 的值最大，为 $\left(\dfrac{a+b}{2}\right)^2$。

又因为 a、$b > 0$，所以当 $|a-b|$ 减少时，$\sqrt{ab}$ 的值也增大，直至 $a - b = 0$ 时，$\sqrt{ab}$ 的值最大，为 $\dfrac{a+b}{2}$。

也就是说，对于"和为定值"的一组 a、b 值，$\sqrt{ab}$ 和 $\dfrac{a+b}{2}$ 的差额不是固定的，是随 a、b 间差额的减小而减小。

证法一

对于"和为定值 $2R$"的一组 a、b 值，在图 5-14 中：

当 $|a-b|$ 变小时，P 向圆心 O 运动，半弦 D_1P 增大，于是 $a \cdot b = D_1P^2$ 增大。又因为 a、$b > 0$，所以 $a \cdot b$ 增大 $\Rightarrow \sqrt{a \cdot b}$ 增大。而 $\sqrt{ab}$ 的最大值是定值 $\dfrac{a+b}{2}$，故这时 $\sqrt{ab}$ 与 $\dfrac{a+b}{2}$ 的差额 $\dfrac{a+b}{2} - \sqrt{ab}$ 在减小。

证法二

对于"和为定值 $2R$"的一组 a、b，在图 5-15 中，$|a-b| = |(R+d) - (R-d)| = 2d$。

当 $|a-b|$ 减小时，$2d$ 减小 $\Rightarrow d$ 减小 $\Rightarrow a \cdot b = (R+d)(R-d) = R^2 - d^2$ 便增大。直到 $a = b$ 时，$2d = 0 \Rightarrow d = 0$。

那么，$ab = R^2 - d^2 = R^2$ 便最大。

也就是说，随着 $|a-b|$ 的减小，ab 与 R^2 即 $\left(\dfrac{a+b}{2}\right)^2$ 的差额也减小，又因为 a、$b > 0$，所以 $\sqrt{ab}$ 与 $R = \dfrac{a+b}{2}$ 的差额减小。

(2) 第二个引申

> **引申**："和为定值"时的全部各组 a、b 取值，使 $\sqrt{ab}$ 布满了从零（不包括零）到（包括等于）$\dfrac{a+b}{2}$ 的整段数轴。

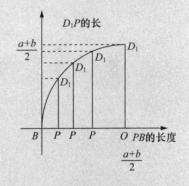

图 5-16

证 明

在图 5-14 上，$D_1P = \sqrt{ab}$，而 D_1P 的值布满从 0 到 $\dfrac{a+b}{2}$ $\left(\dfrac{a+b}{2}\right.$ 是半径 R 的长度 $\left.\right)$ 的每个实数值（当点 P 从点 B 移向圆心 O 的过程中），如图 5-16 所示。

也就是说，$\sqrt{ab}$ 布满了从 0 到 $\dfrac{a+b}{2}$ 的整段数轴。

用平面几何证明"平均数不等式"，并对"平均数不等式"提出两个引申，不但在高中课本上没有，而且，我还没在哪本读物上看到过。本文提出了两个证法，构思都比较巧妙。两个引申，特别是第二个引申，用来解决某些问题，有一定价值。

孙兴是我的儿子,也在我们班,上初一时学习不太好。后来得到语文李锦文老师和英语韩春英老师等各位老师的帮助和鼓励,上初二后,有了进步。1997年高考时,他在北京大学数学系通过高考所录取的北京考生中排名第二。这篇文章的成功,对孙兴后来的志愿和学习上的进步,起到了增强信心和鼓舞的作用。

(三) 第三个实例:彭壮壮的获奖论文

近十几年来,我的三轮班的同学,有30篇左右的文章在刊物上公开发表或获奖。其中最突出的,是彭壮壮同学。这是我要举的第三个实例,他所研究的,是还未曾有人考虑过得很高层次的课题。

彭壮壮同学是我第二轮班的学生,他的祖父是彭咏梧,祖母是江竹筠(江姐)烈士。

1990年年底,彭壮壮同学去美国探亲。1992年2月,他以一篇数学论文 ON SOLVING FRACTIONS REPRESENTED BY P-ADIC- INTEGERS 及三轮答辩,一举获得美国西屋科学奖。彭壮壮同学获奖这件事轰动美国,美国十几家刊物发消息,登照片。我国《参考消息》《科技日报》也做过报道。之后,哈佛大学、斯坦福大学、普林斯顿大学、麻省理工学院都邀请他入学。最后,他选择了哈佛大学,他是至今为止,唯一获此奖项的中国中学生。

醉翁之意不在酒,中学生特别是初中就开始进行问题研究、练习写论文,他们的收获并不是成果本身,更不是获奖,而是它对学生水平发展以及解决实际问题的能力和创新精神、创新能力起到的作用。

第六章 有效提高解题水平的捷径

如果读者是学生，在打开本书的目录后，我想很多人会直奔本章而来，因为，几乎每位同学，都太渴望了解本章内容了。

多少人纵身题海，日夜挣扎，到头来呢？收效甚微，难道你孙维刚真有什么高招吗？

有！我不敢说是高招，但我们这里，探索了一条有效提高解题水平的捷径。

我称我们的方法是捷径，确切些说，是正路，是阳关大道。

因为我们不搞题海战术，中学 6 年我没给学生留过书面家庭作业（上高三以后，每周留一篇卷子，不收，只在课上分析），学生们每天睡眠 9 小时左右。我们也不搞猜题、押题。而在中考、高考及全国高中数学联赛中，学生们却取得了极其优异的成绩。所以我认为我们这里有一条有效地提高解题能力和水平的捷径。

我们的捷径是什么？

有句俗语："工欲善其事，必先利其器。"

强劲的解题能力，必须具备"利器"。我们的"利器"是什么？是强大的头脑和如云的"强将"（这是比喻全面扎实的知识）。

本书从第一篇第一章开始，一直到行文至此，全部都是致力于对以上两件武器进行磨砺的，请同学们一定认真读好。

在这个基础上，我帮同学们在解题上如虎添翼。

第一节 走走停停

一道题目做出来后，不要如释重负——可把它拿下来了，赶快做下一道吧。

因为，能把一道题目做出来，必定是思考上符合了科学规律。当然，有些是自觉的，有些是不自觉的，甚至歪打正着——瞎碰出来的。

这时，需要停下来，回首刚刚走过的道路，进行分析、总结、吸收营养、吸取教训。只有让自己提高了以后，才能以强大的精神状态，投入新的战斗——做下一道题。

当然，这个停下来回首的时间，根据情况，有时多一些，有时短一些，也有时可以是几道类似的题目之后合并进行。但一定要进行！

这就是走走停停。

停一停来回首，回首什么呢？

第二节　回首的目的是有所发现，有所发明，有所创造，继而有所前进

（一）停下来是为了进行回首，但回首不是目的

回首的目的是有所发现，有所发明，有所创造，继而有所前进。怎样的回首，才能起到这种作用呢？

第1步，看看这道题自己是怎么解出来的？完成解法的关键性步骤是哪些？

第2步，回忆自己是怎么想出来的？

第3步，看看是不是还可以有其他的方法，并一一完成它们。（一题多解）

第4步，比较不同的解法，挖掘它们的共同本质。（多解归一）

第5步，作为第4步挖掘出来的这个"共同本质"，以前是否总结过？如果有，那么"存档"，这是普适性的思考方法；如果没有，也"存档"，是"预备档"，看看以后它是否又"冒出水面"，若如是，则可转正，存"正式档"（多题归一）。

概括起来，就是一题多解，多解归一，多题归一。

在本书第一篇第一章第五节中，我已经进行了阐释。下面，再做补充。

在第一篇第一章第五节，一共举了三个例子。

第1个例子，是证明"三角形内角平分线性质定理"。在那里，表现了面目迥异的8种解法，和由此进行总结，得到了证明4条线做成比例的一般方法。

第2个例子，用一道排列组合的应用问题，阐释多解归一，说明不同解法深入下去后的本质是共同的，最后都归到同一个解法（所有元素的全排列）上了。

第3个例子，用一组题目（从例1-8至例1-10）进行多题归一，得到了一个很有用的思考规律："当一道题目的已知条件中同时出现了角平分线和与这个角的一边平行的直线时，应首先把这时的图形内必定存在的等腰三角形挖出来，这往往是顺利达到目的的一座桥梁"。

但是，更多情况下，多解归一，并不要求得到一个形式归一的公共解，而是指不同解法在思考上的共同之处。

为此，举下面的例子。这道题目比较精彩，不落俗套。同时，我又借此机会从一个方面介绍反证法的一个基本思考方法。因此，请同学们认真地读，最好是看完题目的已知、结论后，不要看我的分析和解法，自己先想出来答案再来读。

【例 6-1】 如果在四边形中有一点，过这点的每条直线都可以把四边形分成等积的两部分。

试分析这个四边形的形状。

这个题目清新处之一，是它很抽象，没给出确定的图形。

怎么办？

我们就从具体到抽象，从特殊到一般，举一个具体的例子。

正方形？可以。矩形？可以。菱形？可以。平行四边形？可以。梯形？则不可以了。

于是，我们就从平行四边形入手，能不能证明它是且仅是平行四边形呢？

那么，就试试证明它的对边平行。

经过这一番思考，问题就不再抽象了（这番思考，称作弄通情景）。

已知：如图 6-1 所示，在四边形 $ABCD$ 中，点 M_1、M_2 在 BC 上，点 N_1、N_2 在 AD 上，M_1N_1 交 M_2N_2 于点 O。M_1N_1 和 M_2N_2 都把四边形 $ABCD$ 分成等积的两部分。

求证：四边形 $ABCD$ 是平行四边形。

分 析

我们曾有这样一条总结过的思考规律：**如果两个等积图形重叠了一部分 S，那么它们各自剩余的部分 R 与 T 的面积相等**，如图 6-2 所示。

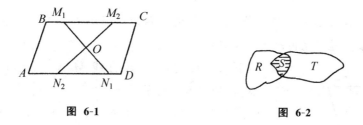

图 6-1　　　　　　　　图 6-2

这样，因为

$$S_{四边形 ABM_1N_1} = \frac{1}{2} S_{四边形 ABCD} = S_{四边形 ABM_2N_2}，$$

所以　$S_{\triangle M_1OM_2} = S_{\triangle N_1ON_2}$。

因为　$S_{\triangle M_1OM_2} = \frac{1}{2} M_1O \cdot M_2O \cdot \sin\angle M_1OM_2$，

$S_{\triangle N_1ON_2} = \frac{1}{2} N_1O \cdot N_2O \cdot \sin\angle N_1ON_2$，

所以　$\frac{1}{2} M_1O \cdot M_2O \cdot \sin\angle M_1OM_2 = \frac{1}{2} N_1O \cdot N_2O \cdot \sin\angle N_1ON_2 \Rightarrow$

$M_1O \cdot M_2O = N_1O \cdot N_2O \Rightarrow \dfrac{M_1O}{N_1O} = \dfrac{N_2O}{M_2O}$。

此时，令我们失望了，因为，一路顺畅地过来，在 $\triangle M_1OM_2$ 和 $\triangle N_1ON_2$ 中，已经有了一组对顶角相等，只要再有夹这个角的两边成比例，则 $\triangle M_1OM_2 \backsim \triangle N_1ON_2$，即有 $\angle M_1M_2O = \angle N_1N_2O$，于是 $BC // AD$。

但偏偏天公不作美，得到的比例式，不是 $\dfrac{M_1O}{N_1O} = \dfrac{M_2O}{N_2O}$，而是 $\dfrac{M_1O}{N_1O} = \dfrac{N_2O}{M_2O}$。细细检查推导步骤，并没发现写错什么。

（二）怎么办？做数学题（无论代数还是几何），当用顺证法遇到困难时，可试试反证法

我们可以这样来思考：如果结论成立（四边形 $ABCD$ 是平行四边形），那么，只要 $\triangle M_1OM_2 \cong \triangle N_1ON_2$，此时只要 $M_1O = N_1O, M_2O = N_2O$ 即可。

由于，从面积的已知条件出发，上面已经推出了 $M_1O \cdot M_2O = N_1O \cdot N_2O$。这时，如果 $M_1O \neq N_1O$（不妨设 M_1O 较大），那么，可以用 M_2O 小、N_2O 大来调整，没有矛盾，反证法也不能完成证明。

接下来又怎么办？

我们曾总结过这样一条规律：**当一道题目的思考进展一筹莫展或胜利在望时，宜去看看有无未用上的已知条件或虽用上但用得不够充分的已知条件；若有，则对它在思考中"因人设事"（即想方设法把它用进去）。**

本题的已知条件很少（只有等分四边形的面积这一个已知条件），但我们用得充分吗？

我们知道，过 O 点的"每一条直线"都能把四边形 $ABCD$ 分成等积的两部分，而我们仅仅用了两条，是不是再画上一条试试？

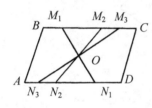

图 6-3

接下来，我们过 O 作直线 M_3N_3，分别交 BC、AD 于 M_3、N_3，如图 6-3 所示。

继续上面的分析，通过 $S_{\triangle M_1OM_2} = S_{\triangle N_1ON_2}$ 并且假设 $M_1O > N_1O$，得到 $M_2O < N_2O$。

同理，通过 $S_{\triangle M_1OM_3} = S_{\triangle N_1ON_3}$ 并且假设 $M_1O > N_1O$，得到 $M_3O < N_3O$，那么，$M_2O \cdot M_3O < N_2O \cdot N_3O$。

因为 $\dfrac{1}{2}M_2O \cdot M_3O \cdot \sin\angle M_2OM_3 = \dfrac{1}{2}N_2O \cdot N_3O \cdot \sin\angle N_2ON_3$，

所以 $S_{\triangle M_2OM_3} < S_{\triangle N_2ON_3}$。

这与可证 $S_{\triangle M_2OM_3} = S_{\triangle N_2ON_3}$ 矛盾，因此假设 $M_1O > N_1O$ 是错误的。

类似地，假设 $M_1O < N_1O$ 也是错误的，那么，$M_1O = N_1O$。

代入 $\dfrac{1}{2}M_1O \cdot M_2O \cdot \sin\angle M_1OM_2 = \dfrac{1}{2}N_1O \cdot N_2O \cdot \sin\angle N_1ON_2$，得 $M_2O = N_2O$。

得到 $\triangle M_1OM_2 \cong \triangle N_1ON_2$。

因而 $\angle M_1M_2O = \angle N_1N_2O \Rightarrow BC \parallel AD$。

同理，$AB \parallel CD \Rightarrow$ 四边形 $ABCD$ 是平行四边形。

证出来了，接下来该干什么了呢？

停一停，回头看看。

一波三折，我们靠什么证出了这道题目？——是反证法。但它又是怎么完成的呢？

其一，是关于等积的那条规律，得到了 $S_{\triangle M_1OM_2} = S_{\triangle N_1ON_2}$，$S_{\triangle M_1OM_3} = S_{\triangle N_1ON_3}$，$S_{\triangle M_2OM_3} = S_{\triangle N_2ON_3}$。

其二，是应用了三角形面积公式 $S_\triangle = \frac{1}{2}ab\sin C$。

其三，恐怕也是最重要的（即使前两条都用上了，我们仍处于"望断天涯路"的困境中），即画了第三条过 O 点的直线 M_3N_3。

这是不是关键一笔呢？

返回来看我们一开始选择的欲通过证相似实现目标的顺证法。上面说的"其一"和"其二"的内容是都用上了，但没证出来，那么，我们对它也用上"其三"，看看是不是也能走出困境。仍用图 6-3。

前面得到

$$\frac{M_1O}{N_1O} = \frac{N_2O}{M_2O}。 \qquad ①$$

同理，在等积的 $\triangle M_1OM_3$ 和 $\triangle N_1ON_3$ 中，可以得到

$$\frac{M_1O}{N_1O} = \frac{N_3O}{M_3O}。 \qquad ②$$

由①、②，显然有 $\dfrac{N_2O}{M_2O} = \dfrac{N_3O}{M_3O}$，

于是　　$\triangle M_2OM_3 \backsim \triangle N_2ON_3$，

所以　　$\angle M_2M_3O = \angle N_2N_3O$，

所以　　$BC \parallel AD$。

呀！简直太棒了！

困境走出来了，但令我们欢呼的，不在于走出困境，是我们看到了如此令人神怡的和谐。

相差万里的反证法和顺证法，相似推导和说理推导，竟都绕不过去 M_3N_3 这"一线牵"，没有它，"两家"都不能自拔；有了它，顿时都"天堑变通途"。这就是多解归一，是伟大的对称的又一种表现。

做出来后停一停，是不是应该总结、发现些什么了？

是的，今后再遇到"每一条直线"或任意一个点时，如果画出一条直线（或一个点）后仍未见效，那么再画出第二条（第二个点）。如果仍是如此，就再画出第三条（第三个点）……

当然，我们在上面的两种解法，都有欠严密之处。

同学们，你们发现了吗？在往下读我对"欠严密之处"的分析时，请你盖上书，看看你能不能发现这道题的解法哪里欠严密？这是我前面已屡屡阐释的读书方法；同时，也是测测自己的数学水平。

（三）欠严密之处在哪里呢

纰漏出在一开始做辅助线 M_1N_1、M_2N_2、M_3N_3 上，它们都过 O 点，并且都和一组对边 BC、AD 相交。

何以能保证这样的三条直线一定可以画出来呢？这是需要证明的！否则，后面的一

切都无效。

三年前，我给北京市数学奥校讲课，在当时高二年级的尖子班，我讲完这道题目后，指出了这个纰漏，问谁能证明这三条直线一定可以画出来。半小时之内，无人能证出来，最后只好我来讲了。

在 BC 上取极端位置。

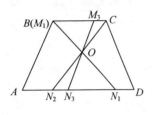

图 6-4

情况一，如图 6-4 所示。

延长 BO 及 CO，若都和 AD 相交，分别记为 N_1、N_2，那么 B 就是 M_1，C 就是 M_2，这时，在 $\angle BOC$（即 M_1OM_2）内部的线段 BC 上取一点 M_3。延长 M_3O 后，必在 $\angle BOC$ 的对顶角 $\angle N_1ON_2$ 的内部，则必与连接 $\angle N_1ON_2$ 的两边上各一点线段 N_1N_2 相交，记为 N_3，问题得证。

情况二，如图 6-5 所示。

延长 CO 交 AD 于 N_2，延长 BO 却不与 AD 相交，而是交 CD 于 P。

这可怎么办？运用"运动"的哲理观点再换个角度看问题嘛！

这时，把立脚点从 BC 边上的 B，转移到对边 AD 上的 D 点来。

连 DO 并延长之，则延长线必在 BP 的另一侧而与 BC 交于 M_1，那么，D 就是 N_1。这时，与情况一的推导同理，在 M_1C 上必能找到 M_3。

情况三，如图 6-6 所示。

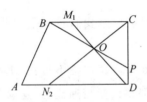

图 6-5

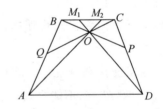

图 6-6

延长 BO 交 CD 于 P，延长 CO 交 AB 于 Q，两条延长线都不与 AD 相交。

这时，仍是换个角度来看，把立足点从 B、C 转移到 D、A 上，由于 D、A 都在 $\angle BOC$ 的对顶角 $\angle POQ$ 的内部，因此，分别连接 DO、AO 后并延长之，必与 $\angle POQ$ 的对顶角 $\angle BOC$ 内部的连接两边上各一点的线段 BC 相交。交点分别设为 M_1、M_2，而 D、A 则分别是 N_1、N_2，那么，与情况一的推导同理，在 M_1M_2 线段上，必能找到 M_3。

情况四，延长 BO 交 CD 于 P，延长 CO 也交 CD 于 Q，这怎么办？再换个角度来看。

这是不可能的，因为，根据两点（C、Q）间仅能引一条直线，COQ 就不可能是直线。

证明完成。

并不难嘛！关键是"运动"的哲理观点的威力。

对于这道题目的"停一停"，该结束了吧！

不，还应该有个小小的发现。

请注意，上面三种情况讨论的推导过程中，都没有涉及面积的条件。对于点 O 也没有特别的要求，这就是说，命题："过任意四边形内的任意一点，都可以引出三条（继而可以引申为无数条）直线，和任何一组对边相交"是一个正确的命题。

在对这道题多解归一的讨论中，我们有了一些的发现。

本节的标题是，"回首的目的是有所发现，有所发明，有所创造，继而有所前进"。

现在"有所发明，有所创造"了吗？

应当说，已经开始了，前面写出的，"今后再遇到'每一条'直线（或每一个点等）时，如果画出一条直线（或一个点等）后仍未见效，那么……"应该说就是"发明""创造"了。

但又很难说它们是"发明""创造"，因为太少了，而且没有条理化、系统化。

只有达到像本书第一篇第一章第五节中通过证明"三角形内角平分线性质定理"而归纳出的"证明 4 条线段成比例"的思考规律的样子，才可以认为，"发明""创造"渐显端倪了。

怎样才逐步达到"有所发明，有所创造"呢？

第三节　使"有所发明""有所创造"具体化

我的学生们说：平面几何，我们连课本上的题目都没有弄完（我们数学课不留作业，只是建议同学们回家后可以看看课本上的习题，复习题，而练习题则免看），练习册不买，课下几乎没见过课本以外的题目，但我们手中有孙老师的平面几何 12 个表（12 条规律，前面提到的证明"4 条线段成比例"的规律，就是其中规模较大的一条规律）、立体几何 10 个表，掌握了这些，无论是平面几何题还是立体几何题，都难不倒我们。

学生们的说法有些夸张。但对于不是怪题、特别难的题目，情况的确如此。这可以从我们在中考、高考、数学竞赛中的成绩中看出来。

事实上，不仅对于平面几何、立体几何，在代数和解析几何中，也是如此。

我有时对人说，我这里有 4 个"大规律"、15 个"中规律"、三四十个"小规律"，只要掌握运用娴熟了，那么从初一到高三，从代数到几何，就没有不会做的题目。

正因为如此，我们可以根本不进入题海中，又由于我们站在系统和哲理的高度学习，运筹帷幄、纵横驰骋，课程进度也大大加快。初一入学后，我同时讲代数与几何两门课程，但每周 6 节数学课并没有增加。由于我经常外出开会，实际每周上的数学课不到 6 节课，但我们只用了一年半的时间就学完初中数学的全部内容［1999 年 9 月入学的初一（9）班的学生，则是用一年的时间学完］，而且增加了许多内容。例如，反证法、充要条件、逻辑、初等数论、平均数不等式、排列组合等。在初三毕业前，我们基本学完高中数学（包括代数、立体几何和解析几何）；同时，我还补充了排序不等式、柯西不等式等高等数学的一些内容。1999 年 9 月入学的初一（9）班的学生，到 2000 年 12 月末，已学完了高一第二学期的代数和立体几何内容；到初二结束时，学生们已学完全部中学数学课程。

但是，掌握武器的是人。先进的武器，只有在训练有素、勇敢坚强的战士手中，才有巨大的杀敌作用。我们的解题思考规律是在一题多解、多解归一、多题归一的实践中总结出来的，是很宝贵的。但它们之所以能在我们班的学生参加的中考、高考、数学竞赛中发挥作用，如本章一开始就写下的那样，是因为我们全心致力的"事业"——造就一个强大的头脑，取得了进展。否则，如果这些条件不能灵活、适时地运用，那么它在一道题目中所能起到的作用就很有限了。

自 1981 年以来，来自北京各区县和全国各地到二十二中来听我讲课的教师，已有 1 万人以上。有很多教师听完课后，向我要"大规律、中规律、小规律"的表。因为他们在听课时看到了学生们表现出很高的解题能力，而他们一个个到黑板上讲题时，常常说自己是根据某某规律，因而采取某种构思……

我对这些教师说，这些规律，我们并不保密，这是在我们经历了很长一个时期的"实践→认识→再实践→再认识→再实践"过程之后才发挥作用的。同时，全身致力于提高自己的思维水平，造就一个强大的头脑，把通过实践、观察、发现、归纳规律，也作为造就一个强大头脑的一个方面。

（一）我们的四大规律是什么

同时，我毫无保留地把我们的 4 个大规律告诉这些教师们：

（1）深入进去，弄通情景；

（2）运动的哲理观点，包括"换个角度看问题是灵活性的本质"，这其中又包括顺推分析和逆推分析相结合；

（3）联想思维，包括善于把新课题归结到旧知识的基础上；

（4）广义对称思想。

我发现，每每这时，教师们常常有些失望，因为，这不像他们所期待的宝葫芦。对于第（4）条，他们更是一种惘然的表情。

于是，我赶紧解释，对于我们来说，第（4）条是最根本的，因为它不只能指导我们做题。

我这里所说的对称，不是指轴对轴、中心对称、对称方程、轮换对称式等，它们不过是对称的沧海之一粟。

我们说的对称是什么？

这方面，在本书第一篇第一章第三节和第二篇第四章中，已做了一些诠释。

但是，它也是解题思考的方法吗？

是的，而且处处皆是，步步有它。因为它就意味着合乎情理，是说的那个"该"字，思路就是要往那儿去发展嘛！

下面举一个小小的例子。

【例 6-2】 把 $a^3+b^3+c^3-3abc$ 在有理数范围内分解因式。

分　析

对于中学生，这道题目不太容易，因为用到的方法"借助余式定理"或"换元法"

或"待定系数法"等内容，都是在"教学大纲"之外的。

> **解法一**

用换元法。
$$a^3 + b^3 + c^3 - 3abc$$
$$= (a^3 + b^3) + c^3 - 3abc$$
$$= (a^3 + 3a^2b + 3ab^2 + b^3) + c^3 - 3a^2b - 3ab^2 - 3abc$$
$$= (a+b)^3 + c^3 - 3ab(a+b+c)$$
$$= [(a+b)+c][(a+b)^2 - (a+b)c + c^2] - 3ab(a+b+c)$$
$$= (a+b+c)(a^2 + 2ab + b^2 - ac - bc + c^2) - 3ab(a+b+c)$$
$$= (a+b+c)(a^2 + 2ab + b^2 - ac - bc + c^2 - 3ab)$$
$$= (a+b+c)(a^2 + b^2 + c^2 - ab - bc - ca)。$$

想出这个方法的关键，是第一步和第二步的构思，它是怎么形成的呢？

构思过程如下：

眼前是 $a^3 + b^3 + c^3$，这时想到公式
$$a^3 + b^3 = (a+b)(a^2 - ab + b^2)。$$

但现在存在 3 个立方项，自然想试试把其中的两个 a^3 和 b^3 "捏成"一个。

然而，把 $a^3 + b^3$ 捏成一个新的立方项，中间须添上 $3a^2b + 3ab^2$，那么，后面就要加上 $-3a^2b - 3ab^2$。这时注意到，原式的后面有一个 $-3abc$ 项，其系数恰好是"-3"，那么提取公因式 $-3ab$ 之后，得到 $(a+b+c)$ 恰好能与 $(a+b)^3 + c^3$ 分解出来的 $(a+b+c)$ 形成公因式，于是全题的因式分解得以实现。

从对称的思考出发，既然把 a^3 和 b^3 捏起来能完成这个多项式的因式分解，那么，把 b^3 和 c^3 捏起来，或者把 c^3 和 a^3 捏起来，也必定能完成这个因式分解。因为 a^3 和 b^3 和 c^3 的地位是平等的，它们是对称的。

> **解法二**

用裴蜀定理，先证明一个引理。

> 对于一个最高次项的系数是"$+1$"的关于某个字母的整系数多项式，用某个整数替换该字母后，如果多项式的值为 0，那么这个多项式必含有"该字母减去这个整数"这样一个因式，而且这个整数必定是该多项式的常数项的一个因数。

首先，举例解释一下这段叙述。

举例来说，把 $x = 2$ 代入多项式
$$x^3 - 9x^2 + 26x - 24$$
后，多项式的值为 0，那么，$x - 2$ 就是这个多项式的一个因式。

其次，下面说明一下这个引理的道理。

用 $x - a$ 去除多项式

后，可设得商式 $x^{n-1}+b_1x^{n-2}+\cdots+b_{n-2}x+b_{n-1}$ 和余式 b_n（它必然是 x 的零次式，即常数）。

那么有
$$x^n+a_1x^{n-1}+a_2x^{n-2}+\cdots+a_{n-1}x+a_n$$
$$=(x^{n-1}+b_1x^{n-2}+\cdots+b_{n-2}x+b_{n-1})(x-a)+b_n$$

把 $x=a$ 代入上式，右端 $=b_n$。

若此时左端为"0"，那么 $b_n=0$，这时有
$$x^n+a_1x^{n-1}+a_2x^{n-2}+\cdots+a_{n-1}x+a_n$$
$$=(x^{n-1}+b_1x^{n-2}+\cdots+b_{n-2}x+b_{n-1})(x-a)$$

即 $x-a$ 是多项式
$$x^n+a_1x^{n-1}+a_2x^{n-2}+\cdots+a_{n-1}x+a_n$$
的一个因式。

又根据多项式恒等定理，$a_n=-ab_{n-1}$，所以 a 是原多项式常项 a_n 的一个因数。

这样，便产生了对于关于某个字母的最高项系数为"+1"的整系数多项式在整数范围内因式分解的一个方法。如下，仍以多项式
$$x^3-9x^2+26x-24$$
的分解为例。

因为把 $x=2$ 代入后，多项式的值是 0，所以 $x-2$ 是多项式的一个因式，那么，另一个因式是谁呢？

可用多项式除法得到，即

$$\begin{array}{r} x^2-7x+12 \\ x-2\overline{\smash{)}x^3-9x^2+26x-24} \\ \underline{x^3-2x^2} \\ -7x^2+26x \\ \underline{-7x^2+14x} \\ 12x-24 \\ \underline{12x-24} \\ 0 \end{array}$$

商是 $x^2-7x+12$。

而 $x^2-7x+12=(x-3)(x-4)$。

于是 $x^3-9x^2+26x-24=(x-2)(x-3)(x-4)$。

当然，掌握综合除法知识的同学类似地完成此题时，过程可以简单一些。

这样，便存了对于本题（分解 $a^3+b^3+c^3-3abc$）的又一个解法。

解法三

把多项式
$$a^3+b^3+c^3-3abc$$
看作是关于 a 的多项式
$$a^3-3bc\cdot a+(b^3+c^3)。$$

把常数项 b^3+c^3 分解为
$$b^3+c^3=(b+c)(b^2-bc+c^2),$$
得到 b^3+c^3 的因子为 1、$(b+c)$、(b^2-bc+c^2)、(b^3+c^3)、-1、$-(b+c)$、$-(b^2-bc+c^2)$、$-(b^3+c^3)$，把它们一一代入原多项式[事实上，用广义对称思想武装了的人，唯一的选择是 $-(b+c)$，因为只在此时，a、b、c 才是平等的、对称的]。

当 $a=-(b+c)$ 时，
$$a^3-3bc\cdot a+(b^3+c^3)$$
$$=[-(b+c)]^3-3bc[-(b+c)]+(b^3+c^3)$$
$$=-(b^3+3b^2c+3bc^2+c^3)+3b^2c+3bc^2+b^3+c^3$$
$$=0。$$

则 $\{a-[-(b+c)]\}=(a+b+c)$ 是原多项式的一个因式，另外一个因式则是下列多项式作法所得到的商式

$$\begin{array}{r} a^2\quad -(b+c)a\quad +(b^2-bc+c^2)\\ a+(b+c)\overline{\smash{\big)}a^3+0\quad -3bc\cdot a\quad +b^3+c^3}\\ \underline{a^3+(b+c)a^2\quad\quad\quad\quad}\\ -(b+c)a^2-3bc\cdot a\quad\quad\quad\\ \underline{-(b+c)a^2-(b^2+2bc+c^2)a\quad\quad}\\ (b^2-bc+c^2)a+b^3+c^3\\ \underline{(b^2+bc+c^2)a+b^3+c^3}\\ 0 \end{array}$$

把商式整理，得
$$a^2-(b+c)a+(b^2-bc+c^2)$$
$$=a^2+b^2+c^2-ab-bc-ca。$$

故 $a^3+b^3+c^3-3abc=(a+b+c)(a^2+b^2+c^2-ab-bc-ca)$ 分解完成。

这道题，也可以用待定系数法或其他的方法来分解。

可是，如果用对称思想来分析，什么方法都无须用，三想两想，题目就做出来了，如下。

分析

如果三次齐次式 $a^3+b^3+c^3-3abc$ 可以分解，那么两个因式应是 1 个一次齐次式、1 个二次齐次式，或者 3 个一次齐次式。由于这 3 个一次式中的任意两个乘起来得 1 个二次式，所以可以认为，若原式能分解，必定是 1 个一次式与 1 个二次式相乘的形式，形如
（　　　　　）（　　　　　　　）

这里第一个括号内是一次式，它应该什么样子呢？

由于从原式可以看出 a、b、c 是对称的，那么在第一个括号内，a、b、c 应该是对称的，即都要出现。系数亦相同，若不是"+1"，提出去后，系数都是"+1"，即第 1 个括号内应是 $a+b+c$。

从还原的角度看，第二个括号内，应该有"$+a^2$"，而 a、b、c 是对称的，那么应该同时有"$+b^2$""$+c^2$"，这时，第二个括号内就出现了

$$a^2+b^2+c^2。$$

从还原的角度看，出不来$-3abc$的"$-$"号，因此第二个括号的前三项之后，应出现负项。先考虑这"负项"是二次项，写出了"$-ab$"，那么，由于a、b、c的对称性，必须还有"$-bc$"及"$-ca$"，这样便得到了

$$(a+b+c)(a^2+b^2+c^2-ab-bc-ca)。$$

对不对呢？把它乘开，能还原回去，说明分解正确！所以有

$$a^3+b^3+c^3-3abc$$
$$=(a+b+c)(a^2+b^2+c^2-ab-bc-ca)。$$

当然，在分析时，把$a^3+b^3+c^3-3abc$猜想为$(a+b+c)(a^2+b^2+c^2-mab-mbc-mca)$，或为$(a+b)(b+c)(c+a)$，或为$(a+b-c)(b+c-a)(c+a-b)$等也是不违背对称思想的，但它们都不能还原回去，故不可取。这里灵活地运用"还原"做判断，又是运用了"换个角度看问题"的思想。

运用对称观点指导解题思考，正本清源，此例不过是牛刀小试。

（二）运用哲学思想，高屋建瓴，势如破竹

下面再举一个大些的例子。

【例 6-3】 一个四面体有两条高线相交，证明它的另两条高线也相交。

分 析

这道题目很难，因为已知条件太弱了，而要达到遥远的结论，可谓"路漫漫其修远兮"。有的学生，由于思考的盲目性，以为这4条高线应该交于一点，选择了去证明"后两条高线过前两条高线的交点"这条绝路。

如果用广义对称的思想指导自己思考，因为前两条高线相交，后两条高线也要相交，那么这两组高线在地位上是对称的。于是，我们从前两条高线相交这个条件出发，展开推理，发展这个条件，只要前进到连接已知条件和结论条件道路的一半时，就大功告成了。由于对称性，后一半只要仿照前一半就走过去了，眼下的工作，或者说关键，就是注意寻找这个"道路的中点"。

【证明】

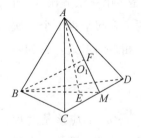

图 6-7

依已知条件画图，如图 6-7 所示。

在四面体 $ABCD$ 中，$AE \perp$ 平面 BCD 于 E，$BF \perp$ 平面 ACD 于 F，$AE \cap BF = O_1$。

要证明的是，过 C 向平面 ABD 作的垂线段 CG，与过 D 向平面 ABC 作的垂线段 DH 相交。

由于 AE 与 BF 相交，那么，AE、BF、AB 就决定了一个平面，这个平面与平面 ACD 有交线 AF，与平面 BCD 有交线 BE。

在平面 ACD 上，AF 应与 CD 相交（因为 F 是 $\triangle ACD$ 内一点），设交于 M，那么 M 就是平面 ABO_1 与平面 BCD 的公共点。根据公理二，BEM 在一条直线上，即 AF 与 BE 交于 CD 上一点 M。

由 $AE\perp$ 平面 BCD 于 E，有 $AE\perp CD$；

由 $BF\perp$ 平面 ACD 于 F，有 $BF\perp CD$。

于是，$CD\perp$ 平面 ABO_1，因而 $CD\perp AB$，即 $AB\perp CD$。

好了，道路的"中点"找到了！

"中点"就在 $CD\perp AB$ 和 $AB\perp CD$ 这两个事实之间。

因为 AB 是连接前两条高线的出发点的棱，所以它被它所对的棱 CD 垂直了。而对于后两条高线，恰好对称过来，CD 是连接这两条高线的出发点的棱，AB 是它所对的棱。

既然 $AE\cap BF=O_1$ 能走出 $CD\perp AB$ 来，那么对称地，从 $AB\perp CD$，就应能够走出 $CG\cap DH=O_2$ 来（CG、DH 是另两条高线）。

而且，前面走出 $CD\perp AB$ 这个结论的前一步是 $CD\perp$ 平面 ABO_1，那么，现在从 $AB\perp CD$ 出发的第一步，应是致力于去证明 $AB\perp$ 平面 CDG 或 $AB\perp$ 平面 CDH。

再往下，就更如履平地了。

承前面的证明，如图 6-8 所示。

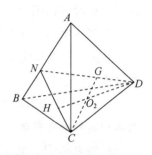

图 6-8

这里，$CG\perp$ 平面 ABD 于 G，$DH\perp$ 平面 ABC 于 H，$CH\cap AB=N$，DN 是平面 DCN 和平面 ABD 的交线（现在，尚未证明 G 点在 DN 上）。

我们的第一个目标，是证明 $AB\perp$ 平面 DCN，即 $AB\perp$ 平面 CDH。

因为　$DH\perp$ 平面 ABC，

所以　$DH\perp AB$，即 $AB\perp DH$。

又由于已证明　$AB\perp CD$，

所以　$AB\perp$ 平面 DCN（第一个目标实现了！），

所以　平面 $ABD\perp$ 平面 DCN。

而 $CG\perp$ 平面 ABD 于 G（已知），

所以　$CG\subset$ 平面 DCN（如果两个平面互相垂直，经过一个平面内一点与另一个平面垂直的直线在这个平面内）。

因为　点 G 在平面 ABD 与平面 DCN 的交线 DN 上，并且 $CG\perp DN$。

又因为　$DH\perp$ 平面 $ABC\Rightarrow DH\perp CN$。

所以　在 $\triangle DCN$ 中，它的两条高线 CG 与 DH 必定相交于一点，记为 O_2。

就这样，一道难以下手、前途渺茫的题目，在广义对称思想的指导下，水到渠成地被"摘"下来了。

运用哲学思想，高屋建瓴，势如破竹。

事实上，上面举的例子，仍远远不能全面地反映哲理的巨大指导作用，因为，它的巨大作用，是它和知识与思考融为一体，如春雨落地，"润物细无声"。

运用"运动"管理观点的一种表现形式"换个角度看问题"使解题思考别开生面、豁然开朗的例子,本书也介绍了一些。但终究篇幅所限,书不尽言。

为了指导同学们的学习,本书宗旨是从原则的高度建立观点、纲目、轮廓。

我总结的这些规律,不会是唯一的,仍须不断完善、提炼和升华。

但了解了它们,是不是将使自己的解题水平今非昔比,有所前进呢?

这又受到本章第四节要说明的一个问题的影响,而且是密切影响。

第四节　剑在磨砺中锋利

一支好箭拿在手中搓来搓去,不停地称赞"好箭,好箭",但并不把它射出去,再好的箭,也没任何用处。

宝剑在磨砺中才会日益锋利。

在第三节我写道,我们的规律,经历了"实践→认识→再实践→再认识→再实践"的过程,使它具备了能够指导实践的水平。

（一）一定要时时用规律来指导实践,才能使自己深刻地掌握它、娴熟地运用它,从而起到有效地提高自己的解题水平的作用

1999 年 5 月,北京市东城区初三年级统一考试中有这样一道题目,一道单纯的几何题,不是综合题,因而没放在最后题目的位置上。

但是,很多同学没做出来,并且由于在它上面花费了过多的时间,影响了做后面的题目,进而影响了整张试卷的成绩。

考后做统计,这道题目的得分率,低于被出题者认为比它难的题目。

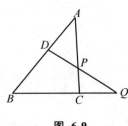

图 6-9

【例 6-4】　已知：△ABC 中,D 为 AB 边上的一点,Q 为 BC 延长线上的一点,DQ 交 AC 于点 P,且 ∠BDQ = ∠PCQ,如图 6-9 所示。

求证：$AB \cdot QD = AC \cdot QB$。

分　析

运用我们总结出的思考规律。

若选择利用面积,观察 AB、QD 和 AC、QB 是否分别是两个等积形的面积或面积的 2 倍、3 倍、$\frac{1}{2}$ 倍,……

本题不是。

次选利用比例中项式,观察 $AB \cdot QD$ 和 $AC \cdot QB$ 是否分别是两条相等线段的平方,也不是。

那么,把乘积式化为比例式

$$\frac{AB}{AC} = \frac{QB}{QD} \quad \text{或} \quad \frac{AB}{QB} = \frac{AC}{QD}。$$

这里运用的思考规律是，欲证两个乘积式相等，例如 $ab=cd$，首先考虑能否证出 ab 和 cd 是两个等积形的面积或面积的 2 倍，$\frac{1}{2}$ 倍，……若不行，则考虑能否证出 ab 和 cd 分别是两条相等线段的平方；若仍不行，则化乘积式为比例式，按"证明 4 条线段成比例"的规律去思考。反之，当证明一道 4 条线段成比例的题目久攻不下时，又可以把比例式化为乘积式，按上面刚介绍的证乘积式的规律去思考。

在这里，4 条线段 AB、AC、QB、QD 分居于 $\triangle ABC$ 和 $\triangle BDQ$ 中，宜努力去证出它们相似。

情况一

若已知中的 $\angle BDQ = \angle PCQ = 90°$，

那么 $\triangle ABC \sim \triangle QBD$。

于是 $\dfrac{AB}{AC} = \dfrac{QB}{QD}$。

情况二

若 $\angle BDQ \neq 90°$，不妨设 $\angle BDQ > 90°$，

则有 $\angle ACB = 180° - \angle PCQ$
$= 180° - \angle BDQ < 90°$。

而结论的对应关系需要 $\angle ACB = \angle BDQ$，那么 $\triangle ABC$ 不可能与 $\triangle BDQ$ 相似。

这时，考虑到 $\triangle ABC$ 和 $\triangle QBD$ 已经有一组相等的角，$\angle B = \angle B$。

于是，可利用我在本书第一篇第一章第五节中的"（一）一题多解，多解归一，多题归一"中的"证明三角形内角平分线性质定理"之后总结的"证明 4 条线段成比例"的思考规律的第（4）条，即：

> 当 4 条线段分居的两个三角形中已经有一组角相等，但又不可能证出它们相似时，可以考虑改造它们，使之相似，改造的方式有两种：
> ① 把一个三角形的另两个角中的一个改大（或改小），使之与另一个三角形中它所对应的角相等，从而造成新三角形与第一个三角形相似，如本例（是指例 1-6）证法四所示。
> ② 同时改造两个三角形，使它们分别和另一组已经相似的三角形相似。经常采取的是保留原来相等的一组角，利用作垂线封口的方式，制造一组相似的直角三角形，如本例证法五所示。

从而，对于情况二，轻而易举地可以得到两种解法。

解法一

以 A 为圆心、AC 长为半径画弧，由于 $\angle PCQ \neq 90°$，则所画弧必与 BQ 所在直线有除 C 以外的另一个交点 C'，如图 6-10 所示。

连接 AC'，则 $AC' = AC$，

于是，$\angle AC'C = \angle ACC'$，

所以 $\angle AC'B = \angle PCQ = \angle BDQ$（等角的补角相等及已知），

又因为 $\angle B = \angle B$，

所以 $\triangle ABC' \backsim \triangle QBD$，

所以 $\dfrac{QB}{QD} = \dfrac{AB}{AC'} = \dfrac{AB}{AC} \Rightarrow AB \cdot QD = AC \cdot QB$。

解法二

作 $AE \perp BQ$ 所在直线于 E，作 $QF \perp AB$ 所在直线于 F，如图 6-11 所示。

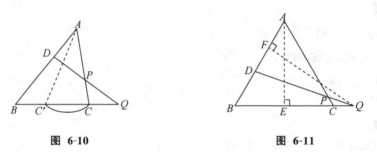

图 6-10　　　　　　　图 6-11

由于 $\angle B = \angle B$，

所以 $Rt\triangle AEB \backsim Rt\triangle QFB$。

于是 $\dfrac{AB}{BQ} = \dfrac{AE}{QF}$。

又因为 $\angle BDQ = \angle PCQ$，

所以 $\angle FDQ = \angle ACE$（等角的补角相等），

所以 $Rt\triangle CEA \backsim Rt\triangle DFQ$，

所以 $\dfrac{AE}{QF} = \dfrac{AC}{QD}$，

所以 $\dfrac{AB}{BQ} = \dfrac{AC}{QD} \Rightarrow AB \cdot QD = AC \cdot QB$。

但是，也有几个听我做过同样指导的外校学生或我把我写的书送过他们的外校同学（书上写有"证明4条线段成比例"的思考规律），却交了这道题目的白卷。

当他们又先后到我家来时，说起这道题目，我让他们把我写的书《孙维刚初中数学》（还包括《孙维刚高中数学》，已由北京大学出版社出版）翻到相关页码，读一读我写的"证明4条线段成比例"的思考规律时，他们都感到非常惭愧。

他们说："怎么就把孙老师教给自己的方法忘记了呢？"

我说："怎么就忘记了？其实你们早就埋下了忘记它们的种子。"

这"种子"是，平时拿过一道题目，不是运用"规律"去分析，而是自然主义地、随心所欲地去想；更坏的情况是，常常就这么想出来了。于是，就疏远了我们的珍贵财富——解题思考规律。同时，这些规律也就疏远了你，不再成为你的利剑，甚至钝刀都不是。

而有一位也是外校的接受了我赠书的小同学，却恰好相反，因为，她时时用这些规

律来指导自己思考题目。

（二）一旦自己总结了某些解题思考规律，从此以后一定要用到它

为了说明这个观点，我再举下面的例子。

在涉及"角平分线"条件（这里所说的"涉及"的意思是指，无论已知中出现"角平分线"还是求证中出现"角平分线"，都称作"涉及"）时，我曾经总结过如下的解题小规律并介绍给了我的学生。

> （1）想角平分线性质定理及其逆定理；
> （2）想它是一个对称图形，一切居于对称位置的元素或部分都是可证相等或全等的；
> （3）从对称的角度，补上所缺的部分；
> （4）想三角形内（外）角平分线性质定理。

有这样一道题目。

【例 6-5】 已知：$OC=OD$，$AC=BD$，AD、BC 交于 E，如图 6-12 所示。

求证：OE 平分 $\angle AOB$。

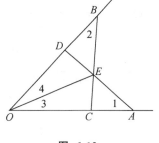

图 6-12

分　析

这题原是 20 世纪 80 年代"平面几何"课本中第三章的复习题，后因许多教师的非议而被删去了。

为什么一些教师非议它？因为它太难了，需证三次全等，而证两次全等已够学生想半天了。

但我把它写在黑板上时，未过 3 分钟，全班同学都想出来了。

同学们并不是从"一次全等""两次全等"……这些非实质性的条条进入思考。而是运用我的这条小规律，流畅地完成了思考。

题目涉及角平分线，那么：

（1）想角平分线性质定理及其逆定理吗？暂缓，因为图形里没存在垂直条件。

（2）想它是一个对称图形，一切居于对称位置的元素或部分都是可证相等或全等的。

观察一下，图形中共有 4 对居于对称位置的三角形，即

△CEO 和 △DEO，△ACE 和 △BDE，△AOE 和 △BOE，△ADO 和 △BCO。

其中，前 3 对三角形的全等都只缺一个条件，而第 4 对，在 △ADO 和 △BCO 中，满足了 3 个条件（$DO=CO$，$\angle AOB=\angle AOB$，$AO=BO$），于是 △ADO≌△BCO。

则 $\angle 1=\angle 2$，补齐了 △ACE 和 △BDE 全等的条件（$AC=BD$，$\angle 1=\angle 2$，$\angle AEC=\angle BED$）。

而由 △ACE≌△BDE，得到 $CE=DE$ 和 $AE=BE$。

这样，即可补齐 △CEO 和 △DEO 全等的条件（$OC=OD$，$CE=DE$，$OE=OE$），也可以补齐 △AOE 和 △BOE 全等的条件（$OA=OB$，$AE=BE$，$OE=OE$），它们都可以达

到∠3＝∠4的目的。

运用"涉及角平分线"的思考规律分析这道题目，刚到"第二想"，就一路顺畅地把解法想了出来，哪里还是什么难题，两分钟也用不到吧！

（三）再看一道题目

【例 6-6】 已知：在四边形 $ABCD$ 中，$AB /\!/ DC$，AE、DE 分别平分 $\angle BAD$ 和 $\angle CDA$，点 E 在 BC 上，如图 6-13 所示。

求证：$AD = AB + CD$。

分析

这道题目出现在一次区期末统考的试卷上，考试时想出来的人较少。但在我们班，同学们几乎都很快想了出来，而且解法丰富，但都是依靠这条思考规律的"第三想"——从对称的角度，补上所缺的部分。

1. 思考一

从 AE 是 $\angle BAD$ 的平分线入手思考。宜在 AE 的左侧补上它相对于右侧所缺的部分，即作 $\angle AEF = \angle 1$。F 在 AD 上。这样便得到了解法一，如图 6-14 所示。

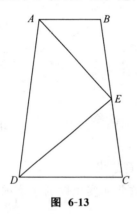
图 6-13

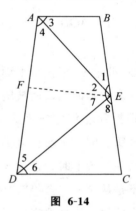
图 6-14

解法一

记 $\angle AEF$ 为 $\angle 2$。

由已知　$\left.\begin{array}{l}\angle 3 = \angle 4 \\ \angle 2 = \angle 1 \\ AE = AE\end{array}\right\} \Rightarrow \triangle ABE \cong \triangle AFE\,(ASA) \Rightarrow AB = AF$，

由已知　$AB /\!/ CD \Rightarrow \angle BAD + \angle CDA = 180°$

又由已知　$\left.\begin{array}{l}\angle 4 = \dfrac{1}{2}\angle BAD \\ \angle 5 = \dfrac{1}{2}\angle CDA\end{array}\right\} \Rightarrow \angle 4 + \angle 5 = 90° \Rightarrow$

$\left.\begin{array}{l}\angle 2 + \angle 7 = 90° \\ \angle 1 + \angle 2 + \angle 7 + \angle 8 = 180°\end{array}\right\} \Rightarrow \angle 1 + \angle 8° = 90°$，

由所作 $\angle 1 = \angle 2$
由已证 $\left.\begin{array}{r}\angle 2 + \angle 7 = 90° \\ \angle 1 + \angle 8 = 90°\end{array}\right\} \Rightarrow \angle 7 = \angle 8$（角的余角相等）。

又因为 $\angle 5 = \angle 6$，$DE = DE$，

所以 $\triangle EFD \cong \triangle ECD$（ASA），

所以 $FD = CD$，

所以 $AD = AF + FD = AB + CD$。

2. 思考二

如果从 DE 是 $\angle ADC$ 的平分线入手思考，而在 DE 的左侧补它相对于右侧所缺的部分，即作 $\angle DEF = \angle 8$，F 在 AD 上，这样便得到了和解法一完全类似的解法二，仍如图 6-14 所示。

对于以上两个证法需要说明的是，添加辅助线 EF 时，宜说明它的可行性。

解法二

因为 $\angle AED = 90°$（已证），

所以 $\angle 1 < 90° = \angle AED$。

故在作 $\angle AEF = \angle 1$ 时，EF 在 $\angle AED$ 的内部，则 F 落在线段 AD 上。

这是对解法一添加辅助线的说明。

对于解法二添加辅助线的说明，与此完全相同。

3. 思考三

在思考一中从 AE 是 $\angle BAD$ 的平分线入手进行思考，而在 AE 的左侧补所缺部分时，也可以采取在 AD 上裁取 $AF = AB$，然后连接 EF 的方式，这就得到了解法三，仍如图 6-14 所示。

解法三

由已知 $AB \parallel CD$，

有 $\angle BAD + \angle CDA = 180°$，

又因为 $\angle 4 = \dfrac{1}{2}\angle BAD$（已知），

$\angle 5 = \dfrac{1}{2}\angle CDA$（已知），

所以 $\angle 4 + \angle 5 = 90°$。

则在 Rt$\triangle AED$ 中，

有 $AD > AE$，$AD > DE$。

又因为 $AB \parallel CD$，

所以 $\angle B + \angle C = 180°$。

不妨设 $\angle B \geq 90°$，

于是 $AE > AB$，

所以 $AD > AB$。

故可以在 AD 上截取 $AF=AB$，F 落在线段 AD 上，连接 EF。

又因为 $\angle 3=\angle 4$（已知），$AE=AE$，

所以 $\triangle ABE \cong \triangle AFE$（SAS），

所以 $\angle 1=\angle 2$。

又因为 $\angle 2+\angle 7=90°$（已证），

所以 $\angle 1+\angle 8=90°$，

所以 $\angle 7=\angle 8$（等角的余角相等）。

又因为 $\angle 5=\angle 6$（已知），$DE=DE$，

所以 $\triangle DEF \cong \triangle DEC$（ASA），

所以 $DF=CD$，

所以 $AD=AF+FD=AB+CD$。

4. 思考四

从 AE 是 $\angle BAD$ 的平分线及可证 $AE\perp DE$ 入手，思考其所缺的部分时，也可以用延长 DE 的方式，完成一个等腰的三角形。这样便得到了解法四。

解法四

因为 $AB/\!/CD$（已知），

所以 $\angle BAD+\angle CDA=180°$。

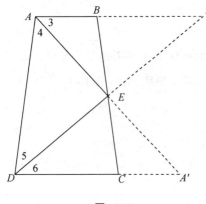

图 6-15

又因为 $\angle 4=\dfrac{1}{2}\angle BAD$（已知），

$\angle 5=\dfrac{1}{2}\angle CDA$（已知），

所以 $\angle 4+\angle 5=90°$，

所以 $\angle AED=90°$。

即 $AE\perp DE$。

延长 DE 后和 AB 的延长线交于 D'，如图 6-15 所示。

因为 $\angle 3=\angle 4$（已知），$AE\perp DD'$（已证），

所以 $AD=AD'$（若三角形一条边上的高线也是这条边所对的角的平分线，则三角形是等腰三角形），

所以 $\angle D'=\angle 5$（等腰三角形两底角相等），

$DE=D'E$（等腰三角形底边上三线合一）。

又因为 $\angle 6=\angle 5$（已知），

所以 $\angle D'=\angle 6$。

又因为 $\angle BED'=\angle CED$，

所以 $\triangle BED' \cong \triangle CED$（ASA），

所以 $BD'=CD$，

所以　$AD=AD'=AB+BD'=AB+CD$。

5. 思考五

采取与思考四完全相同的思考，但从以 AE 为靶子改换为以角平分线 DE 为靶子，来补所缺的部分，则得到了解法五。

解法五

因为　$AB \parallel CD$（已知），

所以　$\angle BAD + \angle CDA = 180°$。

又因为　$\angle 4 = \dfrac{1}{2} \angle BAD$（已知），

$\angle 5 = \dfrac{1}{2} \angle CDA$（已知），

所以　$\angle 4 + \angle 5 = 90°$，

所以　$\angle AED = 90°$。

即 $DE \perp AE$。

延长 AE 后和 DC 的延长线交于 A'，如图 6-15 所示。

因为　$\angle 5 = \angle 6$（已知），

$DE \perp AA'$（已证），

所以　$AD = AD'$（若三角形一条边上的高线也是这条边所对的角的平分线，则三角形是等腰三角形），

所以　$\angle 4 = \angle A'$（等腰三角形两底角相等），

$A'E = AE$（等腰三角形底边上三线合一）。

又因为　$\angle 4 = \angle 3$（已知），

所以　$\angle A' = \angle 3$。

又因为　$\angle A'EC = \angle AEB$，

所以　$\triangle A'EC \cong \triangle AEB$（ASA），　　　①

所以　$A'C = AB$，

所以　$AD = A'D = CD + A'C = CD + AB$。

回头看来，只凭"补所缺部分"这一条，5 种解法唤之而来了。

这表明什么呢？我重复前面的那句话：

一旦自己总结了某些规律，从此以后一定要用它。

而事实说明，运用娴熟时，攻无不克。

运用"涉及直角三角形时"的思考规律，可还以得到另外的解法。

6. 思考六

在解法五中证出了 $\triangle A'EC \cong \triangle AEB$ 后，得到 $CE = BE$，即 E 是 BC 的中点。

考虑到梯形 $ABCD$ 中，中位线等于上、下底的和（$AB+CD$）的一半，如果能证明这条中位线也是 $\mathrm{Rt}\triangle AED$ 的中线，证明即可完成。

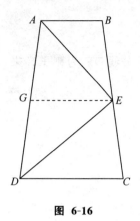

图 6-16

解法六

（从解法五的①处开始。）

所以　$CE=BE$，即 E 是 BC 的中点。

作 $EG\parallel AB\parallel CD$，$EG$ 交 AD 于 G，如图 6-16 所示。

则 G 是 AD 中点（平行截割定理）。

$EG=\dfrac{1}{2}(AB+CD)$（梯形中位线等于上、下底的和的一半）。

在 Rt△AED 中，

因为　$EG=\dfrac{1}{2}AD$（直角三角形斜边上的中线等于斜边的一半），

所以　$AD=AB+CD$。

7. 思考七

出于和思考六同样的思考，在步骤上也可以先取 AD 的中点，证明过程要简捷一些。

解法七

（仍从解法五的①处开始，仍用图 6-16。）

所以　$CE=BE$，即 E 是 BC 的中点。

取 AD 中点 G，连接 EG。

因为　$AB\parallel CD$（已知），

所以　$EG=\dfrac{1}{2}(AB+CD)$（梯形中位线等于上、下底的和的一半）。

而在 Rt△AED 中，

$EG=\dfrac{1}{2}AD$（直角三角形斜边上的中线等于斜边的一半），

所以　$AD=AB+CD$。

在本书中，为了说明一些观点，我介绍了一些我总结的解题思考规律，请同学们吃透它。在今后的解题分析时，一定要用它，使它越来越变成你的锋利的"宝剑"。

因为，剑是在磨砺中锋利的。

第五节　必须追溯其所以然

一些优秀的教师或读物讲题时，不但清晰地讲明白了解法（或证法）的每一步，还讲出了得到这个解法（或证法）的想法酝酿过程，即这个解法是怎么想出来的，我称它为"所以然"。

如果教师（或读物）只讲清楚了解法，而没有讲出怎么想出了这个方法，那么，同学们在听讲（或看书）时，一定要追！追出其所以然。

可以问教师："您为什么要往这儿来想？"

如果教师回答不出（读书时，则无教师可问），就自己去想、去分析，把为什么这么想（包括过程中的一些重要转折或步骤）、是怎么想出来的（即为什么要这么去想），都要弄得水落石出。只有达到这个地步，这道题你才算听会了；自己的解题能力才可以说，有了一点发展。

否则，听得一知半解，这道题会做了，那再换一道呢？又得请人讲或者看书上写的解法了，主要原因是自己不会想。

教师不能这样讲课，学生也不能这样听讲。

教师应当怎样讲？学生应当怎样听？下面举个例子说明我的意思。

（一）我和朋友女儿的一次讨论

前几天，一位朋友带她的女儿来问问题，她女儿在北京市重点中学上初三，是名优秀学生。下面就是这道题：

【例 6-7】 已知 $\odot O_1$ 和 $\odot O_2$ 相交于 A、B 两点，CD 是两个圆的外公切线段，如图 6-17 所示。

求证：$BC \cdot AD = AC \cdot BD$。

我想了一会儿，给她讲了我的证明方法。

证 明

如图 6-18 所示。

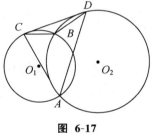

图 6-17

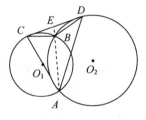

图 6-18

连接 AB，并延长 AB 交 CD 于 E。

因为　CD 是 $\odot O_1$ 的切线，

所以　$\angle ECB = \angle CAE$（弦切角定理）。

又因为　$\angle AEC$ 公用，

所以　$\triangle AEC \sim \triangle CEB$。

又因为　$\dfrac{AC}{BC} = \dfrac{CE}{BE}$，

同理　$\dfrac{AD}{BD} = \dfrac{DE}{BE}$。

又因为　CE 是 $\odot O_1$ 的切线，有

$CE^2 = BE \cdot AE$（切割线定理）。

同理　$DE^2 = BE \cdot AE$。

所以　$CE = DE$，

于是　$\dfrac{AC}{BC} = \dfrac{CE}{BE} = \dfrac{DE}{BE} = \dfrac{AD}{BD}$。

即　$AC \cdot BD = AD \cdot BC$，证毕。

讲完后，我问她：

"明白吗？"

"明白。"她立即回答，表情既喜悦又显出惊奇。——"这么简单！可是，我怎么……"她自言自语。

"你要说什么？"我立即追问，"是不是要说自己太笨了？不能这么想，孙老师和你是一样的嘛！"

接着，我向她仔细讲了，我的"想了一会儿"都是怎么想的。

1. 分析一

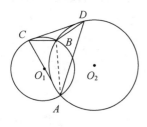

图 6-19

如图 6-19 所示。（逆推分析）由于要证明 $BC \cdot AD = AC \cdot BD$，首选的考虑，应当是看 $BC \cdot AD$ 和 $AC \cdot BD$ 是不是同一个图形的面积（或面积的 2 倍等相同倍数）。结果不是！

再看看它们是不是都为同一条线段或两条相等线段的平方（成立比例中项式）。结果也不是！

这时，才考虑把乘积等式化为比例式

$$\dfrac{AC}{BC} = \dfrac{AD}{BD}。$$

试试证明 4 条线段成比例。

（运用本节例 6-4 之后总结的"证明 4 条线段成比例"的规律）观察这 4 条线段的位置，只要连接 AB，它们就分居于两个似乎可能相似的三角形的对应边的位置上了。

于是做出决策——连接 AB。

这时她插话："我就连接了 AB"，她让我看她在本上画的图形中，AB 已连接。

"不过我没想那么多，上来就连上了。"她继续说。

"那不好，添加辅助线，不能心血来潮盲目地添加，一定要深思熟虑、有根有据，是逢山才打洞、遇水才架桥地添加。"我纠正她的习惯说。

我又接着对她说："有些同学拿过一道题目，不管三七二十一，乱加一气，把图涂成一个大花脸，自己把自己搞乱了阵脚。这种做法一定要改正，添辅助线也有规律总结。要根据规律，审时度势、水到渠成，使它应运而生。咱们两个人，虽然都连接了 AB，但是，是不是孙老师在这里的水平高了一点呢？"

她点了点头。

"下面的任务，就是证明 $\triangle ABC \sim \triangle ABD$ 了。你是不是走到了这一步，而走不下去了呢？"

她笑了。

"你看,孙老师进行合理思考,也走到了这一步,咱们殊途同归。从这点来看,咱们俩的水平差不多嘛!"

她又笑了,刚来时的懊恼换成了不小的信心。

她说:"为了让它俩相似,我费了好长好长的时间,到老(北京土语,'到底'的意思)也没证出来呢!"

我怎么回答她呢?

"我1分钟的时间都不肯花费,不,不是花费,是不肯浪费,因为我立刻就看出,它们不可能相似!"

她震惊了,大概心里在想:您怎么看出来的。

"咱们来看这个图形(如图6-20所示),当$\odot O_1$和$\odot O_2$不相等时,BC和BD是不相等的,它们的比不等于1。也就是说,如果$\triangle ABC$和$\triangle ABD$相似,那么,相似比不是1。但$\triangle ABC$中的边AB和$\triangle ABD$中的AB是对应边,它们的比值是1,矛盾。所以,这两个三角形不可能相似,别枉费心机了!"

"嗨!我怎么就想不到这点呢?真是一条道上跑到黑,白费劲了。"她又懊恼了。

"吃一堑,长一智,吸取教训。"我把她的话接过来,"什么教训呢?当我们的解题思路受阻久久不能通过时,应当判断一下,这个方向是否行得通?怎么判断呢?宜换个角度去思考,我刚才就是换了角度,从如果证得了两个三角形相似,那么由$\dfrac{AB}{AB}=1$,推出了矛盾。"

我接着说:"判断它们不可能证出相似,还可以从另外的角度,用另外的方法(如图6-21所示)。

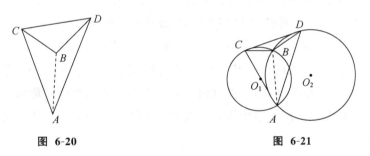

图 6-20　　　　　　图 6-21

"根据欲证比例式表现出来的边的对应关系,$\angle CAB$和$\angle DAB$是对应角,它们是否相等,不是一眼就能看出来的。那么换个角度,判断$\angle CBA$和$\angle DBA$是否相等,仍不很明朗。那么再换个角度,看看$\angle ACB$和$\angle ADB$是否相等,当$\odot O_1$的半径小于$\odot O_2$的半径时,$\angle ACB > \angle ADB$。

"在两点A、B之间,由于$\odot O_1$半径小,因此$\odot O_1$上的$\overset{\frown}{AB}$的弧长较$\odot O_2$上的$\overset{\frown}{AB}$的弧长大。而由于$\odot O_1$的周长小,因此$\odot O_1$上的$\overset{\frown}{AB}$占$\odot O_1$周长的份额就大,于是$\odot O_1$上的$\overset{\frown}{AB}$的度数较$\odot O_2$上$\overset{\frown}{AB}$的度数大,根据圆周角的度数等于它所对弧度数的一半,可得$\angle ACB > \angle ADB$。

"于是,$\triangle ABC$和$\triangle ABD$,当$\odot O_1$和$\odot O_2$不等时,它们不相似。"

这时,她似乎很惋惜自己当初的固执,说:

"这么简单的事,今后我可要记住,久攻不下时,换个角度想想,它是'可能的吗'?"

"好极了,我想,这应该是你今天的第一个收获。"我把话接过来。

"不对,我的第一个收获,是刚才您已经给我讲了这道题目的证法。"她纠正我的疏忽。

而我,却不认账,说:

"对于我讲的这道题的证法,到现在为止,还谈不上是你的收获。"

"为什么?"她不解。

"现在,你已经确确实实地明白,去证明△ABC和△ABD相似这条道路不能往下走了……"

"但我不知为什么要采取把AB延长,是不是?孙老师。"

"太好了。"我很满意,看来,她已经从只求"知其然"进了一步,懂得了更要求自己"知其所以然"了。

下面写出的,是我在否定了第一次努力以后,所做的第二次努力。

2. 分析二

退回来,向哪里觅出路呢?(顺推分析)从CD是切线出发,根据我们以前总结出的关于圆的思考规律。

(1)想:"过切点处,有半(直)径,则垂直;有垂直则半(直)径"。但这个结果,对本题的目标帮不上忙,因为本题过切点处既无半径、直径,也无与切线垂直的直线。

(2)如果过切点处有弦,则想"弦切角定理"。已经意义不大,因为∠CAB和∠DAB已不可证得相等,所以它们分别与∠BCD和∠BDC相等,已无价值。

(3)如果有切线相交,则想"切线长定理"及那是一个对称图形,但本题无切线相交。

(4)如果有切线及割线相交,则想"切割线定理"及图形中的相似三角形。

(5)见外(内)公切线时,一想它们与连心线交于一点,形成一个轴对称图形;二想那个由连心线段、半径差(和)、外(内)公切线段组成的直角三角形。

现在,从(4)出发,添加辅助线,延长CB交⊙O_2于E,延长DB交⊙O_1于F,如图6-22所示。

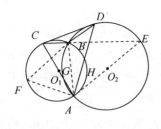

图 6-22

这时,由切割线定理,得到

$$CD^2 = BC \cdot CE,$$
$$CD^2 = BD \cdot DF,$$
$$CD^2 = AC \cdot CG,$$
$$CD^2 = AD \cdot DH。$$

这里,记AC交⊙O_2于G,AD交⊙O_1于H。

消去CD,得到

$$\frac{BC}{AD} = \frac{DH}{CE}, \quad \frac{BC}{AC} = \frac{CG}{CE}, \quad \frac{BC}{BD} = \frac{DF}{CE}。$$

这里是三个关系式,有AC、BC、AD、BD、CE、DF、DH、CG共8个量,根据方程组原理，方程的个数比未知数的个数少 5，在各未知数都解不出来时，必可确定任意 5 个未知数之间的关系。

而本题要达到的目的 $\dfrac{AC}{BC}=\dfrac{AD}{BD}$ 是确定 4 个未知数之间的关系。一般不能做到，实际分析一下，也确实会出现循环表达，这意味着，应该寻找另外的条件。

这时，注意到 A、B、C、F 这 4 个点在 $\odot O_1$ 上，脑子里立刻想出我们在前面提到的 4 个点在圆上的思考规律：

（1）找出 4 对各自相等的圆周角；

（2）想圆内接四边形对角互补；

（3）想圆内接四边形外角等于内对角。

从（1）出发，连 AF、AE，得到 $\angle F=\angle ACE$，$\angle E=\angle ADF$，从而 $\triangle AFD \backsim \triangle ACE$。

得到 $\quad \dfrac{AC}{AF}=\dfrac{CE}{DF}=\dfrac{AE}{AD}$。

这时，增加了两个方程，但未知数也增加了两个（AF、AE），仍于事无补。

怎么办？继续挖掘新的关系：

这里还有 $\triangle BCG \backsim \triangle ACE$，$\triangle BHD \backsim \triangle AFD$，$\triangle BCG \backsim \triangle BHD$，但它们与前面的比例式关系是等价的，不是新条件。

可是出路必在挖出新的关系（除非题目的结论本身是错误的）上去寻找。

上哪儿去挖？

3. 分析三：到已知中去挖

当一道题目一筹莫展或胜利在望时，援军来自于没有用上的已知条件，或者是利用不够充分的已知条件。

本题的已知条件无非两个：CD 是切线；$\odot O_1$ 和 $\odot O_2$ 交于 A、B 两点。

CD 是切线这个条件已经用上了，上面的一大堆比例式都是由它推演出来的，尽管只用了"顺推分析"中圆的思考规律的（4），但"顺推分析"中圆的思考规律的（1）、（2）、（3）、（5）于本题都不适合［对于（5）来说，只有一条外公切线，用不上"交于一点"这个条件；半径、连心线都未出现，也就用不上"那个"直角三角形］。

这样，便应该在 $\odot O_1$ 与 $\odot O_2$ 相交上打主意了。

见两圆相交时，一想公共弦，于是连接了 AB。之后，还是没有进展，那就来分析原因：它在孤军作战，宜使这个条件和切线联起来携手向结论目标前进。

怎么联手？

"延长 AB，使它和切线 CD 相交"。她先我一步，脱口而出。

关键的一步，就这样水到渠成，应运而生了。

往下呢，仍然应按照规律去思考，见图 6-18。

由前面刚写过的"顺推分析"中圆的思考规律（4）和（2）。

由（4）见切线和割线相交，想"切割线定理"及图形中的相似三角形。

于是写出了

$$CE^2 = BE \cdot AE,$$
$$DE^2 = BE \cdot AE。$$

从而 $CE=DE$。

由（2）过切点处有弦，想"弦切角定理"，立即出现了
$$\angle ECB = \angle CAE。$$

有什么用呢？

由于目标是 $\dfrac{AC}{BC}=\dfrac{AD}{BD}$，为了靠拢此式 $\dfrac{AC}{BC}$，这时，$\angle ECB = \angle CAE$ 的作用就表现了出来，它导致 $\triangle AEC \backsim \triangle CEB$，从而 $\dfrac{AC}{BC}=\dfrac{CE}{BE}$。

不言而喻，由于有对称思考的习惯，又将得到 $\dfrac{AD}{BD}=\dfrac{DE}{BE}$。

而前面由（4）出发，已完成了 $CE=DE$。

"这样，大功告成了，也只有现在，你才可以说第一个收获，是孙老师给我讲了这道题的证法，是不是？"我问她。

她笑了，看得出来，是由衷的，透过心底涌上面庞。

（二）这次讨论留给我们的思考

以上，不惜篇幅，叙述了我和朋友女儿的这次讨论。

这是因为：一方面，这件事刚刚发生（那天是1999年1月14日），记忆犹新。

另一方面，我希望说清楚，"要讲出其然，更要讲出所以然"，特别是其中的一个方面，教师自己的误走麦城，是学生的宝贵财富。

我们班不留笔头数学作业，只少量留些题目让大家思考，但思考一定要是"更知其所以然"的。我们的数学课堂上讲题，无论是教师还是学生，一定要"讲出其所以然"。

刚入初一时，就像前面写的那样细致，但随着同学们的头脑越来越强大，水平越来越高，表达"其然"也好，表达"其所以然"也好，都要简练得多了。而且，知识讲得越来越快，越来越精炼，迫使每个同学的思考高速运转，日复一日，年复一年，习以为常了，是一个强大的头脑日臻于成熟的又一个标志。

追求"所以然"，可以揭露学生学习中许多模模糊糊的观念；反之，却造成学生观念上的似是而非。

当然，这个"所以然"，要追溯到我们总结出的解题思考规律上，才能打住。

第六节　强调两个方法

（一）用图形来思考，一目了然

在中学数学里，数形结合，是非常重要的，它帮助我们形象直观地理解概念、性质等，这里通常是指解析几何里的方程的曲线，或代数里函数的图象。

但我在这里提出的"图形的方法"是另外的意思，是对一些并没有前面所述的原本

数学中就规定有图象或曲线的代数问题,甚至是解题的思考过程,图形化、形象化、生动化,出现逼真的情景,春风化雨,使题目显而易见地化难为易,得到解决。

举两个例子。

【例 6-8】 本书的第二篇第三章第二节中(见本书第 76 页),用原文写出了俄罗斯第 22 届中学生数学竞赛的一道题目,它的中文意思如下。

排里有三名军士和一些士兵。军士们按照固定的顺序轮流值班。指挥员下达了这样的指示:

(1) 每一位值班者在自己的一个班上,可以不论士兵的顺序但至少要向某个士兵发出一个命令;

(2) 任何一名士兵的手里不得有多于 2 个命令,并且不能从同一位值班者处领得多于一个的命令;

(3) 任何两份写有领取命令的士兵的姓名的值班记录,不能相同;

(4) 第一个违反上述要求的军士,要受禁闭处分。

那么,是否至少可以有这样一名军士,在并不与别的军士交换意见的情况,就能保证自己一定可以不进禁闭室?

分 析

这是一道考察逻辑判断能力和表达能力的数学题。在俄罗斯的全国竞赛的考场上,给这道题的时间大约为 1 个小时,这也意味着,它不太容易。

主要是这道题不好想,条件太少,又毫无头绪,空空洞洞,抽象得不好下手。

我建议同学们读到这里暂不往下读,用一个小时,自己试着做做看。

1999 年 6 月份,我曾在北京一所名校的高二重点班上,让同学们想这道题,结果没人想得出来。

我没看答案(我从上小学开始,一直到今天,任何卷子、题目,我都要自己动手去做,我也劝同学们养成这样的习惯),我想出了如下的方法。

把每一名士兵用分成两个格子的一个抽屉表示(我这里与数学上的抽屉原则的抽屉是两回事)。当他领到 1 个命令时,就在 1 个格子里打上一个"√"号。

解 法

我的解答是:第三名军士可以做到这一点,他的策略如下。

从他第 1 次值班起,他发命令的方式是,把只有 1 个"√"号的所有抽屉的"√"号都补为 2 个,这样,他便成了成功者。

理由是,他总可以不违反第(2)条规定的打"√",而他的打"√"绝不会和前面 2 名军士的任意一名重复。

第 1 名军士发命令前,形式如图 6-23 所示。

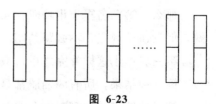

图 6-23

所有的格子都空白。

第 1 名军士发命令后如果没违反规定，因而设第 1 个被禁闭的形式是以下两种情况之一：

情况一　每个抽屉都打了"√"，如图 6-24 所示。

情况二　在一部分抽屉打了"√"，但不能每个抽屉都不打"√"，因为按第（1）条规定，每个当班的值班者要至少发出 1 个命令，如图 6-25 所示。

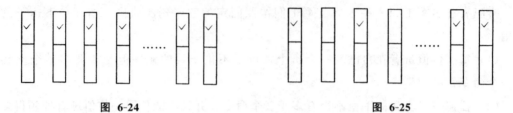

图 6-24　　　　　　　　　　图 6-25

以上无论哪种情况，由于第（2）条规定，使得任何抽屉，都不可能有 2 个"√"。　　①

这时，第二名军士上班了。

眼前，如果是第一种情况，他必须打至少一个"√"，又只能在一部分抽屉内打上"√"；否则，他将违反第（3）条规定，而被禁闭。

这样，第三名军士上班时，便可以把所有的抽屉都补齐 2 个"√"〔这是因为，他有空格可以打"√"，因而不违反第（1）条规定；由于是在有关抽屉补"√"，因此不违背第（2）条规定；又由于他与前两名军士的发令记录均不相同，因此不违背第（3）条规定，所以，他不蹲禁闭〕。

那么，所有的抽屉都打满 2 个"√"了。

下面，又轮到第一名军士上班了，他若给任何抽屉打"√"，就会违反第（2）条规定（因为使某士兵手中命令多于 2 个了）；他若不打"√"，就违反了第（1）条规定。

因而，无论如何，这名军士都将蹲禁闭。这样，再轮到第 3 名军士值班时，他就不是第一个违背规定的人了，因而不蹲禁闭。

（从①处开始）

当第二名军士上班时，如果面临的是第二种情况。

那么，他既可以只在原来没有"√"的全体或部分抽屉内打 1 个"√"；也可以在已经有"√"的全体或部分抽屉内补 1 个"√"，并同时在原来没有"√"的全体或部分抽屉内打"√"；还可以只在原来已有 1 个"√"的抽屉内补 1 个"√"〔但此时不能全补，否则将违反第（3）条规定〕。

这时，无论上述哪种做法，都会有一部分抽屉只有 1 个"√"号。

那么，第三名军士出场时，又可以在只有 1 个"√"的抽屉上补 1 个"√"了，这样做，他没违反规定，不必蹲禁闭。

第三名军士这样补完之后，只会发生下面三种结果。

第一种结果，所有的抽屉都是 2 个"√"，那么，第一名军士又上班时，必蹲禁闭。

第二种结果，只剩下 1 个完全空白抽屉。那么第一名军士又上班时，只有一种不蹲禁闭的选择，就是在这个抽屉打一个"√"。这种情况下第二名军士出场，只能蹲禁闭，那么，第三名军士，仍摆脱了蹲禁闭的命运。

第三种结果，剩下的完全空白的抽屉多于1个。

这时的局面，相当于本题开始的最原始情况，只不过抽屉的个数减少了。

那么，一切从头开始，又将出现第（1）种情况（这时如前所述，第一名军士必蹲禁闭）；或者第（2）种情况的第一种结果（这时如前所述，仍是第一名军士必蹲禁闭）；或者第（2）种情况的第二种结果（这时如前所证明的，是第二名军士必蹲禁闭）。

或者第（2）种情况的第三种结果。

于是，一切再从头开始，但抽屉个数再次减少。由于最开始时抽屉数目是个定数，因此经过一定次数的第（2）种情况的第三种结果后，第（2）种情况的第三种结果终究有到头（即不出现的情况）的时候，这时蹲禁闭的是第一名军士或第二名军士，而第三名军士逃脱了蹲禁闭的命运。

证明完毕。

这就是图形的方法，它把抽象的逻辑过程简单化，而且把推理的表述更简单化了，否则，这道题目的证明叙述，还不知要写多长呢。

至于对于一些简单问题，如果用图形的方法，就更简单得多了。

【例 6-9】 足球比排球重10%，那么，排球比足球轻多少？

分　析

一些概念模糊的人，很容易得出排球比足球轻10%。这个解答是错误的。

错误的原因是忽略了在前后两种比率中，1倍量变了，在前者是排球，在后者是足球。

解法一

设排球重量为 a。

依题意，足球重量为 $(1+10\%)a$。

那么，排球比足球轻

$$\frac{(1+10\%)a-a}{(1+10\%)a}=\frac{1}{11}。$$

解法二

采用图形的方法。

由足球比排球重10%，得到它们之间的关系，如图 6-26 所示。

图 6-26

显然，排球比足球短了 $\dfrac{1}{11}$，这就是用图形来思考，一目了然。

（二）举一反三，引申发展

要浮想联翩，恣意驰骋。这是本书反复强调，特别在第二篇第五章中着重阐述的。

但这里所讲"举一反三，引申发展"，是从解题做作业的角度提出的。

下面举一个例子。

【例6-10】 课本上有一道练习题：一条射线过极点，它与极轴所成锐角为θ_0，写出它在极坐标系下的方程。

分析

这条射线的方程是$\theta=\theta_0$。

做哪些引申呢？

这条射线的方程中之所以没有出现ρ，是因为这条射线上的点到极点的距离ρ取任何允许的非负值都可以，只要$\theta=\theta_0$即可。

这时，应自然地联想到在直角坐标平面上有对称的情况，$y=y_0$。

而在直角坐标平面上，还有与$y=y_0$对称的$x=x_0$，如图6-27所示。

那么，在极坐标平面上，与直角坐标平面上$x=x_0$对称的$\rho=\rho_0$是什么图形呢？

有了，它是以极点为圆心，ρ_0为半径的圆，如图6-28所示。

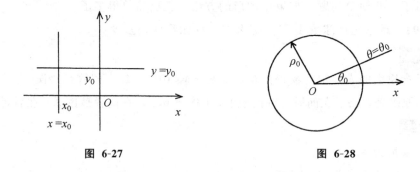

图 6-27　　　　　　　　图 6-28

凡事都要问为什么，这里似乎出现了不合理的现象。

那就是，在直角坐标平面上，对称的两个方程$x=x_0$及$y=y_0$，分别表示两条特殊的直线，它们分别与x轴和y轴垂直。这容易被大家接受。但和它们两个类似的在极坐标平面上的$\rho=\rho_0$和$\theta=\theta_0$，却一个表示圆，一个表示射线。

这是为什么？是不是不合理，不对称了呢？

深入进去才发现，正因为如此，才是合理的，从这个意义上，才是对称的。

这里的道理是，在直角坐标平面上，两条坐标轴都是直的。在它上面，观测正在做曲线圆周运动的点，它们在不同级别上，所以圆的方程就是二次的了：

$$x^2+y^2=R^2 \text{。}$$

而在极坐标平面上，点的坐标(ρ,θ)中的极角θ本身已经是旋转的了（以极点为圆心），从它的角度来观察进行同样旋转的圆曲线，它们是平级的。因此，方程不再升次，不恰恰是合情合理而对称的了吗！

由点的极坐标(ρ,θ)中，一个是直的方向的，一个是按圆的方式旋转的，因为，在极坐标平面上,直线的方程和圆的方程的级别是一样的。这不又是一次对称性的表现吗?

继续引申,把圆沿着极轴的方向平移并仍过极点,得到它的方程:
$$\rho = 2R\cos\theta \text{。}$$

试猜想,从对称的观点看,如果它沿着相反的方向平移,是不是就该是
$$\rho = -2R\cos\theta$$

了呢?经验证,完全正确。

既然向右、向左平移过,那么,一定还应向上、向下平移试试,怎么猜想?

如果上下方向与左右方向是互相垂直的,那么角的关系就是互余的,因此函数就应该变余弦。过去,在诱导公式中就是这种关系。

那么,现在向上平移是不是应该是
$$\rho = 2R\sin\theta \text{,}$$

而向下平移,是不是应该得到
$$\rho = -2R\sin\theta ?$$

经验证,完全正确。

画和写出来,是多么美丽的图画,如图 6-29 所示。

到此,可以止步了吗?

不行,"野心"越来越大。

既然上面分析了,在极坐标下,直线和圆是平等的、对称的,那么与图 6-29 所示的美丽的图画相对称,直线是不是也应该有同样的表现呢!

与圆对称,首先研究如图 6-30 所示的情况。

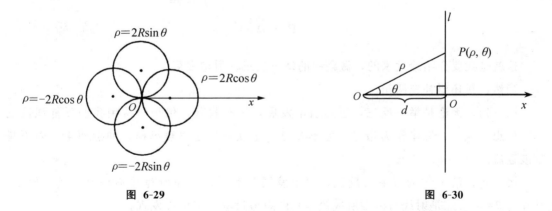

图 6-29　　　　　　　　　　　图 6-30

分析直线 l 上动点 $P(\rho, \theta)$ 和极点到直线 l 的距离 d 的关系(直线 l 与极轴 Ox 垂直,是从过极点 O 向右平移过来的),得到
$$\rho\cos\theta = d \text{。}$$

这与圆的相应情况 $\rho = 2R\cos\theta$ 多么对称!

继而,猜想把直线向左平移,是不是应该得到

$$\rho\cos\theta = -d\text{?}$$

把直线旋转 90°后，向上平移，是不是应该得到

$$\rho\sin\theta = d\text{?}$$

若向下平移呢？是不是应该得到

$$\rho\sin\theta = -d\text{?}$$

逐一验证，完全正确，也绘出了一幅美丽的图画，如图 6-31 所示。

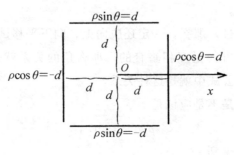

图 6-31

如果把两幅作品并排展示（如图 6-32 所示），那是多么精美绝伦、无缝天衣，令人陶醉！喔，伟大的对称！

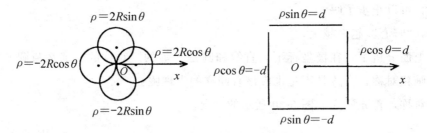

图 6-32

这就是我要介绍给大家的，做题中的**举一反三，引申发展**。

当然，我还要补充两句。

第一句，无论是举一反三，还是引申发展，欲有收获，仍须坚持用我们反复强调的那些思想、观点、规律作为指导，但不要自然主义。当是恣意纵横，油然而生，而不是随波逐流。

第二句，就本例的"举一反三，引申发展"来说，上面所写并不是唯一的，例如，从建立 $\theta = \theta_0$（θ_0 是射线与极轴所成锐角）的思考过程，又可以发现，

$$\theta = \theta_0 + 2k\pi \ (k \in \mathbf{Z})$$

也是这条射线的方程。

因而发现，在极坐标下，存在曲线与它的方程不是一一对应的事实，等等。

第七节 综合示范

在本章和第一篇的第一章,我介绍了"一题多解,多解归一,多题归一""更要弄清楚解法是怎么想出来的""举一反三,引申发展"和部分解题思考的"大规律、中规律、小规律"等。

事实上,它们是一个有机的整体,在思考、酝酿解一道题目的过程中,应当是逢"山"开路、遇"水"架桥,密切配合、综合运用的。

(一) 七种解法的启示

【例 6-11】 如图 6-33 所示,有一条笔直的河流,仓库 A 到河岸所在直线 MN 的距离是 10 千米。$AC \perp MN$ 于 C 点,码头 B 到 C 为 30 千米。现有一批货物,要从 A 运到 B,已知:货物走陆路时,单位里程的运价是水路的 2 倍,那么,应当选择怎样的路线,才能使总运价最低?

分析

(第一步,应当弄通情景,特别是对于有一定难度的题目。)

这条路线应该是什么模样呢?

它在陆路的部分不应该是曲线或折线,因为两点之间直线段最短,因而从 A 出发,应该走直线到达直线 MN(河岸)上某一点 D。而且,基于同样的道理,在水路中,也应当从 D 点到达 B 点。

至此,思考范围就缩小了,聚焦到 D 点应该取在 MN 直线的哪个大致位置上。

若 D 点选在射线 CM 上,如图 6-34 所示,由于 $AD > AC$(因为 $AC \perp MN$ 于 C 点),$DB > CB$,因而 $AD + DB > AC + CB$,总运费高于 D 点选在 C 点处。

图 6-33　　　　　　　　图 6-34

类似地可得到:D 点也不能选在射线 BN 上。

这样,D 点应选在线段 CB 上。

(至此,完成了弄通情景的第一个阶段。)

由于是求总运费的最小值,所以,宜设总运费为 y。

[解有关最大(小)值应用问题时的思考规律的第一步,是把附有最大(小)值字样的量设为 y。]

在这里,由于陆路、水路运费只给出了倍数关系,故宜设水路单价为 a 元/千米,则陆路单价为 $2a$ 元/千米。

设 CD 为 x，则依题意表达 y，有

$$y = 陆路运费 + 水路运费$$
$$= 陆路单价 \times 陆路里程 + 水路单价 \times 水路里程$$
$$= 2a\sqrt{100+x^2} + a(30-x)。$$

如图 6-35 所示，把 $y = 2a\sqrt{100+x^2} + a(30-x)$ 进行简化处理，得

$$y = a(2\sqrt{100+x^2} - x + 30)。$$

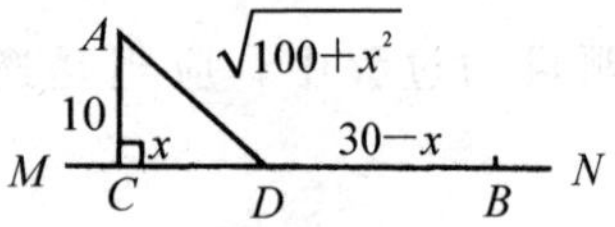

因为 $a > 0$，所以欲使 y 得到最小值，只要

$$u = 2\sqrt{100+x^2} - x$$

得到最小值即可。

现在，问题转化成为求一个函数的最小值了。

图 6-35

（这时情景进一步清楚了。）

眼下的障碍是，u 的表达式中存在着"$\sqrt{}$"号，要去掉它。
（这是情景清楚后，自然想到的步骤，即所说的逢"山"开路吧！）

这时，自然想到了两边平方的手段，于是，便得到了解法一。

解法一

设 CD 长 x 千米，总运费为 y 元（在分析思考中，设总运费为 y 元是第 1 步），水路运费单价为 a 元/千米，那么，依题意有

$$y = 2a\sqrt{100+x^2} + a(30-x)$$
$$= a[(2\sqrt{100+x^2} - x) + 30]。$$

记 $u = 2\sqrt{100+x^2} - x$，有 ①

$$u + x = 2\sqrt{100+x^2}。$$

两边平方，并整理为关于 x 的一元二次方程，有

$$3x^2 - 2ux - u^2 + 400 = 0。$$

使 x 有实数解的充要条件是

$$\Delta = (-2u)^2 - 4 \times 3 \times (-u^2 + 400) \geq 0。$$

解得 $u^2 \geq 300$，

得到 $u \geq 10\sqrt{3}$，或 $u \leq -10\sqrt{3}$（舍去，因为 $u = 2\sqrt{100+x^2} - x > 0$）。

这样，u 的最小值为 $10\sqrt{3}$，代入①式后，得

$$x = \frac{10\sqrt{3}}{3} \in [0, 30]。$$ ②

所以 D 点应选在 CB 之间，到 C 点的距离为 $\frac{10\sqrt{3}}{3}$ 千米处。

说明：要解法过程所用的方法，人们称之为求值域［求出了值域，它的端点就是最大（小）值］判别式法。

它的原理是，利用判别式，求出能使得 x 取实数值的函数（y）值的范围。

但是，一方面，对于一个具体的函数，它的自变量取值范围常常只是实数的一部分；另一方面，在变形过程中，有时采取过一些不保证同解的变形步骤，因而，对于用"判别式法"求出的最大（小）值，需要返回原题（式）去检验，如上面解法过程的最后一步②所示。

一般来说，当函数解析式的各项中，只有一项含有"$\sqrt{}$"，并且"$\sqrt{}$"下是不高于二次的多项式，含"$\sqrt{}$"号项之外，是不高于一次的多项式，这时，"判别式法"是适用的；还有一种类型，当函数的解析式是一个分式，分子、分母都是关于 x 的二次式，或分子、分母之一是关于 x 的二次式，另一个是关于 x 的一次式时，"判别式法"也适用。

［这是在"走走停停"，解出一道题后，有所总结（规律）。］

解法二

（看到"$\sqrt{}$"下是 $100+x^2$，那么，为了去掉根号，一定可以用三角代换法来达到目的。）

设 $\tan\theta = \dfrac{x}{10}$（$\theta \in [0, \arctan 3]$），

则 $u = 2\sqrt{100+x^2} - x$ ①

$= 20\sqrt{1+\left(\dfrac{x}{10}\right)^2} - x$

$= 20\sqrt{1+\tan^2\theta} - 10\tan\theta$

$= 20\sec\theta - 10\tan\theta$（因为 $\sec\theta \geqslant 0$）

$= 10\left(\dfrac{2}{\cos\theta} - \dfrac{\sin\theta}{\cos\theta}\right)$

$= 10 \times \dfrac{2-\sin\theta}{0-(-\cos\theta)}$。

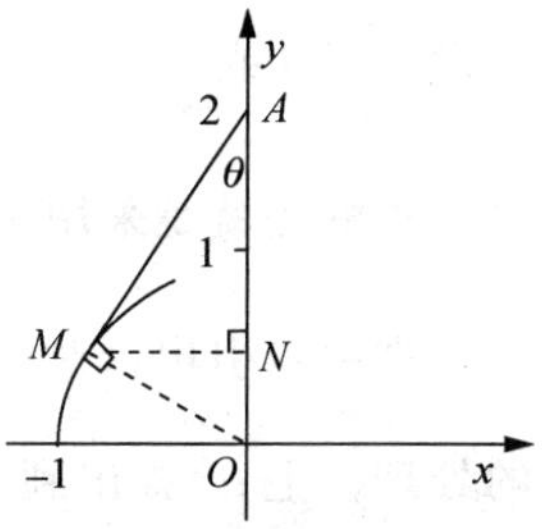

图 6-36

在这里，$\dfrac{2-\sin\theta}{0-(-\cos\theta)}$ 表示点 A（0,2）到动点（$-\cos\theta, \sin\theta$）的连线的斜率，其中，$\theta \in [0, \arctan 3]$，如图 6-36 所示。这里，动点（$-\cos\theta, \sin\theta$）是图中的单位圆的一段弧，那么，$A$ 点连接这段弧上各点的连线中，最小的斜率，是切线 AM 的斜率。

怎样求出它？

（换个角度，用平面几何的方法。）

连接 OM，在 Rt$\triangle AMO$ 中，$OM=1$，$OA=2$，于是 $\angle MAO = 30°$。作 $MN \parallel x$ 轴，MN 交 y 轴于 N。则在 Rt$\triangle AMN$ 中，$\angle AMN = 60°$，于是，切线 AM 的斜率为 $\sqrt{3}$，即

$$\dfrac{2-\sin\theta}{0-(-\cos\theta)}$$

的最小值为 $\sqrt{3}$。

那么，$u_{\min} = 10\sqrt{3}$。代入①式，得

$$x = \frac{10\sqrt{3}}{3} \in [0, 30]。$$

> **说明：**（1）本解法最后一步为什么仍要检验？
>
> 这是因为，把 $u_{\min} = 10\sqrt{3}$ 代入①式后求 x 的计算中，有两边平方的步骤。
>
> （2）为什么 $\theta \in [0, \arctan 3]$？这是因为，由题目弄通情景的分析中得到 D 点在 CB 线段上，因而 $0 \leqslant x \leqslant 30$。
>
> （3）解法一开始，为什么说看到"$\sqrt{}$"号下是 $100 + x^2$ 时，就断言用三角代换法一定可以去掉"$\sqrt{}$"号？而且要进行设 $\tan\theta = \dfrac{x}{10}$ 的三角代换呢。

这是一个代数上的小规律。

当解析中含有 $\sqrt{1-x^2}$ 或者 $\sqrt{x^2-1}$ 或者 $\sqrt{1+x^2}$ 时，可设 x 为 $\sin\theta$（或 $\cos\theta$）或者 $\sec\theta$（或 $\csc\theta$）或者 $\tan\theta$（或 $\cot\theta$），进行代换后，"$\sqrt{}$"号必可去掉。

如果解析式中出现的是 $\sqrt{a^2-x^2}$ 或者 $\sqrt{x^2-a^2}$ 或者 $\sqrt{a^2+x^2}$，那么，只需把 a^2 提出到"$\sqrt{}$"号外面，变形为 $a\sqrt{1-\left(\dfrac{x}{a}\right)^2}$ 或者 $a\sqrt{\left(\dfrac{x}{a}\right)^2-1}$ 或者 $a\sqrt{1+\left(\dfrac{x}{a}\right)^2}$ 后，再设 $\sin\theta$（或 $\csc\theta$）$= \dfrac{x}{a}$ 或者 $\sec\theta$（或 $\csc\theta$）$= \dfrac{x}{a}$ 或者 $\tan\theta$（或 $\cot\theta$）$= \dfrac{x}{a}$ 即可。

本解法就是采用了设 $\tan\theta = \dfrac{x}{a}$。

进一步引申，对于 $\sqrt{a^2-b^2x^2}$、$\sqrt{b^2x^2-a^2}$、$\sqrt{a^2+b^2x^2}$ 的情况，同样可以做类似的处理，把 a^2 提出到"$\sqrt{}$"号外面后，设 $\sin\theta$（或 $\cos\theta$）$= \dfrac{bx}{a}$，等等。

这条规律，将来同学们升入大学后学微积分时，就会知道。这其实是换元积分法的第二类换元法。

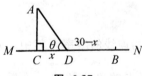

图 6-37

解法三

[遇到在图形问题中求最大（小）值问题时，常常可以在图形中选择一个活动的角作为自变量，就图 6-37 的情况，显然可以取 $\angle ADC = \theta$。]

设 $\angle ADC = \theta$，$\theta \in \left[\arctan\dfrac{1}{3}, \dfrac{\pi}{2}\right]$，

则 $\sqrt{100 + x^2} = AD = \dfrac{10}{\sin\theta}$，

$x = CD$
$ = 10 \times \cot\theta$，

于是 $u = 2 \times \dfrac{10}{\sin\theta} - 10\cot\theta$

$$= 10 \times \frac{2 - \cos\theta}{\sin\theta}$$

$$= 10 \times \frac{2 - \dfrac{1 - \tan^2 \dfrac{\theta}{2}}{1 + \tan^2 \dfrac{\theta}{2}}}{\dfrac{2\tan \dfrac{\theta}{2}}{1 + \tan^2 \dfrac{\theta}{2}}}$$

$$= 10 \times \frac{1 + 3\tan^2 \dfrac{\theta}{2}}{2\tan \dfrac{\theta}{2}}$$

$$= 10 \times \left[\frac{1}{2\tan \dfrac{\theta}{2}} + \frac{3}{2}\tan \dfrac{\theta}{2} \right] \geqslant 10\sqrt{3}\text{。}$$ ②

$$\left(\text{因为} \quad \theta \in \left[\arctan\frac{1}{3}, \frac{\pi}{2} \right] \Rightarrow \tan\frac{\theta}{2} > 0 \right)$$

使 u 得到最小值 $10\sqrt{3}$，当且仅当

$$\frac{1}{2\tan \dfrac{\theta}{2}} = \frac{3}{2}\tan \dfrac{\theta}{2}$$

即 $\tan^2 \dfrac{\theta}{2} = \dfrac{1}{3}$，

$\tan \dfrac{\theta}{2} = -\dfrac{\sqrt{3}}{3}$ 或 $\tan \dfrac{\theta}{2} = \dfrac{\sqrt{3}}{3} \Rightarrow \cot\theta = \dfrac{\sqrt{3}}{3}$。

于是 $x = 10 \times \cot\theta = \dfrac{10\sqrt{3}}{3}$。

说明：(1) 本解法开始时，我在括号内写的那段话，是个小规律，请同学们掌握。

那么，在本题中，即可记∠$ADC = \theta$（如本解法所示），也可以记活动的角∠$CAD = \theta$。还可以记∠$ADB = \theta$，但不可记∠$ACD = \theta$，因为∠ACD 不是活动的角，即∠ACD 不是变量角。

(2) 本解法到达②式时，也是可以走解法二途径的，即使

$$u = 10 \times \frac{1}{\dfrac{0 - (-\cos\theta)}{2 - \sin\theta}}$$

后，如图 6-38 所示。

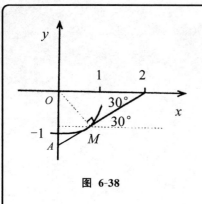

图 6-38

这时,$\dfrac{0-(-\cos\theta)}{2-\sin\theta}$ 可以看作是定点 $A(2,0)$ 到动点 $(\sin\theta,-\cos\theta)$ 的连线的斜率,而动点 $(\sin\theta,-\cos\theta)$ 是图 6-38 所示的单位圆在第四象限的一段弧,斜率取得最大值时,u 得到最小值,这是因为,在

$$u = 10 \times \dfrac{1}{\dfrac{0-(-\cos\theta)}{2-\sin\theta}}$$

中,分母 $\dfrac{0-(-\cos\theta)}{2-\sin\theta} > 0$。

显然,切线 AM 的斜率最大,这时,用与解法二完全类似的平面几何的方法,可以求得这个最大值是 $\dfrac{\sqrt{3}}{3}$,因而,u 的最小值是 $10\sqrt{3}$,代回解法一中的②式或解法二中的①式可得到,此时的 x 为 $\dfrac{10\sqrt{3}}{3}$。

这时,对于 $x = \dfrac{10\sqrt{3}}{3}$,又要检验。其原因,在解法二的说明中已做解释。

但对于解法三的最后解答为什么不必检验呢?

这是因为,在解法三里,没有用 u 的最小值代回到①式中去求 x,因而没有采取可能产生增根的两边平方的步骤,而是直接用平均数不等式中成立"="号的充要条件算出了 $\tan\dfrac{\theta}{2}$,因而也算出了 $\cot\theta$ 值,从而求出 x。

现在,我真希望能有这样的读者提出质问:

"从对称观点看,一种解法可能出现增根,另一种解法则不会出现增根,这不是不合理了吗?"

问得好!

深入进去,我们可以找到原因,在于利用平均数不等式时,经过了 $\tan\dfrac{\theta}{2} > 0$ 而表明这个问题可以利用平均数不等式。事实上,这就相当于把 $u = 10\sqrt{3}$ 代回①式中求出 x 后的检验。

〔在以上这个说明(2)里,我们进行了什么工作?即进行了两次"多解归一"的研究,一次是关于解法三的后半部分,也可以走解法二的道路;另一次是在检验问题上的本质是共同的。〕

(3)解法二中的 θ 在选取时,仅仅是从三角代换的角度着想,并未考虑它的几何意义。

但在完成解法三的过程中，我们发现，从图形上看，它是∠CAD，这样看来，解法二与解法三，在本质上，是贯通的，是同一种方法。

解法二的起步构思，也可以看作是解法三的选择一个"活动的角"的思考，而选取了∠CAD=θ。而解法三又可以看作是，采取解法二的利用三角代换以去掉"$\sqrt{}$"号的思考规律，只是改设

$$\cot\theta = \frac{x}{10}。$$

这样，解法三的过程，就成了

$$\begin{aligned}u &= 20\sqrt{1+\left(\frac{x}{10}\right)^2} - x \\ &= 20\sqrt{1+\cot^2\theta} - 10\cot\theta \\ &= 10 \times \frac{2-\cos\theta}{\sin\theta}。\end{aligned}$$

往下，仍是解法三。

［当然，如刚才在说明（2）中所写出的，由此往下，也可以用解法二的平面几何讨论斜率的方法。］

而解法二的过程，就成了，设∠CAD=θ，θ∈［0,arctan3］，如图6-39所示。

则 $\sqrt{100+x^2} = AD = \dfrac{10}{\cos\theta}$,

$x = CD = 10\tan\theta$,

于是，$u = 2 \times \dfrac{10}{\cos\theta} - 10\tan\theta$。

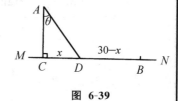

图 6-39

往下，仍是解法二。

那么，解法二往下的进程，是不是也可以采取解法三的利用万能公式到利用平均数不等式的途径呢？

从对称的观点和多解归一的思路来看，当然可以。具体过程如下。

$$\begin{aligned}u &= 2 \times \frac{10}{\cos\theta} - 10\tan\theta \\ &= 10 \times \frac{2-\sin\theta}{\cos\theta} \\ &= 10 \times \frac{2 - \dfrac{2\times\tan\dfrac{\theta}{2}}{1+\tan^2\dfrac{\theta}{2}}}{\dfrac{1-\tan^2\dfrac{\theta}{2}}{1+\tan^2\dfrac{\theta}{2}}}\end{aligned}$$

$$= 10 \times \frac{2 + 2\tan^2 \frac{\theta}{2} - 2\tan \frac{\theta}{2}}{1 - \tan^2 \frac{\theta}{2}}$$

$$= 10 \times \frac{2\tan^2 \frac{\theta}{2} - 2 + 4 - 2\tan \frac{\theta}{2}}{1 - \tan^2 \frac{\theta}{2}}$$

$$= 10 \left[-2 + \frac{4 - 2\tan \frac{\theta}{2}}{1 - \tan^2 \frac{\theta}{2}} \right]$$

$$= 10 \left[-2 + \frac{1}{\frac{1 - \tan^2 \frac{\theta}{2}}{4 - 2\tan \frac{\theta}{2}}} \right]。$$

再记 $v = \dfrac{1 - \tan^2 \frac{\theta}{2}}{4 - 2\tan \frac{\theta}{2}}$

$$= \frac{-\tan^2 \frac{\theta}{2} + 2\tan \frac{\theta}{2} - 2\tan \frac{\theta}{2} + 1}{-2\tan \frac{\theta}{2} + 4}$$

$$= \frac{1}{2}\tan \frac{\theta}{2} + \frac{-2\tan \frac{\theta}{2} + 4}{-2\tan \frac{\theta}{2} + 4} + \frac{-3}{-2\tan \frac{\theta}{2} + 4}$$

$$= 1 + \frac{1}{2}\tan \frac{\theta}{2} + \frac{-3}{-2\tan \frac{\theta}{2} + 4}$$

$$= 2 + \frac{1}{2}\tan \frac{\theta}{2} - 1 + \frac{-3}{-2\tan \frac{\theta}{2} + 4}$$

$$= 2 - \left[-\frac{1}{2}\tan \frac{\theta}{2} + 1 + \frac{3}{-2\tan \frac{\theta}{2} + 4} \right]。$$

②

由于 $\theta \in [0, \arctan 3]$

$\Rightarrow \tan \dfrac{\theta}{2} \in \left[0, \dfrac{-1 + \sqrt{10}}{3} \right]$

$\Rightarrow -\dfrac{1}{2}\tan \dfrac{\theta}{2} + 1, -2\tan \dfrac{\theta}{2} + 4 > 0,$

于是，对于②式可以应用平均数不等式。

由于 $\left(-\dfrac{1}{2}\tan\dfrac{\theta}{2}+1\right)\left(\dfrac{3}{-2\tan\dfrac{\theta}{2}+4}\right)=\dfrac{3}{4}$，

那么，当且仅当

$$-\dfrac{1}{2}\tan\dfrac{\theta}{2}+1=\dfrac{3}{-2\tan\dfrac{\theta}{2}+4}$$

$\Leftrightarrow \left(-\dfrac{1}{2}\tan\dfrac{\theta}{2}+1\right)^2=\dfrac{3}{4}$

$\Leftrightarrow -\dfrac{1}{2}\tan\dfrac{\theta}{2}+1=\dfrac{\sqrt{3}}{2}$

（因为 $\theta\in[0,\arctan 3]$）$\Rightarrow \tan\dfrac{\theta}{2}\in\left[0,\dfrac{-1+\sqrt{10}}{3}\right]$

$\Rightarrow -\dfrac{1}{2}\tan\dfrac{\theta}{2}+1>0$（故舍去负根）

$\Leftrightarrow \tan\dfrac{\theta}{2}=2-\sqrt{3}$ 时，

$$-\dfrac{1}{2}\tan\theta+1+\dfrac{3}{-2\tan\dfrac{\theta}{2}+4}$$

得到最小值 $\sqrt{3}$，v 便得到最大值 $2-\sqrt{3}$，u 便得到了最小值。

$$u_{\min}=10\left(-2+\dfrac{1}{2-\sqrt{3}}\right)=10\sqrt{3}，$$

这时，

$$\tan\dfrac{\theta}{2}=2-\sqrt{3}\Rightarrow \tan\theta=\dfrac{\sqrt{3}}{3}，$$

所以 $x=10\times\tan\theta=\dfrac{10}{3}\sqrt{3}$。

太棒了，曲曲弯弯，弯弯曲曲，多少处是"山重水复疑无路"，却多少回"峰回路转""柳暗花明"，终于，"条条江河归大海了"。

题目做到这个"份儿"上，是不是才如京剧《沙家浜》中的那句台词："这茶，吃到这会儿，才吃出点味儿来。"（阿庆嫂）

什么"味儿"呢？——漫江碧透，鱼翔浅底。

初识解法二，为其巧妙击掌；初见解法三，为"平均数不等式"应用技巧的莫测而叫绝。

但几番移花接木之后，惊回首，离天不过三尺三，原来不过如此。哪有偌多神秘，哪有偌多稀世之珍。

这里，其实是一个非常简单又十分清晰的思路：

第一，求某个量的最大（小）值时，要把这个量作为函数 y 表达出来。

第二，若表达式中有"$\sqrt{}$"号，而且是 $\sqrt{a^2+b^2x^2}$ 或 $\sqrt{a^2-b^2x^2}$ 或 $\sqrt{b^2x^2-a^2}$ 的形式，可利用相应的三角代换手段去掉"$\sqrt{}$"号，然后，观察是否能利用数形结合转化为一个定点与单位圆上某一段弧的极端位置（常常是切线）连线的斜率；也可以观察能否利用万能公式，把表达式中的 $\sin\theta$、$\cos\theta$ 统一为 $\tan\dfrac{\theta}{2}$ 后，可以归结为平均数不等式的求最大（小）值问题。

第三，如果是涉及图形的函数 y，一般去选择图形内一个活动的角（有时也选择一条长短在变化的线段），去统一"y"表达式中的各变量；之后，再用"第二条"中的做法。

这样，解法二和解法三，就自然而成 8 种解法纷呈眼前。如下：

方法 1：选 $\angle CAD$ 为 $\theta \to$ 数形结合，借助直线的斜率；

方法 2：选 $\angle CAD$ 为 $\theta \to$ 万能公式 $\to$ 平均数不等式；

方法 3：选 $\angle ADC$ 为 $\theta \to$ 数形结合，借助直线的斜率；

方法 4：选 $\angle ADC$ 为 $\theta \to$ 万能公式 $\to$ 平均数不等式（解法三即此）；

方法 5：设 $\tan\theta=\dfrac{x}{10} \to$ 三角代换 $\to$ 数形结合，借助直线斜率（解法二即此）；

方法 6：设 $\tan\theta=\dfrac{x}{10} \to$ 三角代换 $\to$ 万能公式 $\to$ 平均数不等式；

方法 7：设 $\cot\theta=\dfrac{x}{10} \to$ 三角代换 $\to$ 数形结合，借助直线斜率；

方法 8：设 $\cot\theta=\dfrac{x}{10} \to$ 三角代换 $\to$ 万能公式 $\to$ 平均数不等式。

这样一来，面纱轻轻摘下，神秘巧凑的解法二和解法三，变成如此顺理成章的 8 种解法。

而再放眼望去，漫江碧透，哪里是 8 种解法，其实为一个解法嘛！

（一题多解了，又多解归一了。）

那还能品出什么"味儿"呢？

很多同学对于应用"平均数不等式"，有些望而生畏，因为应用的技巧，看上去眼花缭乱、目不暇接，令人始料未及，感到神秘莫测。

如果有的同学原来有这种感觉，那恰恰是我在本书中竭力反对的不好的习题课教学方式和学习方法所造成的，即教师只讲解法，不讲得到解法的想法和酝酿过程，不弄清楚为什么那样去想。

下面我再讲讲这个应用技巧［利用平均数不等式求函数的最大（小）值］。

简单来说，对于一个分式 $\dfrac{f(x)}{g(x)}$，如果拟利用平均数不等式求它的最小值，当 $g(x)$ 是一次式、$f(x)$ 是二次式时，可利用部分分式的方法，把它变形为 $ax+m+\dfrac{n}{g(x)}$，这里 a、m、n 都是常数。

然后，只要根据 ax 和 $g(x)$ 中的一次项的系数之比，让 ax 向 $g(x)$ 中的一次项看齐，方法是，若

$$g(x) = cx + d,$$

则对 ax 加上 $\dfrac{ad}{c}$。当然，同时在后面减去 $\dfrac{ad}{c}$，这时，式子

$$ax + m + \dfrac{n}{g(x)}$$

便变形成了

$$\dfrac{a}{c}(cx+d) + \dfrac{n}{cx+d} + m - \dfrac{ad}{c},$$

即可应用平均数不等式了。

但是，无论是在这一步准备去应用平均数不等式，还是其他步骤，都要先考察有关"项"的正或负性（例如，去掉"$\sqrt{}$"号等），保证变形的正确进行，保证公式的合理应用。

（4）解法三的第 2 步之所以敢于选用万能公式，还应归功于对于解析式

$$\dfrac{2-\cos\theta}{\sin\theta}$$

进行了多往下想几步的思考。

解法四

在上述解法二或解法三中，在 u 表达式

$$u = 10 \times \dfrac{2-\sin\theta}{\cos\theta}$$

或

$$u = 10 \times \dfrac{2-\cos\theta}{\sin\theta}$$

中，任择其一，例如，对

$$u = 10 \times \dfrac{2-\sin\theta}{\cos\theta}$$

进行变形，得

$$10\sin\theta + u\cos\theta = 20,$$

$$\sqrt{100+u^2}\sin(\theta+\varphi) = 20。$$

$\left(\text{在这里，可令 } \varphi = \arctan\dfrac{u}{10}\right)$

$$\sin(\theta+\varphi) = \dfrac{20}{\sqrt{100+u^2}} \qquad ③$$

由于 $[\sin(\theta+\varphi)]_{\max} = 1$，代入③式，得

$$\dfrac{20}{\sqrt{100+u^2}} \leqslant 1。$$

因而 $20 \leqslant \sqrt{100+u^2}$，

$u \geqslant 10\sqrt{3}$ （$u \leqslant -10\sqrt{3}$ 舍去）。

把 u 的最小值 $10\sqrt{3}$ 代入解法一中的式① $u = 2\sqrt{100+x^2} - x$，得

$$x = \dfrac{10}{3}\sqrt{3}。$$

经检验，$\dfrac{10}{3}\sqrt{3} \in [0,30]$，符合题意。

说明： （1）为什么要对得到的解答进行检验？这是因为对③号式

$$\sin(\theta+\varphi) = \dfrac{20}{\sqrt{100+u^2}}$$

进行分析，利用正弦函数的有界性，从

$$[\sin(\theta+\varphi)]_{\max} = 1$$

出发运算时，没有证明在本题中一定可以取到最大值"1"（当然，还因为之后又采取过两边平方的步骤）。

（2）也可以不对最后的答案进行检验，而采取证明对于 $\sin(\theta+\varphi)$ 来说，可以取到最大值"1"的方法如下：

（从解法四步骤中的③处开始）

由于 $u = 10 \times \dfrac{2-\sin\theta}{\cos\theta} > 10 \times \dfrac{1}{\cos\theta} > 10$，

于是，$\tan\varphi = \dfrac{u}{10} > 1 \Rightarrow \varphi > \dfrac{\pi}{4}$。

而 $\theta \in [0, \arctan 3]$，那么

$u = 10 \times \dfrac{2-\sin\theta}{\cos\theta} \leqslant 10 \times \dfrac{2}{\cos\theta} \leqslant 10 \times \dfrac{2}{\sqrt{10}} = 2\sqrt{10}$，

则 $\tan\varphi = \dfrac{u}{10} \leqslant 2\sqrt{10} \Rightarrow \varphi \leqslant \arctan 2\sqrt{10}$,

于是 $\dfrac{\pi}{4} < \varphi < \arctan 2\sqrt{10}$。

那么，当 θ 取 $\arctan 3$ 时，$\theta + \varphi > \dfrac{\pi}{2}$；当 θ 取 0 时，$\theta + \varphi < \arctan 2\sqrt{10}$。

由于 θ 是从 0 到 $\arctan 3$ 连续取值，因此 $\theta + \varphi$ 必遍取从 $\arctan 2\sqrt{10}$ 到 $\dfrac{\pi}{2}$ $\left(\text{包括} \dfrac{\pi}{2}\right)$ 的一切值。

这样，$\sin(\theta + \varphi) = 1$ 可以实现。

因而把 $[\sin(\theta + \varphi)]_{\max} = 1$ 代入③式，得

$$\dfrac{20}{\sqrt{100 + u^2}} \leqslant 1,$$

并且其中"＝"号可以成立。

因而 $20 \leqslant \sqrt{100 + u^2}$,

$u \geqslant 10\sqrt{3}$（$u \leqslant -10\sqrt{3}$ 舍去，理由同前面解法一）。

代入解法一中的①式

$$u = \sqrt{100 + x^2} - x。$$

（这种方法至此时，无须检验了。）

如果形成了解法三的说明（3）中所说的"往下多想几步"的能力，那么选择

$$u = 10 \times \dfrac{2 - \cos\theta}{\sin\theta} \ (\theta \text{ 为 } \angle ADC \text{ 的度数})。$$

这时，对于"＝"号成立的讨论则会简单许多，因为，此时 θ 的取值范围是 $\left[\arctan\dfrac{1}{3}, \dfrac{\pi}{2}\right]$，那么，$\theta + \varphi$ 就显然可以取得 $\dfrac{\pi}{2}$ 了。

（3）本解法四所示的方法，在求范围、求最大（小）值（两者是统一的）的题目中，是一个被广泛采用的方法，其思路简述如下。

先把原始的函数式或等式整理为

$$\sin[f(u)] = \varphi(y)$$

的形式，然后利用正弦（或余弦）函数的有界性，求解

$$-1 \leqslant \varphi(y) \leqslant 1,$$

从而得到 y 的范围。

当然，这里必须考虑"＝"号成立的可能性；如果不是求 y 的范围，而是证明关于 y 的某个不等式，则不必考虑"＝"号是否成立。

而在有些具体的题目中，由于解析式 $\varphi(y)$ 的特殊结构，有可能利用诸如平均数不等式等手段，对 $\varphi(y)$ 的取值范围得到某种结论，例如

$$\varphi(y) \geq \frac{1}{2}。$$

那么，反过来又可由

$$\sin[f(u)] \geq \frac{1}{2}$$

得到对 θ 范围的某个结论。

解法五

$u = 2\sqrt{100+x^2} - x$

$ = \sqrt{400+4x^2} - x$

$ = \sqrt{300+(100+3x^2)+x^2} - x$

$ \geq \sqrt{300+2\times 10\times\sqrt{3}x+x^2} - x$

$ = \sqrt{(10\sqrt{3}+x)^2} - x$

$ = 10\sqrt{3} + x - x$ （因为 $10\sqrt{3}+x > 0$）

$ = 10\sqrt{3}$ 当且仅当 $10 = \sqrt{3}x$，即

$$x = \frac{10}{3}\sqrt{3}$$

时，u 得到最小值 $10\sqrt{3}$。

说明：在以上的各种解法里，解法五无疑是最巧妙又最简捷的了，真是漂亮！

这时，如我反复强调的，一定要弄清楚解法是怎么想出来的。

这个解法五，是我们班的一位优秀学生杨维华同学（他后来考上北京大学数学科学学院）在试卷上的解答。

他是这样想出来的：

对于

$$u = 2\sqrt{100+x^2} - x,$$

(1) 为了得到 $u \geq$ 某常数（一般是考虑利用平均数不等式），又是"$\sqrt{}$"号外有"$-x$"，那么，就要把"$\sqrt{}$"号外面的系数"2"移进去，并且把"$4x^2$"分离出一个"x^2"来，以便其将来出"$\sqrt{}$"号后，与"$\sqrt{}$"号外面的"$-x$"相抵消。

(2) 这时"$\sqrt{}$"号内除了保留 x^2 项之外，还有 $400+3x^2$，为了将来形成 $(x+a)^2$，恰好可以对 $400+3x^2$ 应用 $a^2+b^2 \geq 2ab$，使得 x 出现一次项。

(3) 在对 $400+3x^2$ 应用 $a^2+b^2 \geqslant 2ab$ 时，$3x^2$ 不能再分离了（因为"$\sqrt{}$"内只允许留下一个 x^2 项，即 x^2）。若视 $3x^2$ 为 a^2，那么 $2a$ 是 $2\sqrt{3}x$，b 应该是什么呢？一时间，山穷水尽了。

怎么办？

（换个角度来想嘛！这是我们一再提倡的"运动"的哲理观点的一种表现，是我们的四大规律之一。）

(4) 换个角度，从 400 应该如何拆分来思考。

由于 $2a$ 是 $2\sqrt{3}x$，那么，为了将来化完全平方时能够出现"$\sqrt{3}$"（因为 x^2 是出不来"$\sqrt{3}$"的），宜试着把 400 留下 300，让剩下的 100 作为 b^2 去参与应用平均数不等式。

喔！眼前一片光明，成功了！

一个神妙的解法诞生了，但它的孕育成功是那样地合情合理。

这正是本书所大力提倡的，把这个"合情合理"——伟大的广义对称——挖出来，你将逐渐从"必然王国"走进"自由王国"。

解法六

解法六是我们班又一位优秀学生廖东南在试卷上的解答，他现在就读于清华大学自动化系（本解法供学习过"微积分"的同学们参考）。

对于 $u = 2\sqrt{100+x^2} - x$，求它的一阶导数，得

$$u' = \frac{2 \times \frac{1}{2} \times 2x}{\sqrt{100+x^2}} - 1$$

$$= \frac{2x}{\sqrt{100+x^2}} - 1。$$

令 $u' = 0$，有

$$\frac{2x}{\sqrt{100+x^2}} - 1 = 0,$$

$$2x = \sqrt{100+x^2},$$

$$x = \pm\frac{10}{3}\sqrt{3}。$$

经检验，$-\frac{10}{3}\sqrt{3}$ 为增根。

取 $x = 0 < \frac{10}{3}\sqrt{3}$，$u'(x) = u'(0) = -1 < 0$，

取 $x = 2\sqrt{11} > \frac{10}{3}\sqrt{3}$，$u'(x) = u'(2\sqrt{11}) = \frac{\sqrt{11}}{3} - 1 > 0$。

则当 $x = \frac{10}{3}\sqrt{3}$ 时，u 得到极小值。

又由于 u 只有一个极值点，所以当 x 取 $\frac{10}{3}\sqrt{3}$ 时，u 得到的极小值也是最小值。

> **说明**：廖东南同学对于微积分方法的运用十分灵活。

廖东南没有按常规那么做，在 $\left[-\frac{10}{3}\sqrt{3},\frac{10}{3}\sqrt{3}\right]$ 和 $\left(\frac{10}{3}\sqrt{3},+\infty\right)$ 两个区间上，分别推导

$$u' = \frac{2x}{\sqrt{100+x^2}} - 1$$

的正负性。从而判断 x 取 $\frac{10}{3}\sqrt{3}$ 时，u 是否得到最小值。因为这个推导过程既困难又烦琐。

面对困难和烦琐，又基于对微积分基础知识的准确把握，廖东南运用"运动"的观点，灵活地换了一个角度来处理，即反过来代入一个数做判断。因为 u 在 $\left(-\frac{10}{3}\sqrt{3},+\infty\right)$ 上只有一个极值点 $\frac{10}{3}$，所以只要在 $\frac{10}{3}\sqrt{3}$ 的左、右各选一个好算的数代入就可以了。在 $\frac{10}{3}\sqrt{3}$ 的左边，最好算的数当然是"0"，但在 $\frac{10}{3}\sqrt{3}$ 的右边廖东南怎么就想到"$2\sqrt{11}$"了呢？原来，廖东南是在观察

$$u' = \frac{2x}{\sqrt{100+x^2}} - 1$$

的构造后，为了使 $\sqrt{100+x^2}$ 得到一个不带"$\sqrt{}$"号的数，则需要 $100+x^2$ 是完全平方数。这时首选的是 $\sqrt{21}$，但 $\sqrt{21}<\frac{10}{3}\sqrt{3}$，仍在 $\frac{10}{3}\sqrt{3}$ 的左侧。于是，廖东南又试了 $\sqrt{44}=2\sqrt{11}$，发现它符合要求，因为 $2\sqrt{11}>\frac{10}{3}\sqrt{3}$，在 $\frac{10}{3}\sqrt{3}$ 的右侧。

廖东南同学在解决这个问题上显示的才能，说到底，是其能扎实地掌握概念和善于随时换个角度处理问题。

解法七

"平面几何"里的关于费尔马点的定理是这样说的，如果一个三角形的3个内角都小于120°，那么三角形的内部必存在唯一的点，它向三条边的张角都是60°，这个点到3个顶点的距离和最小，这个点称作"费尔马点"。

（当然，当三角形存在某个内角为120°以及存在某个内角大于120°时，费尔马点仍存在，它就是"这个"内角的顶点。）

对于本题，如果陆路的单位里程的运费和水路相同，那么问题就可以转化为，求怎样选择 D 点，使"$AD+DB$ 的和"最小。

（又是运用"运动"的观点，换个角度看问题）

但在本题，陆路的单位里程的运费是水路的 2 倍，即在 AD 上行 1 千米，相当于在 DB 上行 2 千米，那么，为了转化为求 "$AD+DB$ 的最小和"，只要把 AD 扩大 1 倍不就可以了吗！

但是，AD 不能延长，因为 A 点是固定的，D 点经过推理分析已经确定必须在 CB 上。

怎么办？

那么，应该从 A 到 D 重复一次，但不允许，因为 AD 只能作为一条线段。

困难怎么解决呢？

考虑到 D 在直线 BC 上，又要把 AD 重复一次，可以从点 A 关于直线 MN（即 BC）的对称点 A' 处走到 D 点处，问题就得到了圆满的解决。因为 $A'D$ 总是等于 AD。如图 6-40 所示。

这时，对于固定的 3 个点 A、B、A'，所求问题就能转化为，在 $\triangle ABA'$ 中求一点 D，使得 "$AD+A'D+BD$ 的和"最小，并且 D 点还要在过 B 向 AC 所作的垂线段上。

当点 A' 是点 A 关于直线 BC 的对称点时，$\triangle ABA'$ 是等腰三角形，由于 $AB>BC=30>20=AA'$，因此 $\angle ABA'<\angle AA'B$。而等腰 $\triangle ABA'$ 的底角 $\angle AA'B<90°$，则 $\triangle ABA'$ 的 3 个内角都是锐角，那么，等腰 $\triangle ABA'$ 的费尔马点 D 的位置应当在 $\triangle ABA'$ 的内部并且在底边 AA' 的高线上，如图 6-41 所示。

由 $\angle ADB=120° \Rightarrow \angle ADC=60°$，又已知 $AC=10$，那么在 $Rt\triangle ACD$ 中，
$$CD=AC \cdot \cot\angle ADC$$
$$=10 \times \frac{1}{\sqrt{3}}=\frac{10}{3}\sqrt{3}。$$

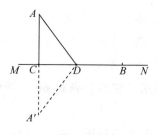

图 6-40

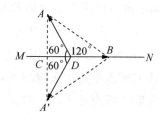

图 6-41

有的同学会问，考试这样答卷，给分吗？因为课本上没有费尔马点定理。

我的回答是，我们的目的是解决这实际问题，更是为了学会分析和解决问题，培养智力素质；如果怕判卷人不给分，只需在后面附上对费尔马点定理的证明即可。

（二）费尔马点定理的引出及其证明

【例 6-12】

已知：$\triangle ABC$ 的 3 个内角都小于 $120°$，O 为 $\triangle ABC$ 内一点，$\angle AOB=\angle BOC=\angle COA=120°$，$O'$ 为异于点 O 的任意一点，如图 6-42 所示。

求证：$OA+OB+OC<O'A+O'B+O'C$。

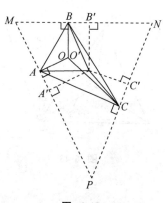

图 6-42

证法一

分别过点 A、B、C 作 $OA \perp PM$、$OB \perp MN$、$OC \perp NP$，PM 交 MN 于 M，MN 交 NP 于 N，NP 交 PM 于 P。

又因为 $\angle AOB = \angle BOC = \angle COA = 120°$（已知），

所以 $\angle PMN = \angle MNP = \angle NPM = 60°$，

所以 $\triangle MNP$ 是等边三角形。

而 $OA + OB + OC$ 是等边 $\triangle MNP$ 内一点 O 到三边的距离之和，它等于等边 $\triangle MNP$ 的一条高线长。

过 O' 分别作 PM、MN、NP 的垂线段 $O'A'$、$O'B'$、$O'C'$。

那么，$O'A' + O'B' + O'C'$ 也等于等边 $\triangle MNP$ 的一条高线长，于是
$$OA + OB + OC = O'A' + O'B' + O'C'。$$

由于过直线外一点向直线所引的垂线段最短，因此
$O'A' \leqslant O'A$ 且 $O'B' \leqslant O'B$ 且 $O'C' \leqslant O'C$，其中"="号不可能同时成立。

因而 $OA + OB + OC = O'A' + O'B' + O'C' < O'A + O'B + O'C$。

证毕。

这个证法很巧妙。那么，教师可以立即讲出它是如何构思出来的。对于同学们呢？如果没讲出来这个证法是怎么想出来的，那么自己一定要把得到这个证法的想法酝酿过程分析出来。

构思是**从 120° 入手的**，而 120° 的外角是 60°，由于 $\angle AOB$、$\angle BOC$、$\angle COA$ 都是 120°，因此，如果做出证法中的分别和 OA、OB、OC 垂直的三条垂线，则要相交出一个正 $\triangle MNP$。这时，$OA + OB + OC$ 之和等于正 $\triangle MNP$ 的一条高，由于 $O'A$、$O'B$、$O'C$ 不可能都分别和正 $\triangle MNP$ 的三边垂直，因此它们的和就大于一条高了。

分析出了从 120° 入手这个关键思考，并且是利用了它的补角是 60°，用作垂线的方式制造了等边三角形，而构思了以上的证法。

那么，把 AO 延长，不也可以出现 60° 吗?! 如果也是利用这个 60° 构造一个等边三角形，是不是也可以寻得一个出路呢？

这就得到了费尔马点定理的证法二。

分析

延长 AO 到 C'，使 $OC' = OC$，继续延长 OC' 到 B'，使 $C'B' = OB$，这样 $OA + OB + OC$ 便转移到了 AB' 上。这时，思考应集中到，如何使点 O 以外的任意一点 M 到三个顶点 A、B、C 的连接线段的和 $MA + MB + MC$ 等于连接 A 点和 B' 点的折线之和，问题便得到了解决。如图 6-43 所示。

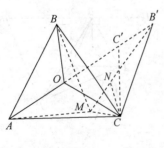

图 6-43

证法二

延长 AO 到 C'，使 $OC'=OC$，延长 OC' 到 B'，使 $C'B'=OB$。

于是，
$$AB' = OA + OB + OC。$$

设 M 是平面上异于费尔马点 O 的一点，分别连接 MA、MB、MC，以 MC 为一边作正 $\triangle MCN$，如图 6-43 所示连接 NB'。

因为　　$\angle COC' = 180° - \angle AOC = 60°$，

又因为　　$OC' = OC$（所作），

所以　　$\triangle OCC'$ 是正三角形，

所以　　$CC' = OC, \angle OC'C = 60°$，

所以　　$\angle CC'B' = 180° - \angle OC'C = 120°$。

又因为　　$C'B' = OB$（所作），

所以　　$\triangle CC'B' \cong \triangle COB$（SAS），

所以　　$\angle C'CB' = \angle OCB, CB' = CB$。

而在正 $\triangle OCC'$ 中，$\angle OCC' = 60°$，

在正 $\triangle MCN$ 中，$\angle MCN = 60°$，

所以　　$\angle C'CN = \angle OCC' - \angle OCN$
$$= \angle MCN - \angle OCN = \angle OCM，$$

所以　　$\angle MCB = \angle OCM + \angle OCB$
$$= \angle C'CN + \angle C'CB' = \angle NCB'。$$

又因为在正 $\triangle MCN$ 中，$MC = NC$，

再由已证　　$CB' = CB$，

所以　　$\triangle MCB \cong \triangle NCB'$（SAS）。

所以　　$MB = NB'$。

而在正 $\triangle MCN$ 中，$MN = MC$，

这样　　$MA + MB + MC = MA + NB' + MN$
$$> AB' = OA + OB + OC。$$

证毕。

现在对以上两种证法进行多解归一。

入手的关键性举措，都是从 $120° \rightarrow 60° \rightarrow$ 制造等边三角形。这是共同点。

不同之处是，在最后一步证明不等关系时，证法一利用的是"斜边大于直角边"；证法二则是利用"连接两点的折线的长大于连接这两点的直线段的长。"

从这里的共同点，我们又积累了一条规律，那就是：**见 120° 而一时迷惘时，往 60° 上去想，往制造等边三角形上去想。**

而这里的不同之处，如果再想想，是不是又源出一处了呢？

请看图 6-44。

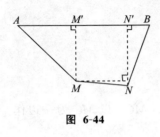

图 6-44

这里的折线 $AMNB$ 大于直线段 AB，不是也可以看作是一对对的斜边大于直角边嘛！

因为 $AM > AM'$，

因为 $MN > M'N'$，

因为 $NB > N'B$，

所以 $AMNB > AB$。

喏，"折线大于直线段"和"斜边大于直角边"又浑然一体而漫江碧透了。

这又是，学习方法对头时，知识学得越多却用得越少。

对于费尔马点的掌握，到现在，仍有两个问题应该讨论但尚未涉及，那就是：

（1）当三角形的三个内角大于 120°时，在三角形的内部，是否一定存在一个点，它向三条边的张角都是 120°，并且这个点是唯一的？

（2）当三角形的三个内角并不是都大于 120°时，情况又如何？

这两个问题都不难解决，但只有解决了它们时，关于三角形的费尔马点定理才是完整的。

先来解决问题（1）。

首先回到前面的证法二。

由于已证出 $\angle C'CB' = \angle OCB$ 及 $\angle OCC' = 60°$，

则有 $\angle BCB' = 60°$。

又由于已证出 $CB' = CB$，

因此，如果连接点 B、B'，则有△BCB' 是等边三角形，如图 6-45 所示。也就是说，费尔马点 O 在正△BCB' 的顶点 B' 与原三角形 ABC 中和它相对的顶点 A 的连线 AB' 上。

由于在原△ABC 中，三条边 AB、BC、CA 是平等的（广义的对称），因此，费尔马点 O 也必在相应的连线 CA' 上，如图 6-46 所示。

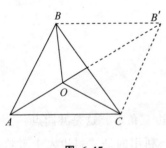

图 6-45

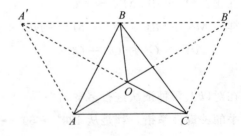

图 6-46

费尔马点 O 就是这两条直线的交点。

这样，费尔马点的存在性问题就得到了解决。

由于三条边 AB、BC、CA 是平等的，因此，费尔马点 O 也在相应的连线 BC' 上，如果能证明 AB'、BC'、CA' 这三条连线交于一点，那么，费尔马点的唯一性就得到了证明。

但这个证明比较难以下手。

怎么办？

换个角度考虑问题嘛！

用反证法，如图 6-47 所示。

若在 O 点之外还存在一点 M 也是费尔马点，即 $\angle AMB = \angle BMC = \angle CMA = 120°$。

当 M 点在线段 OA 上时，易证 $\angle BMC < \angle BOC = 120°$，与 $\angle BMC = 120°$ 矛盾。

当 M 点在线段 OB、OC 上时，同理。

当 M 点在其他位置（不妨设在 $\angle BOC$ 内部）时，$\angle BMC > \angle BOC = 120°$，也与 $\angle BMC = 120°$ 矛盾。

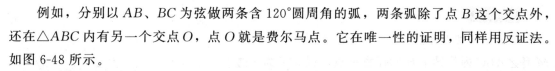

图 6-47

因此，M 点只能与 O 点重合，费尔马点是唯一的。

事实上，解决问题（1）的方法还有许多。

例如，分别以 AB、BC 为弦做两条含 $120°$ 圆周角的弧，两条弧除了点 B 这个交点外，还在 $\triangle ABC$ 内有另一个交点 O，点 O 就是费尔马点。它在唯一性的证明，同样用反证法。如图 6-48 所示。

现在来解决问题（2），如果 $\angle ABC = 120°$。

在上面解决问题（1）的第一种画图法的过程中易证，AB' 与 CA' 的交点是 B。

这是因为 $\angle ABC + \angle CBB' = 120° + 60° = 180°$。

同理，$\angle A'BC = 180°$，如图 6-49 所示。

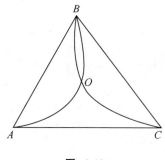

图 6-48

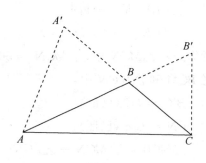

图 6-49

在上面解决了的第二种画图法的过程中也易证明，$\overset{\frown}{AB}$ 和 $\overset{\frown}{BC}$ 分别所在的两个圆相切于 B 点，

因而，两条弧 $\overset{\frown}{AB}$ 和 $\overset{\frown}{BC}$ 只有一个交点 B，于是，点 B 是费尔马点。

证明如下。

设含 $120°$ 的圆周角的 $\overset{\frown}{AB}$ 所在的圆是 $\odot O_1$，对于 $\overset{\frown}{BC}$ 的相应的圆是 $\odot O_2$。

则优弧 $\overset{\frown}{AB} = 240° \Rightarrow$ 劣弧 $\overset{\frown}{AB} = 120° \Rightarrow \angle AO_1B = 120° \Rightarrow \angle ABO_1 = 30°$。

同理，$\angle CBO_2 = 30°$。

又因为 $\angle ABC = 120°$，

所以 O_1、B、O_2 点在一条直线上，如图 6-50 所示。

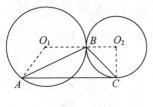

图 6-50

即两圆的连心线过两圆的一个公共点（B），那么，两圆相切，只存这一个公共点。

无论是从第一种画图法还是第二种画图法的过程，都易得到，当三角形有一个内角大于 120°时，两个连线的交点（第一种画图法），两个弧线的第 2 个交点，都在 $\triangle ABC$ 的外部，它已不再是费尔马点，因为前面的两种证法的过程已不能通过，宜换个角度寻找这时的三角形的费尔马点。

首先解决当三角形有一个内角是 120°时（当然，另两个内角只可能是锐角了）的情况。

【例 6-13】 已知：设 $\angle ABC = 120°$。

求证：点 B 是 $\triangle ABC$ 的费尔马点。

证 明

延长 AB 到 B' 使 $BB' = BC$，如图 6-51 所示，M 是 $\angle ABC$ 内部异于 B 的任意一点，以 MC 为一边作正 $\triangle MCN$，则 $MN = CM$，$CN = CM$。

连接 NB'，CB'。

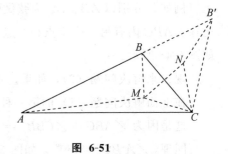

图 6-51

因为 $\angle CBB' = 180° - \angle ABC = 60°$，

$BB' = BC$（所作），

所以 $\triangle CBB'$ 是正三角形，

所以 $\angle BCB' = 60°$，$B'C = BC$。

在所作的正 $\triangle MCN$ 中，$\angle MCN = 60°$。

在 $\triangle BCM$ 和 $\triangle B'CN$ 中，

因为 $B'C = BC$（已证），

$CN = CM$（已证），

$\angle MCB = \angle MCN - \angle BCN$

$= 60° - \angle BCN$

$= \angle BCB' - \angle BCN = \angle NCB'$，

所以 $\triangle B'CN \cong \triangle BCM$（SAS），

所以 $B'N = BM$，

所以 $AB + BC = AB' < AM + MN + B'N = AM + CM + BM$。

即点 B 是 $\triangle ABC$ 的费尔马点。

设在走走停停，进行回首。

显然，还是 120°→60°→制造等边三角形→利用"连接两点的折线长大于连接这两点的直线段的长"，与证明 3 个内角都小于 120°情况时的思考，如出一辙。

这就是多题一解了。

当 M 点在 $\angle ABC$ 的外部时，上述的证明同样能通得过，但这时可以有更简洁的证法，如下所述。

把 $\triangle ABC$ 所在的平面分成 6 个部分，如图 6-52 所示。

这 6 个部分分别是直线 AP、CQ 及 $\angle ABC$ 的内部，$\angle CBP$ 的内部，$\angle ABQ$ 的内部和 $\angle PBQ$ 的内部。

(1) 当 M 点在线段 AB 上时，由于 $\angle ABC=120°>\angle BMC$，因此有 $MC>BC$。

这样 $AB+BC$
$= AM+BM+CB$
$< AB+BM+MC$。

如图 6-53 所示。

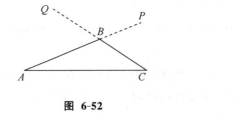

图 6-52

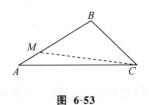

图 6-53

(2) 当 M 点在线段 BA 的延长线上时，仍由于 $\angle ABC=120°>\angle BMC$，因此有 $MC>BC$，

这样 $AB+BC<AB+MC<MA+MB+MC$。

如图 6-54 所示。

(3) 如图 6-55 所示的情况，当 M 点在 AB 的延长线上时，
$$AB+BC$$
$$<AB+BC+MC+MB$$
$$<MA+MB+MC。$$

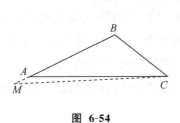

图 6-54

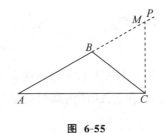

图 6-55

综合 (1)、(2)、(3)，当 M 点在直线 AP 上时，欲证结论成立。

完全类似地，当 M 点在直线 CQ 上时，欲证结论亦成立。

当 M 点在 $\angle CBP$ 的内部区域时，如图 6-56 所示。

因为 $\angle ABM>\angle ABC=120°>\angle AMB$，

所以 $AB<MA$，

所以　　$AB+BC<MA+MB+MC$。

对称地，M 点在 $\angle ABQ$ 内部区域的情况的证明，完全相同。

最后，只剩下 M 点在 $\angle PBQ$ 内部的情况，如图 6-57 所示。

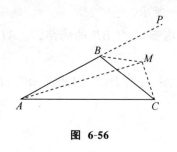

图 6-56

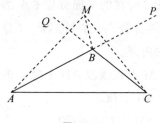

图 6-57

由于"平面几何"课上一道习题曾经证明过 $AB+BC<MA+MC$，那么当然有
$$AB+BC<MA+MC+MB。$$

至此，当 $\angle ABC>120°$ 时，点 B 就是 $\triangle ABC$ 的费尔马点的证明，就得到了一个完整又简捷的证明。

在这个过程中，当 M 点在 $\angle ABC$ 的内部以外的位置时的证法构思，是一次分类讨论和把新课题归结到已经解决知识基础上的一次很好的练习。

下面来解决，当 $\angle ABC>120°$ 时的情况。

这是联想思维的表现之一——把新课题归结到刚刚解决了的旧知识的基础上的一次生动的示范。

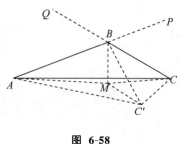

图 6-58

在这里，我们刚刚解决了的旧知识是，当 $\angle ABC=120°$ 时，点 B 是 $\triangle ABC$ 的费尔马点。证明过程中，我们把 $\triangle ABC$ 所在的平面划分为 $\angle ABC$ 内部、$\angle CBP$ 内部、$\angle ABQ$ 内部、$\angle PBQ$ 内部、直线 AP、直线 CQ 6 个区域，分别给予了证明。

现在，我们仍然划分这 6 个区域，如图 6-58 所示。

其中，当点 M 在 $\angle CBP$ 内部或在 $\angle ABQ$ 内部或在 $\angle PBQ$ 内部或在直线 AP 上或在直线 CQ 上这几种情况的证明，与当 $\angle ABC=120°$ 时在这 5 个区域上的证明过程完全相同。

而当点 M 在 $\angle ABC$ 内部时的证明，则安全是转化归结到 $\angle ABC=120°$ 时的结论上。如下：

在 $\angle ABC$ 的内部作 $\angle ABC'=120°$，仍如图 6-58 所示，并使 $BC'=BC$。

当点 M 在 $\angle ABC'$ 的内部或 BC' 边上时，由"当三角形的一个内角为 $120°$ 时，这个内角的顶点就是这个三角形的费尔马点"的结论，可得
$$AB+BC'<MA+MB+MC'。\qquad ①$$

连接 MC。

因为　　$BC'=BC$（所作），

所以 $\angle BC'C = \angle BCC'$，

所以 $\angle MC'C > \angle MCC'$，

所以 $MC' < MC$。

代入①式，有

$$AB + BC = AB + BC' < MA + MB + MC。$$

如果点 M 在 $\angle C'BC$ 的内部，则可以在 $\angle ABC$ 的内部做 $\angle CBA' = 120°$，并使 $BA' = BA$。这时，点 M 必落在 $\angle CBA'$ 的内部，那么，完全类似地，可证得 $AB + BC < MA + MB + MC$。

至此，关于三角形的费尔马点定理的证明，圆满完成了。本书为它不惜篇幅，是因为，对于中学生来说，不但存在大量的对问题进行研究的课题，而且讨论它们对于学生观察能力、分析能力、论证能力和思维水平的提高十分有益。

（三）围绕"费尔马点"的讨论还在进行中

当然，对于学生解决实际问题能力的培养，对于学生创新精神和能力的培养，也是一个积累过程。

1987 年的秋天，我提出了一个问题让我的学生们（当时是我的第二轮实验班刚上初中二年级）进行研究，问题是：

(1) 连通 3 个点的最短路径在哪里？

(2) 连通平面上 4 个点的最短路径在哪里？

(3) 如果给地图上已画出的若干村庄架设电缆，怎样选择路线，使电缆较节省？

而对于三角形的费尔马点定理的证明，就是"(1) 连通 3 个点的最短路径在哪里？"的基础。

那一次，我的学生们的研究问题讨论课，被中央电视台摄制成了一部上、下两集的数学专题节目《费尔马点》并被搬上了屏幕，在中央电视台的第一套、第二套、第三套节目中轮流播放直到 1990 年。

本书前面写到的 1998 年在美国获全美"大学生超大规模集成电路设计大赛"第 3 名的李毅同学即参加了那次讨论。而彭壮壮同学，则在这次讨论中，提出了上面的用制造外围大等边三角形的方法对费尔马点进行证明；同时，他还构想了费尔马点在物理学中的应用，利用"物体处于稳定平衡时重心最低"的原理，证明了 3 个力的平衡点就是费尔马点。

之后，过了 4 年，彭壮壮同学就以自己杰出的数学论文"求解 P 进制下的分数"和三轮答辩，成为至今为止我国唯一获得"西屋科学奖"的中学生。

事实上，我们的那次讨论，远不止是对费尔马点定理的证明，而是要有趣得多、广泛得多，因而对同学思想方法和思维方式的提高，更有价值。

此时，圆满地完成了对于三角形的费尔马点定理的证明之后，能不能说关于连通 3 个点的最短路径问题就得到了解决呢？我们班的同学们在继续研究关于四边形的费尔马点和连通 4 个点的最短路径后，才发现关于连通 3 个点的最短路径的问题从严格的意义上来讲，还没有解决。

当时的经过是这样的。

完成了3个点的费尔马点定理的证明之后,大家转向了对于4个点的费尔马点的探求。

(1) 对于凸四边形的4个顶点,对角线的交点,是它们的费尔马点。

证明如下:

如图 6-59 所示,

在平面上任取异于 Q 点的一点 N 时,有

$AB \leqslant NA + NC, BC \leqslant NB + ND$。

其中,"="号不能同时成立。

因而,$QA + QB + QC + QD = AC + BD < NA + NB + NC + ND$。

(2) 对于凹四边形,大于180°的那个内角的顶点,就是它们的费尔马点,如图 6-60 所示的 D 点。

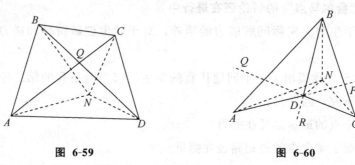

图 6-59　　　　　　　　图 6-60

证明如下:

分别延长 AD、BD、CQ,把平面划分为∠PDQ 的内部及其边界、∠QDR 的内部及其边界,∠RDP 的内部及其边界一共3个区域。

a. 当点 N 是∠PDQ 的内部及其边界上异于 D 的一点时,由"三角形两边之和大于第三边"及"平面几何"课本上一道题的结论,有

$DB \leqslant NB + ND$,

$DA + DC < NA + ND$,

将两式相加,得

$DA + DB + DC < NA + NB + NC + ND$。

b. 当 N 点是∠QDR 内部或其边界上异于 D 点的一点时。

c. 当 N 点是∠RDP 内部或其边界上异于 D 点的一点时。

以上 b、c 情形的证明,与 a 情形的证明完全相同。

完成了这个证明,有的同学想当然地给出结论:连通平面上4个点的最短径,是从它的费尔马点出发,到这4个点分别连接的线段。

但其他的同学举出了反例,如下所述:

点 A、B、C、D 是正方形的4个顶点,如图 6-61 所示。

AC、BD 相交于点 O。则点 O 是正方形的费尔马点。

由于在 Rr△ABO 内部存在一个费尔马点 P,在 Rt△CDO 中存在一个费尔马点 Q

（并且由正方形的对称性，易证 P、O、Q 在一条直线上）。

因此　$PA + PB + PO < AO + BO$，
$\qquad QC + QD + QO < CO + DO$，

将两式相加，得到

$$PA + PB + PQ + QC + QD < AC + BD。$$

也就是说，从费尔马点 O 出发连通 A、B、C、D 4 个点的连接线段的和大于从 P、Q 两点出发连通 A、B、C、D 4 个点的线段 PA、PB、PQ、QC、QD 的和。

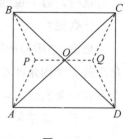

图 6-61

这样，连通 A、B、C、D 4 个点的最短路径就不是从费尔马点 O 出发的 OA、OB、OC、OD。这是因为，OA、OB、OC、OD 是从一个点出发的最短连通路径。但是寻找最短连通路径时并没有必须从一个点出发的限制，上面的推理过程表明，从 P、Q 两点分别出发并互相连接的连通路径要更短一些。

这样一来，使得同学们立即惊呼：在三角形中，会不会有从两个点出发的连接 3 个顶点的路径，也比从费尔马点一个点出发的连通路径更短呢？甚至会不会有从 3 个，4 个……点出发的连通路径比从费尔马点一个点出发的连通路径要短呢？

会不会呢？冷静思考后发现，刚刚只是虚惊一场。

对于三角形的 3 个顶点的最短连通路径，只能是费尔马点出发到 3 个顶点的连接线段。

证明如下：

首先，证明一个引理。

任何从两个点出发连通三角形 3 个顶点的路径，都要大于从其中一个点出发的连通路径。

如图 6-62 所示，画出了从 M、M' 两个点出发的一个连通路径。它的长度是

$$M'A + M'M + MB + MC。$$

如果连接 MA，根据"三角形两边之和大于第三边"，那么

$$M'A + M'M + MB + MC > MA + MB + MC。$$

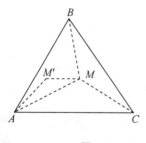

图 6-62

引理证毕。

据此出发易证，任何从 3 个点出发连通三角形 3 个顶点的路径，都要大于从其中两个点出发连通三角形 3 个顶点的路径；任何从 4 个点出发连通三角形 3 个顶点的路径，都要大于从其中 3 个点出发连通三角形 3 个顶点的路径；以此类推。

因而，连通三角形 3 个顶点的最短路径，存在于从一个点出发的连通路径，由前面的证明可知这个点当然是费尔马点。于是，连通作三角形的 3 个顶点的最短路径，是从它们的费尔马点出发得到的连通路径。这样便得到严格的证明。

但对于连接任意 3 个点的最短路径问题，还应该包括 3 个点在一条直线上的情况。

从本书第二篇第五章第一节中谈到的李毅同学对"$a<b<c$ 且 $x\in \mathbf{R}$ 时，求 $|x-a|+|x-b|+|x-c|$ 最小值"一题的解答（见本书第 92 页）可知，当 a、b、c 这 3 个点在一条直线上时，如果点 B 是中间的一点，那么它就是它们的费尔马点。

至此，连通 3 个点的最短路径问题，才是得到圆满的解决。

问题得到了圆满的解决。但学习、思考并未到此结束。

这时，有一位同学讲了他刚刚得到的发现。

什么呢？

他说："咱们刚刚的讨论，是把 3 个点的位置分成了①成为三角形的 3 个顶点：a. 三角形的 3 个内角却小于 120°；b. 有一个内角是 120°；c. 有一个内角大于 120°。以及②3 个点在一条直线上，这样两类，其中第一大类又分成了 3 小类。"

然而，从结果上归纳发现，完全可以有更简单的分类方式嘛！

"那就是，把第①大类的 b 与 c 和整个第②大类并成一类，它们的费尔马点，都是居中的那个点，对不对呢？"

太好了，这是什么？

是观察能力和分析能力的显著提高，是那么缜密严谨的思考！这恰恰是我引导学生进行问题探索研究的初衷。

本书在本章用了较大的篇幅，介绍了一次学生进行问题研究过程的一部分内容，目的是向老师们、同学们比较清楚地说明我对它的认识，如何对它进行分析以及如何展现它的价值。

> 我们的那次研究活动，最后结束在如何选择机场位置，在架设光缆时如何选择路线等实际问题的解决上。

事实上，本题（指这道求总运费最低的选择运货路线的题目）还可以利用高中物理上的光学知识，巧妙地解出来，受篇幅限制，本书不再展开讨论。

第七章 一些具体的做法

前面写过关于一分为二的观点，它有这样一层意思，任何事物都不是绝对的，而是相对的、有条件的。

谈到具体的做法时，请同学们注意这一点。但这并不意味着，怎么做都是好的，措施可以不同，但精神和原则又要是一致的。

第一节 中学时代需要高层次的体育和艺术修养

有两种观点，我坚决不同意。

第一种，为了把"分"撑上去，哪有时间弄体育？更甭说艺术了！

锻炼身体还说得过去，艺术？别不务正业了！

第二种，弄一项体育或艺术特长在身，考大学可以加"分"。

或者，会一样特长，人生不单调。

这两种观点的前半部分显然是荒谬的。

好身体靠科学的锻炼，有了好身体后，雄厚的体力、充沛的精力，将为学习保驾护航；否则，"分"也上不去，而且，把"分"当作目标，于社会、于自己的人生，都失去了价值。

至于靠特长加"分"才能考上大学，太凤毛麟角了，比"独木桥"还"羊肠小道"，而且，靠这个勉强上了大学，往后怎么办？学习跟不上，特长还能帮上忙吗？

（一）全面认识体育与中学生成长的关系

这两种观点的后半部分的偏颇，主要发生在对体育、艺术与中学生成长的复杂关系缺乏全面深入的了解。说到底，就是对体育和艺术本身，没有深刻的认识；同时，对学习也没有深刻的认识。

诚然，重视锻炼、强壮身体，是学习的保证，甚至是旺盛精力、体力的仓库。

但不仅于此；否则，男生只要每天跑 1500 米（女生 800 米）和做引体向上（女生仰卧起坐）不就差不多了吗？

前面说过，艰苦的体育锻炼，可以造就坚强的意志品质。

此外，健康不等于有力量，只有蛮劲还不够。假如一个学生的爆发力、耐力、柔韧性、协调性俱佳，心肺功能、弹跳及灵敏度都好，这是他人生的幸福；同时，达到这种水平的有理想、有抱负的青少年必时时处于充满憧憬和自信的心理状态，莫说学习了，一切对他都是美好的，他将勇往直前。

而且，有水平的体育能力，和科学思考是形影不离、息息相关的。

小至技术动作，本书前面举了个例子，铅球想投得远，出手角度不能是45°。因为落地点和出手点不在同一水平面上，相差了一个身高，所以，出手角度应该是36°～38°。但同样也是相差了一个身高，为什么标枪的出手角度应是42°左右？

在教学上精确计算，这是求最大（小）值的题目。不过，从另一个侧面运用比率，结果也是显而易见的。

乒乓球的上旋、下旋、侧旋以及弧圈，排球发上手飘球、勾手飘球，足球踢出香蕉球，从力学角度来看，都是外力作用所在的直线不通过球心的结果。但为什么弧圈和一般旋转又有所不同呢？

投篮时，一般来说，为什么当球的飞行路线弧度较大时，命中率较高？

……

处处都是教学、物理的应用问题。

大至战术，如排球比赛中的"平拉开"的本质就是"换个角度"嘛！篮球和足球战术中的底线回旋勾中，不就是"逆推分析"吗？

……

乃至场边花絮，都洋溢着知识情趣。

比赛正进行中，突然哨声一响，打出了"time out"。噢，这段时间刨出去——暂停了。

篮球队员真奇特，没有1号队员，没有2号队员，连3号队员也没有，这是怎么回事？

至于，为什么中国4×100米接力队的成绩除以4以后得到的1个人跑100米的成绩比100米世界纪录还快，则纯粹是一个数学问题了，说它是物理学中的题目也可以。

而蛙泳技术中平航式和高航式孰优孰劣的比较，则又是物理上力的分解问题了。

事实上，从1962年当上教师走上班主任岗位开始，我就非常重视学生的体育。在学校体育课之外，我给同学们讲运动技术，做动作示范，纠正同学们的动作，在二十二中的校运动会上，我们拿到团体总分的绝对第一名（例如，1995年和1996年，别的班是30分左右，而我们班则一次126分、一次122分）。上大学后，刘婷获清华大学女子800米第1名，张海飞获北京大学男子铅球第3名，桑丽芸获北京大学女子800米第7名，戴强被选为北京大学篮球协会会长，廖东南是清华自动化系篮球队主力，这两所学校都有不少降分录取的体育特招生，而我们的同学连业余体校都没上过。我们在班级里营造了浓厚的体育氛围，给大多数同学的身体素质和体育成绩运动水平带来提高。到今天，我已担任过8任班主任，有6任班级在学校的运动会上是团体总分冠军。其中，前6个班级在对外的篮球、排球、足球友谊比赛时，我常常作为一名队员上场，一面拼比赛，一面指挥。对那时一些师生鱼水一般的亲切的回忆，经常令同学们和我感到温馨。

……

（二）艺术与科学，在从不同方面塑造一个完美的人

那么艺术呢？也有数学和物理的计算吗？

当然有。例如，什么是中央"c"？——261.63赫兹，大调式的主和弦（I、IV、V级和弦）都是前2后1.5，小调式的主和弦则都是前1.5后2。在12平均律里，每个0.5都是100音分，于是，在低音区域每差1个赫兹的音分数当然要多。

....

而更深刻的映融，是观点、思想、情、韵上的相通。

音乐的美，是和谐；美术呢，也是和谐，是色彩和线条的和谐。

数学呢？数学的美是它高度的严谨和合理而达成的和谐，一种令人神怡的内在和谐。

艺术与科学，从不同方面在塑造一个完美的人。

基于这种认识，我力求使我们班的体育水平和艺术水准突出（前面写过，此处不再赘述）。

也正是基于这种认识，中学生的体育和艺术发展，是不可或缺的，也必须是高层次的。

这句话是什么意思？

意思就是说，要达到上述的认识，就要完善自己的追求；就像踢足球不是为过瘾而去"玩"，当然更不是去踢一脚进行宣泄。唱歌，不是唱一些低下庸俗肤浅的流行歌曲，歌曲应是发人深省、催人向上，具有高扬的艺术水准的。

每年的合唱比赛，我们班都是第一名，我们班能唱出和谐的二声部甚至四声部，虽然是我教他们排练的，但同学们一点就通。

演出时，我和肖丽、李谧、戴强同学一起用手风琴伴奏。

在我们班，李谧、刘婷、曹珺、肖丽、段大方、闫珺、孙兴同学都能演奏钢琴，段大方同学还能演奏手风琴，而李晓崧的小提琴曾获北京市年龄组比赛的第2名，陈帆上大学后还代表清华大学参加全国大学生艺术节并获得二等奖。

这句话还有一层意思是，只花费一定的时间和精力，从事体育和艺术。因为我们的主攻方向是科学；如果已经确定主攻体育或艺术，那么在科学上则只花一定的时间和精力。

第二节 高层次的业余生活

我很不喜欢听到一种说法：等考完了，可要好好放松放松去。

这里还更因为，我了解说这话的一些人的放松是怎样的放松，流行歌曲伴着摇摆、喝酒打逗等。

这才是放松吗？难怪把考试之前比作受煎熬了。

"受苦受难"的煎熬，怎会学出成绩？更怎么能"演出"人才来？

现在提倡快乐教育，我是赞成的。

问题是，什么是快乐教育？

有人想出方法，让孩子在玩玩乐乐、说说笑笑中就学了知识，说这是快乐教育。

我同意不能脱离学生的基础、身体、心理实际，不断加压，使他们不堪重负，但主要的努力应该放在使学生在学习中，从哲理的高度，发现知识的美并为之陶醉，美不胜收，心花怒放，哪里还存在盼着考完了好好放松放松去！

我忠告这些同学，赶快改变你的人生哲学；否则，把学习当作苦药，捏着鼻子灌，怎么能把学习成绩搞上去呢！

如同各门课程要交替排课一样，知识的学习和体育活动、艺术活动也应统一规划，这里的体育、艺术就组成了中学生业余生活的主体。

这样的业余生活和学习生活能够互相激励向上，互相促进。

第三节 科学安排日程

通过前两节，我向同学们提出了对中学生生活内容的建议。

一天 24 个小时是个常数，一共 6 年也是一个常数，怎样使这些内容更多、更好地完成？这里就出现了科学安排的问题。

各地区、各学校、各人的具体情况不同，应当具体情况具体分析，但有些原则是一致的。

（一）要抓紧时间，但不能违背科学

比如，有的同学把午饭后的时间都用上了，久而久之，不仅影响了肠胃健康，而且易产生疲劳感，下午的学习都学不好。

又如，有人说自己越是夜深脑子越清醒，但是一个人的生物钟有高峰，也有低谷，养成了夜里清醒的规律，白天听课、考试处于了低谷，得乎？失乎？

有人要求自己，在困难面前不低头，在难题面前不退让。乃至，头悬梁，锥刺股，也要拿下它来。

对不对呢？

精神上是对的，但做法上值得商榷。因为艰苦用脑一段时间后，略事休息才好。特别是一道题目久攻不克，休息一会儿，有利于从生理上和心理上换个角度去思考。

晚饭宜在 6 点左右进行，一天的学习、锻炼，使得下午 5:30 以后，学习已无效果可言；如果晚饭推迟，不但饭前学习没有效益，而且也挤压了晚自习的时间。

有的同学晚上会睡一觉以后再学习，这更不好。因为每次睡觉的前后各有一段时间半睡半醒，如果把该睡的觉拆成两段，那么半睡半醒的时间增加一倍，不智。

（二）合理安排课外阅读

合理安排课外阅读是指课本、参考书以外的读物。

对于丰富、完善自己的人生，这种阅读是必要的。正是为了这个目的，它们应该是有选择的，并且不占太多时间，不影响其他方面的安排。

（三）养成制订计划的习惯

会制订计划，善于安排日程，对于人一生的事业成功，都是宝贵的。

中学时代就养成制订计划的习惯，将为此打下基础。

制订学期计划、月计划、每日作息安排，然后坚决执行，并定期修正，同样是中学6年，却可以得到不一般的收获。

各地、各校、各人的不同情况，作息时间的细节会有所区别。

但在有一个细节上，我坚决主张应当一律相同，**那就是保证每天有充足的睡眠**。

一方面，这是青少年正常发育的需要；另一方面，只有觉睡足了，头脑清醒、思维清楚，才有好的学习质量。

我十分反对在学习上提倡"头悬梁，锥刺股"。已经昏昏欲睡了，强制兴奋可以使人无法入睡，也同样可以使人大脑一片空白。

我们班的学习实践表明，充足的睡眠是同学们取得优异成绩的不可或缺的重要因素。

第四节 我反对"背"

本书读到这里，同学们大概都会同意我的观点，即知识是系统中的知识；一切公式、定理、定义都有它的道理，有时还那样令人兴奋；学习知识，不能死记硬背，应该在理解中掌握，特别是"自己动手"去理解它们，这样，在不知不觉中，就记到了心上。

有人说，那是理科，文科则需要背。政治不背怎么行？全国32个省市自治区的名称还能理解？外语单词不背怎么行？等等。

我不同意这个观点。

政治是一门科学，而一些人却把它看作教条，所以，不背怎么行？越如此，越教条；越枯燥，越学不进去了，把多么好的一门政治课，给背可惜了。

外语单词的掌握，用多侧面的剖析、联系、比较。本书前面举过外来语侧面、词要侧面两个例子，还有一些侧面，多管齐下，记忆单词不是难事，但不是"背"单词。

省、市、自治区的名称还能理解吗？当然能，这在本书前面，曾举过这上面的一两个例子。

如果有人考我我国的34个省级行政区域名称，我现在就可以默写：黑、吉、辽、冀、鲁、苏、浙、闽、粤、琼、桂、赣、皖、豫、晋、内蒙古、陕、鄂、湘、黔、川、甘、宁夏、新疆、青海、西藏、滇、京、津、沪、渝、台湾、香港、澳门。

看看腕上的手表，用了1分55秒，并且没有遗漏，没有重复。

何以能如此，在写的过程中，我脑中先浮现出一幅地图：直辖市和台湾及香港、澳门好写，放到最后；然后从东北角开始，从上（北）到下（南），一条一条地蛇行前进，很快就写完了它们的名称。

唔，这不是图形的方法吗？

但另一个例子，则可能是排序的方法了，再一个呢？……

我吁请同学们从"背"的桎梏中解放自己吧！世界本来是那么广阔，那么美好！

第五节　学会复习

一位同学复习三遍了，另一位同学刚复习一遍，如果他俩的其他基本条件相同，谁的效果好一些呢？

不好说。这要看，这三遍是怎样的三遍，而这一遍又是怎样的一遍了。

（一）复习不是再走一遍老路，而应当是第二次创业

很多同学这样进行复习（特别是期中和期末），一上来就打开书、笔记或以前做过的卷子，从头看起，发现好多东西都很熟，越看越高兴，很快就复习完了一遍。合上书和笔记本以后，感觉很多东西又记不清了。

于是，照样再来一遍。而后，又来一遍，仔细回忆一下，跟复习前的变化不大。

如果用这样的方式花一天的时间复习三遍，不如用下面的方式也花一天的时间只复习一遍。

那就是，把书（笔记、以前的卷子）合上，先进行回忆，一面回忆，一面在一张纸上勾画一下轮廓、要点、结构等。知识点有模糊的地方，也不要打开书，而是竭尽全力，直想到山穷水尽，最后才打开书（笔记、以前的卷子）。

打开后，对照一下，回忆中完全正确的部分，不必再花费时间了，因为那些已经在自己的脑子里站住了，又经这次默忆，就生了根；对于似是而非或完全忘记了的知识或题目的解法，则集中时间和精力，去分析遗忘的原因，把它们攻克。

一天的时间和精力，都集中到仅仅几处，当然效果切实。而这种方式又使过去学会的部分，用刚才的话来说——生根了。

以上讲的原则，宜用于复习的全局、局部乃至细节的安排。

举个小小的例子：外语单词的期末复习或总复习。

同学们一般采用的方法是，打开课本或书后的小字典，一个一个地复习。会的，读一下就放过去；不会的，多念几次，使自己记住后，再过去。

这种方法的缺点有：

（1）由于是打开了书，对于自己来说，一些单词本是似是而非甚至全然忘记了，却以为自己是会的而放过去了；

（2）那些不会的单词，当时就读几遍以求记住它们，由于也是打开了书的，效果并不真实，不久后，又会忘掉。

我建议用以下的方法：

复习前，自己不要打开课本，而请别人（例如，你的妈妈）把一学期（或几年）的全部单词中的中文意思，抄写在几张白纸的左半部，然后，自己事先不要准备，就在右半边白纸上写出对应的英文。

抄写中文意思时，要请抄写的人打乱单词在每课的单词表上出现的顺序，更不要依照课本后面按字母排序的单词顺序来写。

因为，常常有这种情况，出现在每课的单词表上的几个单词，记忆它们时，有"连锁反应"。看到其中的一个，它周围的记忆并不牢固的一些，也会随之浮显上来，造成错觉，说明为这些单词自己已经牢固掌握。实则不然。

建议不要按照课本后面的单词表顺序记单词，因为这些单词是按字母顺序排序的，背的时候容易形成对各个单词前几个字母组合的强烈揭示，这几个出来了，其后的字母就带出来了。

因而，以上两种意义上打乱顺序的抄写后的默写，是对自己单词掌握状况的最准确的检查。

默写时，对那些几乎无须思考"信马由缰"般写出的单词，不做任何记号；对那些颇费脑力犹犹豫豫才写出的单词，标以记号"✓"，并在对它的拼写中拿不准的字母下面画上横线"___"。

默写完毕，打开课本一一对照。

没做记号并且对了的那些单词，是你已经掌握了的，可以不放在你复习的视野中了。这一部分的数量最多，这样，就可以省却了一大部分的时间和精力。

没做记号但写错了的，标以记号"×"。

然后，根据复习阶段的总天数，拿出前 2/3 的天数，同时把标以"✓"号的、"×"号的和"空白的"那些单词分别编组，组数就是天数，制成卡片。使得每天都复习标以"✓"号的、"×"号的和"空白的"单词各若干个。

到复习天数已用完 2/3 时，再用刚开始复习前所用的方法，请别人把这些单词的中文意思（仍要打乱顺序，包括打乱卡片上的顺序）写在白纸的左半部，然后自己在不做准备的情况下默写，之后，仍是分成标以"✓"号的、"×"号的和"空白的"，再写到卡片上，再复习……

一个小小的例子，花费不少笔墨，希望能说明我对于复习的观念。

复习，不要再走一遍老路，而应当是第二次"创业"。

（二）总复习、阶段性复习都不可少

总复习、阶段性复习都要进行，不能疏忽，此处不再对具体做法展开论述。

（三）千万别干"突一突"的事情

几次重大考试例如中考、高考前，常听一些家长或老师要求学生，在最后两个月（一般是模拟考试后）全力拼搏，再突一突，甚至有具体指标——"总分再多××分，达到×××学校"。

讲这些话，实在有些外行。

其一，几年都没学好，就凭最后两个月，就能突上去了？这违背科学。其二，这最后的两个月中，要报名、体检、参加毕业典礼、照相、领准考证、看考场，能静心学习的时间有 1 个月就不错了，怎么可能把几年没学好的功课一下子"突"上去呢？！

把某几个方面"突"上去，也不是一点儿可能都没有，若出大的力气，果真在这里突上去了，还不知道别的地方要掉下多少，得不偿失。

第六节 养成时时事事思考和学习的习惯

（一）从大人给小孩们出的一道智力测验题目说起

有 8 个小球的外形一样，其中有 7 个小球的重量相同，只有 1 个小球较轻。现在有一架天平，你能用它称 2 次而把那个小球找出来吗？

经过一阵思考和讨论，大家想出了方法：

把 8 个小球分成三组，第一组、第二组都是 3 个小球，第三组 2 个小球。

把第一组和第二组的小球分别放到天平的左盘、右盘上，第三组留在地上（如图 7-1 所示）。

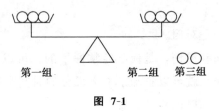

图 7-1

情况一

如果这时天平的左盘、右盘平衡。那么较轻的球在第三组的 2 个小球中。

这时，把第一组、第二组的小球从天平上取下，把第三组的 2 个小球分别在左盘和右盘中各放 1 个。用天平称第二次。哪头轻，即是那一个。

情况二

如果第一次称时，天平的左盘和右盘并不平衡，则把较重的盘上的 3 个小球收走（因为它们是正常的 7 个中的 3 个）。这时从较轻的盘上的 3 个小球中拿下 1 个放在手中，把另外 2 个小球分别放在天平的左盘和右盘中。

现在，如果天平的左盘、右盘不平衡，则较轻的盘中的那个小球，就是要寻找的小球。

如果天平的左盘、右盘平衡，则手中的那个小球，就是要寻找的小球。

问题就这样解开了，小伙伴们拍手称快，完事大吉，嚷着让大人再出别的题目。

我在想，情况二出现时，我们能从较轻的盘上的 3 个小球（其中有一个是较轻的小球）中用天平称一次，就把较轻的那个小球找出。那么，第三组小球的个数如果是 3 个，即小球的总数是 9 个，不是也可以用天平称两次把那个较轻的小球找出来吗？！

分析

把 9 个小球分成 3 组，每组 3 个。把第一组和第二组的小球分别放在天平的左盘和右盘。

情况一

若左右平衡，则较轻的小球在第三组的 3 个小球中，用前面写过的方法称 1 次，即可从中把较轻的那个小球找出。

情况二

若左右不平衡,则较轻的盘中的 3 个小球中有 1 个是较轻的,仍用前面写过的方法到天平上称一次,即可从中把较轻的那个小球找出来。

思考到此结束了吗?没有!

我又在想,从两次称的过程现象深入实质,可以得到这样的结论,那就是,每称量一次,就能把目标的数量缩小为 $\frac{1}{3}$;那么反过来看,每增加一次称量的机会,称量的对象的数量不就是可以扩大为 3 倍吗!

这样,我就发现了一个公式:3^n。

它的意思是,有 a 个小球外形一样,其中 $(a-1)$ 个的重量也相同,另外 1 个较轻,当 $3^{n-1} < a \leq 3^n$ (n 为自然数)时,用天平称 n 次,必可把其中那较轻的 1 个找出来。

例如,小球总数是 243 个时,需要称 5 次;但当总数是 244 个时,则需要称 6 次……如果上面所说的那另外的一个是较重的,结论完全相同。

这实际上就是一个问题的研究。它的发生完全是一个儿童自觉的行为。

事实上,在生活中,在我们的身边,这样的机会是随时发生的,就看我们是不是自觉地去抓住它们进行思考。自觉地去进行问题研究,是培养解决实际问题的能力、培养创新精神和能力、发展智力素质的方法之一。这在本书第一篇第一章第六节中做过介绍。

在这方面,谜语、智力游戏、数学竞赛的题目,都是极好的材料。

只可惜,一个时期以来,社会上把参加数学竞赛当成了升学保送的跳板,搞功利主义,在数学竞赛的准备中也搞起了"应试教育",开展题海战术,把好端端的数学竞赛给阉杀了。

(二)小高斯的答案和等差数列

小学教学竞赛中有道题目说,高斯(德国大数学家)儿时把

$$1+2+3+4+\cdots\cdots+99+100$$

很快地算了出来,他是怎么算的呢?

数学竞赛的"应试教育"者就给小学生们讲等差数列的求和公式

$$和 = \frac{(首项 + 末项)}{2} \times 项数。$$

于是,往里一套,就算出来了。

哪里还谈得上问题研究?!哪里还有生机?!

其实,刚上小学低年级的高斯,哪里学过等差数列呢?

我想,小高斯对

$$1+2+3+4+\cdots+99+100$$

进行了观察,发现这道题一共有 50 个 101,所以算出 $101 \times 50 = 5\,050$,如图 7-2 所示。

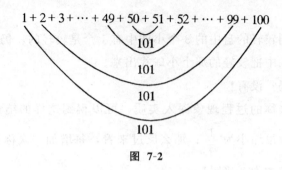

图 7-2

多么生动的一次"观察→寻找联系→发现规律"的研究呀！却被扼杀的万马齐喑，多可悲呢！

（三）算是锦上添花吧

本节还有一点儿篇幅，给同学们提供一道很有难度的智力游戏题和刚刚有同学来问我的两道物理题，请同学们思考。

（1）有 12 个外形相同的小球，其中 11 个的质量相同，另外 1 个异重（请注意，只是说它异重，并没有指出它是较轻还是较重），请用一架天平称 3 次，把那个异重的小球找出来。

（2）有一个两端开口的玻璃管。把它的一端拦一片轻薄塑料板（重量不计）后插入水中，如图 7-3 所示。当向管中注入 100 g 水时，塑料板刚好脱离，如果不注入水，而是注入 100 g 盐水，或 100 g 酒精，或轻轻放入一个 100 g 的砝码，塑料板是否脱离？为什么？

如果把玻璃管插入的方向改变，如图 7-4 所示，其他条件不变，结论将如何？

图 7-3　　　　　　　　　　图 7-4

（3）有一个圆柱形容器，内装有一定量的水，容器横截面面积为 100 cm³（不包括器壁），现将包有石块的冰块放入容器内，冰块在水中悬浮，且容器底部受水压力的影响压强增大了 588 Pa，当冰块内的冰全部溶化后，容器底部受到了水的压力的压强减少了 54.88 Pa，冰的密度是 0.9×10^3 kg/m³，求石块的密度。

这三道题目的第一题比较难，可以说很难但不烦琐、不见庸，于培养思考的合理性、韧性，甚有益处。如果同学们能在 2 个小时内想出来，则思维水平达到了相当高的层次。

后两道物理题不落俗套，初看时，使人们无从下手，甚至感觉题目编得不太合情理。但如果抱定先要把情景弄清的想法，敢于深入，八方联系，把情景弄通，就会情不自禁地有水到渠成、柳暗花明的感受。

第八章　减轻负担和快乐教育

只说不练，纸上谈兵，在人类历史闹出的笑话，已是屡见不鲜了。它使人们认识到，讲与练应当结合起来，"学而时习之，不亦乐乎"。

但在社会发展中，常常因为强调一个方面，而出现一种倾向的现象。近年来在教学上，题海战术、猜题押题、加重学生的负担，就是一个明显的例子。

产生这种现象的原因，是多方面的。

有认识上的原因。以练代讲的教师认为，最终要达到的，是学生会，那么只讲不练，当然不如边讲边练、少讲多练、精讲多练（一般情况下，这样做是有道理的）。而为了再"多"地"练"，又演变为以练为主、不讲滥练上了。殊不知，没有理论指导的实践，只能是盲目的实践。真理跨越一步，可能成为谬误。不明了原理状况下的练，毕其功，也只能达到一个熟练操作工。

更主要的原因，是功利主义又不肯付出真正意义上的艰苦劳动（这里所说的艰苦劳动的艰苦，与快乐教育、快乐学习的快乐，不但并不相悖，而且恰恰是一致、统一的），也是应试教育的恶果。

（一）我反对搞应试教育

记得那是 1962 年 9 月，我刚参加工作，来到我热爱的二十二中，一天中午在数学组办公室休息时，一位老师说："都说人家××中学（一所市重点中学）成绩好，今年高考政治课考卷上的 5 道题（那时的高考试卷不像现在这么多题目，特别是政治考卷，只是几道解答大题），人家事先押上了 4 道，学生们事先都做过，成绩能不好吗！"

这是我生平第一次听到这种见解，记得当时，我的心震撼了，我从心底里，实在不赞成这种观点。只是我刚刚来，很年轻，还不宜说出我心底的意见。

我心里在想："那样的好成绩，算什么本事？真正有本事，应当是把学生教得拿过来，而且未见过的题也都不在话下才是。"

至今过去 38 年了，在这个问题上，我不改初衷。

靠事先押上题目得到好成绩，必然会导致题海战术。因为心里会想，如果有漏掉的呢？那么，干脆把网撒大一些。可撒大的过程更加心中不安，因为会发现还有漏掉的题，于是再撒大一些，雪球就越滚越大了。再进一步，由于担心自己的水平和视野有一定限度，而且编一道题目并非易事，因此干脆去用人家编好的卷子，用了海淀的卷子，担心东城卷子上有押对的题目，练了东城的卷子，又怕漏掉西城卷子的"宝物"。进而广之，北京的卷子练完了，还不放心，上海的、湖北的、江苏的、广东的卷子……终于，大雪球变成大海了。

而且各门课尽皆如此，怎么办？

又发现了两条"妙术"。

其一，自诩从海绵里挤水。早晨早早起，晚上晚晚睡，听说有的教师宣传："1上，12不上"（意思是晚上12点睡觉的考不上大学，凌晨1点睡觉才有希望考上大学），午饭一吃完，赶紧写作业，双休日也排上了正课。

其二，为了尽可能地多练，许多该弄明白的道理也不去弄明白，甚至弄都不去弄，讲都不讲，或者用一些生拉硬扯令人啼笑皆非的顺口溜来代替（准确些说是"亵渎"）科学。

例如，判断二次函数 $y=ax^2+bx+c$（$a\neq 0$）有最大值还是最小值时，有的教师用顺口溜"正小负大"来教学生。（"正"的小，"负"反而"大"了）；判断函数 $f(x+2)$ 和 $f(x-2)$ 的图象和函数 $f(x)$ 的图象的位置关系时，不讲原理，只让学生在反复练习中记住"＋"左、"－"右（数轴上本来是右"＋"、左"－"的嘛！）……

这"其一"和"其二"产生了什么结果？

其一带来的结果，损害学生的健康，对于身体处于生长发育的青少年，尤令人忧虑；造成学生疲惫、头脑晕沉，影响后面的思考和学习，并形成恶性循环。

其二带来的结果，莫说智力素质和能力，即使退一步仅就知识而言，也很难谈得上。而且，考试成绩也不会好。因为，面对没有见过的题目，学生必然会手足所措。即使做过的题，由于题目做得太多了，再见到时怕也感到陌生了。

所以，这些"妙术"实在是不可取的，它不但不能造就具备解决实际问题能力的人，而且不能培养出具备创新精神和创新能力的人，甚至很难得到好的考试成绩。

而如果走提高学生全面素质的道路，当智力素质提高的时候，不但将在今后的学习和实践中变得优秀，而且在考试中取得的好成绩，也将是必然的副产品。

那么，为什么有一些人不走这条路呢？

这是因为功利主义在作祟。把学习和中考、高考拴在一起，让学生只为中考、高考服务。而不去想，学校的任务是为国家培养优秀的人才，是培养具备解决实际问题和创新精神的人去推动社会的发展；也不去想从学生个人的角度，怎样才能具备较强的处理事务的能力。

而为了中考和高考取得好成绩，又不肯走深刻理解和扎实掌握知识、培养能力、提高素质的道路。因为这条路对于教师来说很艰难（事实上也的确艰难），因此很多教师采取了如前所述的题海之路，结果造成学生学习过重的负担。

尽管并不是每位教师都这样做，但作为一名中学生恰好遇到了自己的老师在这样做，那该怎么办呢？

我建议首先应诚恳地和老师交换意见，把负担过重给自己带来的伤害如实地向老师汇报。如果意见一时不能统一，请参阅本书第一篇第一章第五节及第二篇第六章，正确对待做题。对于雷同的诸多题目，只择其精，深入分析，以求举一反三和保证自己充分的睡眠。

（二）全面理解快乐教育

现实生活中，有时会从一个极端走向另一个极端。在反对疲劳轰炸、过重负担时，片面理解快乐教育,就是一个例子。

有的人一提快乐教育,就认为是唱歌、跳舞、做游戏,在形式上的欢笑中学习,这实在是一种肤浅的曲解。

诚然,我并不反对轻松欢乐的气氛。但这欢乐的产生应当是和知识的学习相依相融的,是在向所学知识的尺度和深度进军时,发现和感受到它高度的严谨和合理所形成的和谐,感受到那令人神怡的和谐的美,从而美不胜收,从而陶醉,并无法抗拒地去探索更深层次的和谐,享受更深刻的美,欣赏那一幅幅多么美丽的图画。例如,本书第二篇第六章第六节中的"(二)举一反三,引申发展"(见本书第146页)所举的例子。

关于"突一突",不少人常是指那些要"背"的科目,是指政治、语文、历史。

而且这些人还有"理论"根据:数学、物理、化学这些功课非一日之功,最后一两个月想提也提不上去了,于是"背"政治吧。"惊天地泣鬼神"地一通"背",趁热乎劲,倒能拿些"分",而"背"早了也没用,到考试时就忘了。

殊不知,数学、物理、化学的确非一日之功,最后一两个月提高不了多少成绩,但在一两个星期的时间里把它们扔到一边,成绩肯定要滑下不知多少呢!

解决好这个问题,我的建议是:

> 无论是数学、物理、化学,还是语文、英语、政治、历史等,一定要在平时学好,不要寄希望于考前"突一突"。特别是政治,平时学习,就要深入地学好这门科学。
>
> 在考前两个月的总复习中,不要集中时间一门一门地复习,而要和课表上的课程安排相结合,每隔两天,每门功课都要接触一次。学校停课后自己回家复习时,也要如此。
>
> 而这一阶段最重要的,是确立两个目标(或者说任务吧),那就是:
>
> (1) 通过从容地回顾、条理化、系统化,使这几年内学过的知识,在自己的脑海里全面回顾;
>
> (2) 让自己的体力、精力、心理、精神越来越好,处于强烈的求战欲的状态中,摩拳擦掌、跃跃欲试。

(三)侧面的小结:回到1999年的大会上

现在把本书开头提到的1999年6月10日那天大会上,刘婷同学和陈硕同学的发言转载在下面,作为一个侧面的小结。刘婷同学现在在清华大学计算机系,考试获得一等奖学金;陈硕同学在清华大学电子系,刚进校就获得奖学金。他们的发言主要谈的是,我的教学方法,以及从他们的能力来谈,作为一名学生是如何领会学习的。

1. 清华大学计算机系刘婷:谈孙维刚老师教学特点

孙老师是我的恩师,跟孙老师学了8年,我学了许多东西,特别是他独特的教学方式,使我体味到教学也是一门艺术,它并不亚于音乐、绘画、雕刻,它塑造的对象就是我们——每一个学生。"把不聪明的变聪明，让聪明的更聪明。"孙老师经常这样说，通过他的教学实践，也真正实现了这一点。

很难说在一篇短短的文章中能完全概括出孙老师的教学特色，这里只能谈几点我的亲身感受。

俗话说"站得高方能看得远"，学习是这样，教学更是如此。孙老师并不单纯着眼于传授知识或是培养能力，而更注重提高人的素质，说白了就是造就我们强大的头脑。

我还清楚地记得孙老师在奥校给我们上的第一堂课。说是讲数学，可是他一道具体题目也没讲，而是从什么是数学谈起，谈到历史、物理、天文……一会儿风趣地给我们讲人的鼻孔为什么朝下而不向上，一会儿又讲到20世纪六七十年代柬埔寨朗诺政变；从吟咏诗句"忽如一夜春风来，千树万树梨花开"，到赞叹门捷列夫对未发现元素的惊人预见力。思维跨越千山万水，跨越时空。这些看起来毫无关联的事情，都被孙老师自然地联系在一起。孙老师说："聪明的第一个表现就是思潮如涌。让你的思维活跃地跳动，见到问题不断追根问底，当一个个为什么解决之后，事情就明朗了，人也就变得聪明起来。学习也是一样，聪明的人不会照搬死记一个个公式、概念，而是八方联系，浮想联翩，这样才能让'死的'公式变得鲜活生动起来，才能把纷繁杂乱的知识联系树立起来，使书在越念越厚之后变得越来越薄。最后回头想想，所学的那么多东西，只不过是玩弄于股掌之中的一些小玩意罢了。"

孙老师十分注重培养我们用哲学的思想去指导学习。例如，对称思想，矛盾对立统一，量变到质变等都是非常重要的思想。记得还在上初中时，一次孙老师顺手在黑板上写了个公式 $(a+b)^3 = a^3 + 3a^2b + 3ab^2 + b^3$，然后他边回身边问我们能不能记住这个公式。我举手说："能。"孙老师摇摇头说："你应该说这个公式一定写错了。因为在公式左端 a 和 b 是平等的，而在展开式中 a 和 b 不平等了，那么它一定是错误的，这就是对称思想。"当然这个例子太小了，对称的意思是相当深刻、广泛的。对称就是和谐，是美，一切事物都在它该在的地方。有了这个思想，才有了元素周期律表，才能预见、判断很多问题的结果。作为学生，我们不可能很深刻地理解它，但仅运用它的皮毛，我们就可以用一个上午学习并掌握三角函数的118个公式，这是大部分学校要用一个月才能讲究的课程，可见用哲学思想指导的威力。

孙老师从不搞题海战术，他指导我们做题的思想是：弄通情景，题不求多，但求精彩。做到一题多解，多解归一，多题归一，有所发现。孙老师经常在黑板上写一道精彩的题目，带着我们弄通情景，将题目分析得"体无完肤"，然后解法就顺理成章地形成了。同时，他还鼓励有不同解法的同学上黑板讲他们的解法，最关键的是要讲出他们是如何弄通情景的。之后，我们再一起分析不同方法异曲同工的地方在哪里，是否还可推广。有时，孙老师会毫不吝惜地拿出好几堂课的时间来分析一道题目。看似浪费时间，实际上将这一道题吃透了比盲目地做上几十道题目更有意义。

我认为孙老师的教学指导思想和方法是先进的，是教学发展的方向。这一点在我上了清华大学后更深有体会。将来21世纪国际竞争归根结底是人才的竞争，而高素质的人才需要的创新精神，不是简单重复前人的工作。应试教育是无法培养出人才的，它无异于对年轻人才智的扼杀。而靠题海战术得高分的同学上了大学就会发现，过去这套学习方法再也不能适应大学的学习，因为你再也没有时间靠"熟"来生巧了。因此，我希望更多的中学生从题海里跳出来，站得更高一点，眼界放长远一点，选择一种先进的学习方法去学习，把自己的才华发挥得淋漓尽致。

2. 清华大学电子系陈硕：使我终身受益的数学课

孙老师的课与众不同，不但教授知识，更重要的是讲授方法——解题和思维的方法，这些方法不仅适用于数学，而且对其他学科也大有裨益。孙教师的最大特点就是举一反三，触类旁通，注重知识间的联系以及学科间的交织。

孙老师的第一节课给我留下了深刻的印象。他一动不动地站在讲台上问大家，"我是静止的吗？"我举手回答："您是静止的，但是您的心在跳动。"无知的我还在心里沾沾自喜，殊不知我的回答引起了全班的哄堂大笑——大家都明白孙老师为什么问这个问题，而我却不知道。孙老师没有笑，更没有指责，"好，现在不说我了，我们来看这支粉笔。"接着，他把粉笔稳稳地立在他的面前，"你说它是静止的吗？"他把问题问得更严谨了。"不能这么讲，因为地球还在转动"我回答说。对于五年级的我来说，能想到这一层已经很不错了。但是孙老师随后的讲解使我明白了运动和静止是相对的，是要对一个特定的参照物而言。孙老师通过这个例子，告诉我们，要多角度看问题，不要拘泥于一点，只有经常改变观察点，才能把问题看清楚、看全面，才能使问题迎刃而解。换个角度看问题是孙老师最得意的"动的思想"中很重要的一部分。

在这堂课上，还有一道很经典的题目：共有12个形状和大小都一样的球，其中有一个坏球的重量与其他的不同，要求用天平称3次把它找出来。看似简单的一道题，却着实难坏了我们。"要是知道坏球是较重还是较轻就好了。""是呀，就差一点了。"大家纷纷议论着。只差这最后一步，可就是不能成功，大家绞尽了脑汁还是没有思路。这时，孙老师启发我们"不知道轻重，又要把它找出来，就得充分利用每一次机会，争取既缩小范围又判断轻重。"这种一箭双雕的想法给我们很大的启发，很快大家纷纷找到了不同的解法。孙老师让每个人轮流到黑板上讲解自己的方法，大家互相取长补短。在以后的教学中，孙老师也是这么做的。任何一个问题都是由我们自己来解决，在课堂上同学们互相交流，孙老师要求我们不仅要讲清楚解法，而且还一定要讲出来是怎么想的，即思路是什么。孙老师经常强调，没有思路的解法是瞎蒙的，对于其他问题毫无用处。在讲课的时候，孙老师总是把他解题的每一步思考过程给大家展现出来，让我们了解他每一步的想法，看到在哪里"碰壁"了，在哪里有了突破。由此我们知道，每一个新颖解法的完成都是自然而然、顺理成章的，绝不是碰巧凑出来的。

有许多数学题的解法不止一种，孙老师总是提倡一题多解，鼓励同学们提出不同的方法，有时一道题的方法竟多达七八种，分别从不同的角度入手，面貌迥异。每逢此时，孙老师又给我们提出新的课题，让我们找到各种解法之间的联系，直到我们发现它们共同的本质，完成多解归一的过程。

　　面对许多中学教师题海战术式的教学方法，孙老师走出了他自己的一条新路。他总是说："做题不在多，而在于把每一道题都做透彻。"做题的一般步骤应当是：一题多解，多解归一，多题一解，多题归一。上面我们已经看到了一题多解和多解归一，那什么叫多题一解呢？不同的题有一个解法吗？当然不是。在一题多解的过程中，我们看到，许多题目有着一种或几种本质上相同或相似的方法，也可能是其中的某些步骤有着共同的特点。在充分剖析之后，就形成了某些固定的思路和技巧，并把它们增添到我们的"武器库"中，这样多题一解和多题归一也就不难理解了。

　　这样的小技巧有许多，尤其是在解决平面几何问题的时候，孙老师经过多年的潜心研究，总结了一套解题的规律，他称为"表"，共有12个左右，包括了平面几何中的几乎全部方面：三角形、四边形、圆、全等、相似等。有了这些小规律，再加之正确的思考方法，中考难度的几何题已不在话下。我们在平时的学习中，也常常能发现新的技巧，为我们的"武器库"不断增添新的成员。班里的每个人都会毫无保留地把自己解题的心得奉献出来，与大家充分交流，这样同学在一起互相"传染"聪明，共同提高。孙老师也从不拒绝每一个新的方法，哪怕它十分烦琐，我们总能从中汲取有益的东西，不断丰富自己。此外，孙老师还常常想出一些打趣的话来帮助我们记忆冗长复杂的公式：在学习三角函数时，课本上的加上老师补充的公式一共有130多个，要熟记它们并非易事。孙老师教给我们一些口诀，如"正弦喜欢花，余弦喜欢素"，等等，使我们很容易地记住这130多个公式。

　　孙老师十分注重培养同学们的逻辑思维能力，常常把一些题目的叙述过程写下来，我们从中领略到它的安排技巧和严谨结构，受益匪浅。

　　我从师近8年来，收获最大的是想问题和做学问的方法，它们不仅适用于数学，而且对于其他学科也毫不例外。孙老师总是站在哲理的高度看问题、找到统领一切的精髓。"一分为二"是"动的思想"的精华，他时常教导我们要全面地看问题，不仅要看到好的一面，而且也要看到不好的一面。"这不是天平，各占50%，而是轻重有别。"这正是我们哲学课讲到的矛盾和矛盾的主要方面。"一分为二"的思想使我们能够更加全面地看待每一个问题，让我受益终身。

　　每当学习一项新的内容时，孙老师总能不断联系以前学过的知识，提示我们自己提出新的定理和公式，并让我们自己想出证明方法。有时候，同学几乎成了课堂的主角，孙老师只是在一旁做补充。"把新问题归结到旧知识的基础上"不仅用在解题和学习新课程上，而且在研究一些较复杂的课题时也是十分重要的思考方法，这符合人们认识客观事物的基本过程。

　　更重要的是，孙老师倡导在课堂上运用超前思维，向老师挑战。这使我们在学习时处于主动地位，而不是被动地成为学习的奴隶。"向老师挑战"，可能不为一般人理解，学生如何敢向老师发难呢？但是，在我们班，老师和学生是平等的，孙老师十分欢迎同学给他挑错，有时甚至故意弄出错误看我们是否能够找到，这不仅给我们提供了锻炼的机会，而且也用以检验我们听讲的效果。孙老师让我们不要迷信权威，不要迷信课本，找出课本里的一些不合理的地方，甚至是疏漏或错误。

"世界上不存在没有为什么的事"这也是孙老师常挂在嘴边的一句话。"为什么全等记号和相似记号相差一个等于号？""为什么把'角角边'定理简写作'AAS'？""为什么用左右颠倒的字母'E'来表示'存在'，用上下颠倒的字母'A'来表示'任意'？"，等等。每件事都想想为什么，在解决这些问题的过程中不断积累经验，就会学到更多新的知识。

孙老师的讲课最吸引人的地方要数他广阔的联想，从东周列国讲到解放战争，从拿破仑讲到斯大林，从尼克松访华讲到雅各宾派专政，无一不显现他渊博的知识和敏锐的头脑，这些看似和数学毫不相干，其实它们和数学及其他学科都有着深刻的联系，可谓如出一辙。学科间本无明显界限，它们总是互相交织、互相渗透，只有掌握其中的规律，才能把握内在的灵魂，做到知识越学越少，真正地从必然王国迈入自由王国。

第二篇的结束语

　　本篇的标题是学习方法，我向大家介绍了以上从第三章到第七章的内容。

　　但是，本篇还有一个副标题是"写给同学们"，从这个意义上讲，这 5 章的内容就缺少了一半，而且是主要的一半，即时时把培养自己高尚的思想品德放在第一位。

　　因为，贯穿我们全书的主题，是立志为人民成才。

　　一名学生无论在学习上多么成功，如果没有好的思想、没有高尚的情操，对社会的贡献不会有多大，甚至会危害社会。这样的例子已不鲜见。

　　而且，退一步说，即使为了学习上超凡的成功，而时时把培养自己高尚的思想品德放在心上，也是决定性的因素。我们班同学中学 6 年的历史，充分说明了这一点。

　　由于本书第一篇第二章已就这个方面进行了阐释，故而本篇就只在这结束语中强调地告诫同学们：**时时培养自己正确的思想和高尚的道德，无论从哪种意义上来讲，都是重要的。**

　　切切。

第三篇

教育方法——写给家长们

> 我们班的成功，是绝对绝对离不开家长的同心同德的。我这里有个病句，两个"绝对"怎么能连在一起写！但非如此，我实在难以形容我对我们班家长的崇敬和感谢。
>
> 由于本篇较短，所以除第十二章外，在篇之下的各章不再设节，而分章写出。

第九章　想过一个问题没有

为了孩子，忙坏了众多家长们，急坏了众多的家长们；为了孩子们，众多的家长们操碎了心。

这是当今时代大多数家长的实录，我从心底钦佩他们——合格的父母，真正的父母。

因为，不是还有这样的父母吗?! 给孩子找个高价的寄宿学校往里一放，自己吃喝玩乐去了（当然，寄宿学校开办并不是为了这种需要，广大坚持正确办学方向的寄宿学校，一批一批地为国家培养出了优秀的人才）。

不是也还有这样的父母吗?! 为了不值得的小事或自己本身作风的问题，轻易地离异，甚至在抚养费的多少上早忘记了自己是孩子的父（或母）亲，给孩子的心灵，划破多深的伤痕。

但这样的父母，毕竟是少数。

然而，广大的父母辛辛苦苦操劳忙碌的结果，常常"几家欢乐几家愁"。

原因是多方面的，比如学生本人、家长、学校、教师、同学、朋友，甚至邻居、住址等。

家长的做法正确与否，高明与否，当然是一个重要因素。

决定家长的做法正确与否的关键是，自己想过没想过这样的问题：

"我拼命工作为了什么？"

"为他。"

"为他什么？"

"为他好。"

"他怎么就'好'了？什么是他的'好'？"

正是这个问题没想好，甚至想都没想过，才出现了一些难以令人满意甚至事与愿违的结果。

有的家长想的只是让孩子好好学习，考上好学校，将来有个好工作，过上好生活。

为了这个目的，难以产生强大的动力，学习难以达到真正优秀。更令人忧虑的是，这个想法在深处，还是为"己"，为"私"的，发展不好，常耿耿于自己生不逢时，机遇不济，终生郁闷。这样的人生幸福吗？更不要说极个别的人身陷囹圄，1998 年以来，《检察日报》几乎每天都刊载一篇贪污百万元左右的"蛀虫"的案例，这些人都是从私心、贪心开始的。

如果我们的后代都淡泊了对国家、人民的责任感，我们的社会还怎么前进？

且不说在国内大量的先进人物，1995年5月在清华大学举行"中国数学会第七次代表大会暨60周年年会"时，我见到过著名的美籍华人学者陈省身教授和丘成桐教授，除了卓著的学术造诣之外，我还强烈地感觉到他们对中华民族的深情和责任感。

所以，做家长的，不是"为了"自己的儿女"好"吗？那么，就请为祖国、为人民培养他们成才吧！

并且，由于一个把给予作为自己幸福的人的心态永远是满足、平衡、向上的，与那些物欲膨胀、欲壑难填的人相比，他们才享有真正幸福的人生。

因此，必须把培养孩子的高尚的思想品德，时时放在心上，时时放在首位。

在本篇的开始我写道，语言难以形容我对我们班家长们的感谢，就是因为他们在这个问题上，和我完全一致，紧密配合，才有了我们圆满的成功。

我说我难以形容我对我们班家长们的崇敬，是因为他们本身的境界、他们本身的崇高，使他们如此强烈地赞同这当前被不少人淡漠了的，然而确是金光大道的思想和观点。

我当班主任二十多年来，到我家来求我给孩子的学习点拨点拨的人，终年络绎不绝。

我怎么点拨？**第一次，我必定是讲，做品德高尚的人，做诚实、正派、正直的人；做有远大理想的人，要为人民多作贡献；做有丰富感情的人，要因为我来到这个世界上，而使别人生活得更幸福。**

我就是坚持这样讲。当我太忙时，我的妻子就代替我，她是医生，但她能流畅地向来访的家长和孩子讲这番道理。

结果，**这些年来多少从我们家走出去的孩子们，有高尚的追求、为别人着想、摒弃了庸俗的东西、品德进步、学习也变得优秀、和爸爸妈妈的感情深了……更不消说我们班的同学们。**

我想，再过若干年，他们将成为人民可信赖的人才，而同时将拥有自己幸福的人生和美满的家庭。

第十章　要学点儿辩证法

辩证法在运用到生活中时，有这样一层意思，那就是什么事情都不要走极端，不要绝对化。

（一）一个真实的故事

1962年10月的一天，是我当老师后第一次举行家长会，头天晚上我带领同学们打扫教室、布置会场，同学们都很兴奋，晚上八九点了还不肯离去，我当然也没赶上学校食堂的晚饭。

那时不同于今天，我骑车很远，才在东四五条口找到一个卖面包的小铺，买了个面包坐在店里的凳子上吃着我的晚饭。

这时走来一位中年人，是和我同一所学校的教师，但我叫不上他的名字，因为我刚来学校一个月。他大概也不知道我姓什么，因为我们不在同一年级，光我们年级就有14个班，但他知道我是新来的教师和班主任，全体会上新教师都站起来鞠过躬。

"老师，您好！"我向他鞠躬。

"别，别，别这样"，他同样向我鞠躬，他为人极有修养，至今，我都以他为自己的良师益友，他就是语文老师陈谟，至今已经谢世18年了。

"您怎么到这么远的地儿来了？而且这么晚了。"

"准备明天的家长会了。"我回答。

"来，坐下来，我听听您明天的家长会怎么开？"陈老师从来乐于助人。

我很欣赏自己的计划，家长会一共只有2个小时，全班50人，每人能分到2分钟，我只能拣每个人主要的缺点和不足做说明，以期通过这次家长会，每个同学哪怕克服一两个缺点，下一次再克服一两个缺点，不出两年，不就都成为没有缺点的学生了吗！

孙老师，我看您还不懂怎么当班主任，不会开家长会。

这就是陈谟老师的为人，真挚、诚恳、绝不虚情假意。

您应该讲每个同学的优点，特别对于差的同学，甚至是缺点很严重的同学，更要在大会上讲他的好。您想想，那些家长会想，我都没有发现他具有的优点，你老师都看到了，这样的老师还有什么信不过的地方呢？这样，他就会完全听您的，还会要求孩子也听您的。

往下的话，我猜他想说的是：

更何况您一名年轻班主任（那年我23岁），本来家长就不欢迎、不信任。

但陈谟老师没有说，这是他的又一特点，从不使任何人难为情。

我倒一下子想了许多，特别是刚才在学校和同学们一起忙着布置会场的场景，为什么一些平常很闹，甚至在作风品德上不太理想的学生，很晚了还不走，干这干那的，对我欲言又止，是不是担心我告他们的状？他们闹的时候什么都忘记了，今天突然害怕了，因为明天爸爸或妈妈要来了。

回到宿舍，用了4个小时，我回忆，回忆，再回忆，给每个同学写出了"好人好事"。

第二天开会现场，我就感到气氛的融合、热烈。一位空军司令部的首长，连声称呼我为"孙主任"……

星期一到校，班上面貌焕然一新，许多人不是值日生，也来扫地擦桌子……

以后开家长会，我就有了经验。

可是班上的纪律一直不太好，很长时间都不见起色。个别同学，积重难返，甚至愈演愈烈了。

我只得请家长一起来研究怎么进行帮助教育。

家长听我一讲惊诧莫名。因为，他之前从未听说他的孩子很闹，今天才知道，他孩子的纪律，从开学就没好过。既然如此，你班主任在家长会上怎么还净表扬他？

我表扬的，是他积极扫地（实际上是要开家长会前，突然积极起来了），我没说他纪律好。

但我的确没把他纪律不好告诉家长，倒不是使我陷于被动的问题，而是耽搁了让家长了解情况后配合教师进行教育的时间。

产生这种情况的原因是什么？是我一刀切地只讲学生优点而不谈缺点错误的做法，这已经离开了辩证法。

我讲这个真实的故事，其目的是想说明遵循辩证法的重要性。

（二）如果遵循辩证法，应该怎么做

应该实事求是，优点要讲，缺点也不要隐瞒，但可以有所侧重，这要从具体孩子的具体情况出发。

一般来说，对于一个丧失信心的孩子，则宜以鼓励为主，使他用自己的完美追求和信心，克服自己的缺点；对于一个自满的孩子，则宜用**恰当**的方式，使其猛醒。

有两种家长的做法，我以为都是不宜的。

其一，认为小树长大，不修剪不行（这是对的），一见到孩子的缺点就立即劈头盖脸地批评。

为什么家长这样做不宜呢？除非孩子的修养已非常之高，否则，以他的水平，理解不了您的良苦用心，这样就产生了隔阂。

当然，解决这个问题，最能也最应该起作用的，是班主任，班主任可以教育孩子理解父母的批评和帮助。初中阶段，我的一项工作内容即是如此，形成了学生和家长一条心，没有隔阂，这样一来，学生、家长、教师更同心同德了。

其二，处处将就孩子，迎合孩子，不正视他们的缺点，总是好话哄孩子。

这样，会使孩子听不得批评，成为在学校教师碰不得的学生，这样的学生多处于这种家长的呵护下。

家长对待孩子，在一系列的事情上，如果走了极端，都不会有好的效果。

第十一章 一个最重要的方面

把孩子教育好，家长有一件最有威力的武器——身教重于言教。以自己高尚的品德和修养，给孩子做出榜样。

要求孩子做到的，自己应该先做到。

我们要求孩子诚实。可是当有人找上门来时，爸爸让家人说自己不在家。请想想，当您再要求孩子不说谎话时，孩子的心里是什么滋味？且别说更严重的虚假行为了。

心目中的第一偶像争吵时恶语相向，饭后茶一杯、烟一根地靠在沙发上看品格不高的连续剧，这如何能激励孩子具有善良、刻苦的品德？……

我发现我们班许多学生的善良、诚恳、助人的美德，简直是从他们父母的身上翻拍出来的，在孩子的身上可以看到家长的影子。

当然这不是说，一切都是天生的，会自然而然地发生，优秀的教育是关键。

而优秀的教育的第一要点是：家长要不断完善自己高尚的品德。

第十二章　更具体些的问题

第一节　家长和孩子的位置怎么摆

我这里所说的位置，是指在孩子的进步成长、学习、生活这个领域。

家长一定要明白，在这些领域，孩子是主人。家长包办，效果不会好。

有的家长，时时催孩子，"怎么还不抓紧学习?!"但要真正学进去，要靠孩子内心升起的愿望；否则，他坐在桌前，心无所动，那复杂的知识怎会往心里去？

孩子如何才能心为所动？

本书前面反复阐述了：一靠胸中远大的理想，产生强大的力；二靠先进的学习方法，总是让知识在系统中，时时站在哲理的高度，而兴趣盎然，魅力无限。

有的家长说，我这孩子比较懒，需要我督促。殊不知，改掉"懒"的习惯，同样要靠心底升起的愿望。在学习方面改掉"懒"的良药，仍是以上两剂。

对一些修养较低的孩子，反复地督促，不会使他理解家长的好心，反而会嫌父母啰唆。

孩子在幼时畏惧家长的威严，尚勉强而为之；年龄大些，胆子大了，就会动辄顶撞，这种情况屡见不鲜。

家长应当怎么做才好呢？

还记得本书前面引用过的那则希腊神话吗？

> 相传很久以前有一位英雄，大地是他的母亲，他的力气很大，敌人望而生畏。
>
> 战斗中，这伦英雄也有过力渐不支的时候，这时，他就跳下马来，俯身地上，从大地母亲的胸怀中汲取力量，然后翻身上马，把敌人打得落花流水，闻风而逃。
>
> 后来，敌人知道了这个秘密，设法使他无法下马，隔离他和大地母亲，终于打败并杀死了他。
>
> ……

孩子在人生进步的道路上战斗，家长应该做他的"大地母亲"，在源源不断注给孩子的力量里，还应包括时时使他清醒、看清方向、改正缺点。

第二节　家长和教师怎么相处

这件事关系重大。

孩子接受教育的主要渠道是两条：教师（特别是班主任）和家长，可以说是左膀右臂。

任何一方（指家长和教师）在孩子面前表露出对另一方的轻蔑，甚至恶语相加，都是最愚蠢的，等于只剩下一条臂膀。如果双方都这么做，那么，教育孩子所依赖的左右两条臂膀就都受伤了。

所幸的是，我们班的家长们都理解我，在孩子面前，总讲孙老师说的和做的是正确的（其实我说的和做的绝不总是正确的），使孩子们得益了，更加深了他们对我的信任；而我说的和做的多是正确的，因为我真诚地爱他们。

第三节　不要做"九斤老太"

有些家长，总愿意对孩子说，我当初如何如何，哪像你现在……

这样说，本身倒也无可厚非，问题在于，您当年的"如何"是什么？

在我听到的这种说法中，有两个说法是不相宜的。

其一，有家长说："我当年，成天地'玩'，功课也学好了，哪像你们（指孩子）似的，成天念啊、念啊……"

我认为，如果陷入题海，熬至夜深，我反对；如果捧着书，死记硬背，我也反对。这在本书中已反复强调过。

您当年成天地"玩"，就应当提倡？您果真成天地"玩"，而功课还学得呱呱叫，则必有在今天看来也仍是极其优秀的方法，那么就请向孩子一一道来；但只字也说不出来，依我看，大概学得平平常常吧。而那时，功课比今天简单得多，有何值得在孩子面前夸来夸去，使得孩子要么手足无措，要么反感。

其二，有家长说："我当年父母都不管我，我今天不是挺好吗！孩子不用管，由他自己去吧，将来自然会好的。"

对于这个说法，我奇怪的是，这样一种显然是歪理的说法，听到竟不止一次。其中有一位是我学生的哥哥，几年后怎么样了呢？他为儿子着透了急，操碎了心。

至于持第一种说法的人，多是20世纪60年代前后的大学生。的确是，他们当年也考上了大学，我也是那个时代的人。那个时代，不但功课简单，而且大学也好考，我们的同学中不乏那种功课学得糊里糊涂但也考上了大学的人。到了大学，更学得糊糊涂涂。奉劝您且不要还以此为骄傲，误导您的孩子了。

不要说20世纪60年代，就是80年代前后，我的一位好友的女儿吴岩同学，1977年高考落榜了，这时，我承担起对她的数学、物理、化学、语文四科的全面辅导，第二年，她考取了今天的首都医科大学。可是到了现在，1997年高考的化学试卷，我本人也答不了满分，语文更是如此，因为时代前进了，很多知识已超出了我掌握的范围。

坚持辩证法，应该深入下去，认真探讨，过去哪些是好，仍应借鉴；哪些时过境迁了，应予放弃；今天的哪些做法存在问题，应该怎样改进。这才是站在"巨人的肩膀"

上,而不是去做"九斤老太"。

如果您的孩子,每天从清早到夜深,不堪重负,效果却不好,那么家长应当坐到孩子的身边,和他一起仔细地分析一下每天那么重的负担是从哪里来的。例如,是某些科目的作业量的确太大;还是孩子的学习方法比较落后,总是死记硬背;或者是因为孩子学习时,人在心不在……一道题目,本应该3分钟做出来,他却13分钟还想不出。长期这样下去,当然学习会越来越困难。

情况弄清楚了,就应该向教师反映,争取教师的帮助。

特别是,如果的确是某些科目留作业过多,受影响、受损失的就不止一个家庭,那么,更应请班主任来协调,或者直接向该科目的教师反映情况。

如果属于孩子学习不得法,对别人来说并不重的作业量,对他却很吃力,那么,一方面请教师允许我们的孩子少做一些题目,另一方面赶紧改进学习方法,争取在一段缓冲和调整之后,快些赶上去,恢复正常。**我建议,家长和孩子,一起反复阅读本书,对改变孩子的状况,一定会有所帮助。**

如果是因为孩子分心了,例如,或迷恋比较庸俗的流行歌曲,或迷恋电子游戏,或是狂热的足球迷……那么,更需要我们做父母的,跟他讲清楚道理,认清进步的方向,并得到父母宽厚胸怀的支持,得到力量,摆正船头,从漩涡中径直地划向宽敞的航道。

而不应该,始则放任自流,待问题成堆了,才喋喋不休地"九斤老太"式的指责。不拿出切实的办法来帮助孩子摆脱困境,只会增加孩子的焦虑的痛苦。

顺便提一句,我们班进入高考总复习后,我只选用江西南昌乐化高中编选的一些练习题中的一部分进行讨论,没让同学们买各种练习册,到处弄题来机械地重复练习只能加重学习的负担。建议家长一篇一篇地整理孩子的作业,看看是否有许多是重复的机械练习,如果有,就诚恳地向教师提出建议……

第四节　要不要请"家教"

我的意思是,具体情况具体分析,从实际出发。

什么实际呢?首先是孩子的状况的实际,和"家教"的责任心及水平的实际。

近十几年来,我几乎天天在当"不是家教"的"家教"。

说它是"家教",本书前面说过,络绎不绝的朋友请我给他们的孩子进行指导;说它"不是家教,"因为我绝对不取任何报酬。

晚上或节假日处理这些事情,是很累心的,因为我要通过几句话、几个问题来判断他的症结所在,并对症施治。

我了解,许多"家教"也是这样做的。

从"家教"的实际这个意义上来讲,这样的"家教"可以请。

但我也知道,有的"家教"由于水平的问题只是帮学生把课上的内容重复一遍,或拿几道题讲讲,而且没讲出本书前面"一题多解,多解归一,多题归一"及"有所发现、更知其所以然"的高度。有的"家教"甚至一次辅导几名孩子，拿几道题让他们做，过一会儿，再讲讲怎么做（这当然不会有针对性了），这种情况的"家教"，作用就小了。

下面讲学生的"实际"。

一般来说，每天课堂上的时间，是孩子学习的黄金时间。如果学生在课堂上不学好功课，产生了依赖性，专等晚上或节假日的"家教"，这岂非本末倒置？把黄金时光丢掉了，同时又把晚上或节假日应该进一步学习的时间挤掉了，里外里，这不是双倍的损失吗？！而且，某科目一个星期好几堂课的内容，挤在每周一次的2小时去学，效果无论如何比不上在课上认真听讲所学到的。

所以，一般情况下，放松了课堂上的学习而靠"家教来补习"，是不明智的。

但是，下列情况例外：

（1）学生的学习水平，是因为基础的原因或智力状况的原因，差距很大，虽然课上努力地听讲，学习仍跟不上。

（2）孩子的智力素质好，就他的教师的要求，已很完善，但教师本人的观点、水平有一定的局限。

（3）找一位水平甚高（当然首先是责任心）的"家教"。这时，请"家教"之益大于弊——通过一段"家教"后，可以不必再请"家教"了。

有一种情况，一定不要忙于请"家教"，那就是，孩子的学习成绩不好，是因为学习容易分心。诸如，没有远大的理想，或迷恋庸俗的流行歌曲中，或迷恋电子游戏，或早恋等。这时，应该是家长当好"大地母亲"的时候，环绕孩子，和他促膝谈心，帮助他及早觉悟。

总的来说，在请"家教"这件事上，还是要运用辩证法为好。

第五节　家务劳动及花钱

1990年6月25日，《中国青年报》头版头条有一篇5000字的文章，标题是《一切为了培养人》，副标题是《记特级教师孙维刚》。

文中有一小段：

……我们旁听了孙老师给他们班学生的第一堂教学课，课后，孙老师用自己的钱，给每个学生送了一本书。留的3道作业题是：回家向爸爸、妈妈说，今后，我吃饭的碗、筷，我自己刷；咱家的垃圾我去倒；我的手绢我自己洗……

这就是我的观点。

这些年，不少家长怕耽误孩子的学习时间，什么活儿都不让孩子干。我认识一位女大学生，20多岁了，米饭都不会做。

这不明智。

（1）做家务，会耽误他多少时间？思想的问题不解决好，您给他省下再多时间，在他那里，也会漫不经心地打了水漂儿。

（2）做家务的确会用一些时间，这会使他深切体验时间的珍贵。

（3）劳动有助于善良，有助于形成高尚的品德和善良的感情。

（4）什么都不干而造成什么都不会干，将给予他日后的人生和家庭带来什么呢？

（5）亲身尝试烦琐的、日复一日的家务，才知道父母的不易，才更知道爱父母、心疼父母。

我们班陈帆同学的妈妈是一位优秀的数学教师和班主任，责任心很强，工作单位离家较远，陈帆同学的爸爸在单位里负责一个部门的工作，也比较忙。陈帆同学上高三时，他妈妈教的班也上高三，每天晚上陈帆同学的妈妈回到家里，一进门，陈帆同学就端上刚刚炒好的三菜一汤。

这样做耽误学习了吗？

陈帆同学以高于清华大学录取线53分的成绩，考入了清华大学建筑系。入校后，他还被选为班长，现在已是清华大学建筑系中的一名优秀学生了。

当然，上高三后，对一些时间吃紧的学生，而且已经通过多年的家务劳动树立了正确观点的同学，父母不妨减少或不让他做家务。

有的家长会问，应该给孩子买什么样的衣服？应该给孩子多少零花钱？

有些家长生怕委屈了孩子，或是怕孩子被同学瞧不起，自己省吃俭用也要装扮孩子，让孩子手头"活分"，有充裕的钱。

这种做法，我戏之为"赔了夫人又折兵"。

本来孩子有理想、有追求，专心致志努力学习，结果今天穿上了一件高档上衣，大街上人们要多瞧上两眼吧，真美，那么，他不会感觉不出来的，这时，就要往下看看了，裤子不般配，怎么办？裤子也要换好的，这时，脚上的鞋又显土气了……

存在决定意识，何况是对于一个孩子呢！久而久之，中国有句古话："玩物丧志。"当然，未必个个这么严重，但至少这会让孩子分心吧。

给多少零花钱，也是同样的道理，他大手大脚地惯了，他哪里会知道这是爸妈辛勤劳动的血汗呢？哪里会知道心疼父母呢？

而且养成这样的习惯，他在将来的家庭生活怎么过日子呢？我在一则报道上读到，比尔·盖茨停车也要仔细观察，宁肯费点事，也要找一个便宜的停车位。

在这些方面，我们班的家长、同学和我的观点一致。奚伯逊同学考入中国科技大学，远离在北京的父母，每个月连伙食费及书本等一切费用在内还不到300元。家长们有时同我谈起，我们班每个同学上大学后，在花钱上都是很节省的。本书第一篇第二章后面所附的张悦同学的妈妈刘莉莉同志的文章很生动地讲了这个问题。

处理这个问题，也是我们成功因素中的一个，它和我们总的理想、追求是顺理成章，融为一体的。

作为结束语的开头的话

用了二十来万字,把我们班的同学们立志"为人民成才"而怎样走出一条成功的道路,全面地向读者们进行介绍。目的是,为广大的中学生提供借鉴——走出自己美丽的人生道路,成为祖国和人民需要的优秀人才;为家长、学校的教师提供借鉴,希望对同学们、家长们和老师们有所帮助。对于一个孩子的成才,这三者特别是三者同心同德,是非常重要的。

由于我的思想和学识水平都很有限,书中会有许多错误和疏漏,敬请读者批评帮助。

下面,我还要说明三点。

(1) 我们班的成功,绝对离不开任教我们班各科教师卓越的工作,离不开二十二中成希春校长的领导,离不开北京市东城区教育局及区委区政府和北京市教委多年来对我工作的关怀。

(2) 如果没有我们班的优秀的家长们,如果没有我们班同学肯于接受把培养自己高尚品德及为人民成才放在第一位,肯于在学习上和我一起破除因循守旧,而走出一条教学和学习上的新路,那么我们的成功是不可能的。

(3) 今后,我将陆续写出一套丛书,有结合进度的各年级分册;也有跨进度的专题讲座等,以更细致、更具体地介绍我们在学习上的这条新路和具体做法,更具体地给同学们进行辅导。[①]

这样,在结束本书的同时,我和读者们是不是又踏上了新的征程?

我祝福同学们成功。

1999.07.02　上午10点　于北京
2000.10.05　上午9点　修订于北京

---

① 孙维刚老师在生前未能完成此夙愿,为了让读者对本书有全面的了解,特保留此内容。——编辑注

附录A　在继承中创新

（陶西平）

孙维刚同志是我国基础教育战线的杰出代表，他为贯彻国家的教育方针，全面提高教育质量奉献出了毕生的精力。这位教育家的教育思想以及他在教育实践中创造的经验，为我国正在推进的素质教育和课程改革提供了宝贵的借鉴。

中国的教育必须在继承中创新，这是纪念孙维刚同志的重要的现实意义。我们正在进行一场顺应时代潮流的教育变革，这场变革关系着国家的前途和命运，但这场变革并不是对原有教育的全面否定，而是在继承原有教育优秀传统的基础上，克服我国传统教育存在的弊端，从而实现对我国教育事业的完善。近百年来，为完善中国的教育，许多优秀的教育工作者进行了不懈的努力和大胆的探索，这种探索在新中国成立以来得到党和政府的倡导和有力的支持。教育改革的先驱者们在探索的过程中，产生了富有见地的理论，积累了丰富的实践经验，当然也出现过困惑，付出过代价。当前全面推进素质教育的提出，课程改革的推进，使这种探索的进程进入了一个新的阶段，这是多年来改革进程的延续，是在继承基础之上的创新。在我国近代长达百年的教育探索过程中，涌现出一批教育家，他们的理论与实践引领着教育改革的时代潮流，为发展中国的教育事业做出了重要贡献。孙维刚同志正是这批教育家中一位杰出的代表。今天纪念孙维刚同志，不只是对他的教育成就的肯定，不只是要用孙维刚的教育思想充实我国教育思想的宝库，更重要的是表明我们要坚持在继承的基础上创新的决心。我们只有旗帜鲜明地反对教育改革过程中的历史虚无主义，才能使我国的教育改革建立在坚实的基础之上，才不会由于缺乏对我国教育的记忆，使教育的改革与发展显得苍白无力。

"一切为了育人"是孙维刚教育思想的核心。由此形成了他的教育价值观、教育哲学，乃至教学论、学科教学论体系，形成了他的人才观、学生观、教学观、评价观体系，也形成了他的教育个性和特色。孙维刚在政治工作、社会活动、宏观教育、微观教育等多个层面创造了卓越的业绩。但，他的全部活动都体现了"一切为了育人"的教育思想。"育一切人，育好一切人"是他的"一切为了育人"思想的深刻内涵。"育一切人"，表现在他不主张基础教育要择天下英才而教之，而应当是为未经选择的每一个学生打好基础。"育好一切人"，表现在他紧紧把握住教人做人和育人成才的教育目标上，他的全部教育活动都是为这一目标服务。我们平时讲教书育人，往往解释成既要教书又要育人，但在孙维刚那里，全部教育活动，包括教书都是为了育人，所以才形成了他那十分独特的教学风格。加里宁说过数学是思想的体操，这精辟地概括了数学在培养学生逻辑思维能力中的作用。作为一名优秀的数学教师,孙维刚不仅把数学这一思想体操发展得更为完整,更为体系化,而且把数学课当作育人的熔炉,在数学教学中,塑造着人的灵魂,铸造着学生健全的人格。这是孙维刚教育思想最为突出之点,也是以人为本思想在学科教学中的高度体现。

　　孙维刚的教育理论与实践,还解决了一个人们长期争论不休的问题,即教育质量能不能经得起从多个角度展开的评价。孙维刚的教育质量,无论从做人的角度,知识技能的角度,还是能力智力角度,都经得起检验。他的学生既有较为全面的素质,又可以在选拔考试中取得优异的成绩。这充分说明全面提高学生素质是提高学生实际水平的关键。我们固然应当关注、评价与考试制度相关的改革,但更应当像孙维刚那样,始终坚持通过自身的努力实现对素质教育的更为完美的追求。

　　教师队伍建设的关键在于提高教师的素养,这是孙维刚同志给我们的重要启示。教育是科学,因为它存在共性,存在着普遍的规律;教育又是艺术,因为它存在着个性,存在着鲜明的特色。还有人说,教育不只是科学和艺术,还是一种修炼。那就是说,要在求索中体验,在实践中积累,从而形成深厚的文化底蕴和坚实的能力基础。我想,这就是素养。孙维刚同志正是由于有了这种素养,才能够把理论和实践统一起来,把科学和艺术统一起来,把共性和个性统一起来,把良好的师德和精湛的育人能力统一起来。并从他的独到的教育见解出发,产生出独具特色的教育方法,从而形成鲜明的个性。我想,这就是他成功的关键,也是所有教师学习的榜样。推进素质教育和课程改革的关键问题之一就是教师的不适应,而教师的不适应关键在于素养不够高。所以,我们应当从师范教育、继续教育、教师管理以及校本培训等方面着力提高教师的素养,更要把教师集体建设成为学习型组织,鼓励每位教师把教学、学习和科研紧密结合起来,不断积累,成为一个自觉提高自身素养的优秀教师。

　　孙维刚同志离开我们已经三年了,我想,学习他的精神,实现他的教育理想,应当是对他最好的纪念。

（本文写于2005年,作者时任国家教育咨询委员会委员、国家总督学顾问、联合国教科文组织协会世界联合会副主席、亚太地区联合国教科文组织协会联合会名誉主席）

附录B　怀念孙维刚

（李镇西）

孙维刚老师离开这个世界九年了。

他逝世时，我就想写文章悼念他，但写不出，只是对着他的照片流泪。

他是有争议的。他在普通中学教书，因为他的升学率非常高，有人便说他是搞"应试教育"。但孙老师在我心中的地位无人能够撼动。

我和孙老师有过几次比较亲密的接触，他到成都，我到北京，都要见面。他说我是"他真诚的朋友"，说我的《爱心与教育》让他"感动"。但我知道，我远远没有达到孙老师的境界。

永远达不到。

但这不妨碍我尊敬他，并因他而坚信，世界上的确有高尚的人和纯粹的人。

在现在奉行所谓"个性"的时代，我知道，尊重个性是历史的进步；但在有些人看来，似乎搞不好人际关系才是"个性"，而"改革"必须以"头破血流"作为所谓"代价"。而孙老师的经历告诉我们：在尊重别人的同时，也能赢得多数人的尊重，从而为自己营造一个和谐的"改革"环境。

孙老师以一个普通中学班主任和数学老师的身份，创造了让班上55％的学生考上北大、清华的"神话"，这个奇迹至今没有中学老师能够打破。然而，他似乎没有媒体所希望的那种"悲壮"，那么"众人皆醉，我独醒"。

他谦虚而又温文尔雅地走向了教育的最高境界，同时也走向了人格的最高境界。

当许多人以"市场经济""个人利益"等时髦词语来消解崇高的时候，当有人对学生大谈"读书只是为挣大钱娶美女"却赢得相当多教育者喝彩的时候，他在教室里平静地对学生说："我们读书，就是要让自己的一生为国家为民族赢得荣誉！"

当然，他自己也是这样做的。

我们当然不要求也无法强迫人人都是孙维刚，但请那些追逐庸俗的教育者不要无视孙维刚的存在。

我不反对"个性"，更无意把孙老师作为"好教师"的唯一模式，但我希望社会也能尊重孙维刚老师质朴、儒雅、温和的"个性"。

当报纸上大肆渲染他的"55％的学生考上北大、清华"并把他作为应试教育的先锋时，他的学生说："这是对我们孙老师的误解！孙老师最看重的是教我们做人。"

一个学生在孙老师去世后写道："我要用我的全部生命证明：孙老师奉行的是真正的

素质教育!"

最后一次听到孙老师的声音,是 2000 年我在北京参加教师节表彰活动的时候。我给他家里打电话,他希望我抽空去他家里坐坐,但我不忍心打搅他。我说:"孙老师,我就问你个好,希望你好好保重身体!"然后我又说想要他的著作,并请他给我寄到成都家里。电话里孙老师非常爽快而和蔼地说:"没问题!"第二天,我回到宾馆,服务员便送来一个纸包,打开一看,正是孙老师的著作。原来,孙老师竟亲自给我送到宾馆来了!

在写这篇文字的时候,我忍不住从书架上拿出孙老师的书,亲切地摩挲着。我感到似乎正握着孙老师温暖的手,仿佛触摸到他的灵魂。

面对孙老师的灵魂,我感到自己的渺小,但我愿意尽可能接近他的境界。

(本文写于 2012 年,作者为成都市武侯实验中学原校长,全国优秀教育工作者)

附录C 《孙维刚初中数学》《孙维刚高中数学》——当代中学数学教辅书的优秀样板

(蔡笑晚)

数学是锻炼脑筋的体操；数学是自然科学的皇后；数学是一切科学的基础，数学代表了人类的理性思维。由此可见，数学的重要性已被人们所认同，进而可知数学教育的重要性。而作为数学教育的载体，除了按教学大纲编写的课本之外，当数各类教辅书了。如果把中学的所有数学教辅图书都看完，可能需要一段漫长的岁月，这不是学生能消受得起的；而且，令人遗憾的是这些书中真正有用的东西并不多。

一套优秀的中学数学教辅用书必须具备四个基本要求。

第一，必须能涵盖中学数学教学大纲的要求，或者更明确地说，要提供进入大学进行数学学习所必须具备的数学基础。

第二，让学生知道数学是科学思考和科学行动的基础。数学学习不是单纯的做习题和演算训练，而是培养学生独立思考的能力，使学生学会推理。这样才能够使学生通过学习数学而聪明起来。

第三，通过对数学的学习，学生不仅对数学有兴趣，而且通过数学的样板作用，能够产生一个很神奇的效果，即可以提高学生对各门功课的学习兴趣和能力。

第四，数学是人类的一种理性思维方式，学生通过学习数学养成理性的思维习惯，提高分析问题的能力。

《孙维刚初中数学》《孙维刚高中数学》正好具备上述四大特点，这两本书出版后共印刷30次。对该书内容的阐述已无必要，重要的是孙老师这套书所推崇的独特的数学思维及对数学学习方法的掌握。孙老师只是一名普通中学班主任和数学老师，却创造了让班上55%的学生考上北大、清华的"神话"，考上北大、清华并不是靠数学单科高分就能成功的，各科也需要很优秀，而且还要品学兼优。所以，这个"神话"正好证明了数学教学不是单纯地教学生做习题和演算训练，而是培养独立思考的能力使学生学会推理；培养学生科学思考和科学行动的能力，使学生通过学习数学而聪明起来，使学生通过学习数学养成理性的思维习惯，并提高学生对各门功课的学习兴趣和学习能力。这就是数学教育的最高境界，也是数学课外书的最高境界。

当人们大肆渲染孙维刚老师的"55%的学生考上北大、清华"并把他误为应试教育的先锋予以贬低时，他的学生说："这是对我们孙老师的误解！孙老师最看重的是我们如何做人。"其中一名学生在孙老师去世后写道："我要用我的全部生命证明：孙老师实行的是真正的素质教育！"他所教的学生不仅有科学思考和科学行动的能力，符合上面我所说的四点要求，而且还有强大的应试能力。在我们这个考试决定命运的社会里，人生要经历大大小小几十场甚至几百场的考试，考试能力本身就是一个人人求之不得的重要素质。而对孙老师的书来说，现在可补充一点，权且作为第五点，即

第五，大大提高学生在中考和高考时的应试能力，实现北大、清华梦。

我认识孙老师是2007年的事，所谓认识，只是看到他的书而已，并未见到其人。当时我正好在北京国家图书馆作一场演讲，有一位家长手里拿了一套《孙维刚初中数学》和《孙维刚高中数学》还有一本我的《我的事业是父亲》，她拿着我的书要我签字，我顺便把孙老师的书拿来翻了翻。书中有三句话引起我的兴趣：第一句，数学把不聪明的自己变得聪明起来，让聪明的自己更加聪明；第二句，热爱数学，学好数学；第三句，站在系统的高度学习。这和我的数学教育思想不谋而合。

（1）数学会使人聪明起来，所以我把数学作为孩子早教的独特手段。

（2）我们从小培养孩子的数学兴趣，所以每个孩子的数学功底特别强。

（3）我们让孩子从数学的整体来理解局部，然后又从局部回到整体。

我顿时有遇到知音的感觉，托人买了这两本书带回上海。我读书通常有四种读法：一只看目录—翻阅—粗读—精读。选择哪种读法，全凭这本书对我有多大吸引力。孙老师虽然只是一名普通的中学老师，但他的书却写得引人入胜，读过之后我对孙老师刮目相看了。记得有一部电视剧《雪山飞狐》中的一代英豪苗大侠，从关外归来写的一副对联最能反映我当时的心情：

未去辽东大言天下无敌手；关外归来方信世上有英雄。

当时我正在办学，需要学前和小学的数学教学提纲，因为教学的需要，本来打算写初中和高中的教学提纲，看了孙老师的书之后，我觉得没有必要写了，可以直接用孙老师的书作为教材。

孙老师的这套书对中学生、中学老师或者家长都是非常完美的著作，它已经概括了中学数学的一切基本思路和方法，在书中，孙老师用最简单的例子使复杂的问题简单化，使烦琐变为清晰，已经达到出神入化的程度。对整个中学数学领域中的基本概念与方法，做了精深而生动的阐述。不仅使学生掌握生活和学习中所需要的数学知识与技能，更能培养学生的理性思维和创新能力，实现我上面提到的4+1点要求。

无论是在上学的学生，还是正在进行中学课程自学的成年人都应阅读此书。你想中

考、高考得高分要读此书，你想获得真才实学更要读此书。对中学数学教师，你想提高升学率要读此书，你想教出优秀的学生更需要此书作为参考。

我在人民网"强国论坛"上说过："最美家庭要有一个家庭梦。要和中国梦结合在一起，要为中华民族的伟大复兴奉献正能量。"孙老师对学生说："我们读书，就是要让自己的一生为国家为民族赢得荣誉！"这不是无意的偶然巧合，而是共同信仰的心灵共鸣。孙老师英年早逝，太可惜了，如果还健在，我们肯定是好朋友。

（本文写于2015年，作者是家庭教育专家，被誉为人才"魔术师"）

附录D　我们的生命是你生命的延续

（彭壮壮）

作为孙老师第二轮实验班的一员，我曾在四年的中学生活中受到他不倦的教诲；在远隔重洋，身处异国他乡时与他探讨事业与人生的困惑；回到祖国后与他促膝长谈对未来的希望。这些对我来说既是今天的深情回忆，也是明天的无限财富和永远动力。

"传道"。孙老师在教学中最常提到的一个思想是"换个角度看问题"。我还记得在给我们讲这个深刻的思想时，他非常生动地讲起了西山碧云寺的故事。"你们去过碧云寺吗？"他问道，"那里有一个非常有名的五百罗汉堂，里面有各式各样的罗汉。不过，你要是仔细数下去，便会发现只有四百九十九个罗汉。""怎么回事呢？原来最后一个是济公，他坐在梁上。他俯瞰人间的角度，就和我们站在地上，向上看的角度完全不同。"讲了这个故事之后，他又给我们讲了一道立体几何题，将他"换个角度看问题"的思想充分地加以阐释。十几年后，当我在普林斯顿大学做我的数学博士论文时，"换个角度看问题"成了我最核心的思想工具。

"授业"。中学时代的我曾是一个非常腼腆、羞于在众多人面前讲话的孩子。初二寒假前的一天，孙老师把我叫到办公室，对我说："从下学期开始，你来当咱们四班的体育委员。"现在回想起来很难准确地描述我那时的心情，大概是既惊诧又恐惧吧。很多年后我才慢慢地理解了他的良苦用心。现在我无论是向客户的高层领导汇报，还是为上百名中层管理者培训，都与他对我的教育、给我的锻炼机会无法分开。

"解惑"。大家可能知道，我的爷爷、奶奶是彭咏梧、江竹筠两位烈士。他们的英雄事迹通过小说《红岩》、歌剧《江姐》、电影《在烈火中永生》等广为人知。不过，在我小的时候，常常苦恼自己为什么不是成长在一个普通的家庭中，为什么别人提到自己的时候总会提到自己的爷爷、奶奶。

带着这样的困惑，我升入了中学。在一个初秋的下午，孙老师特地把我叫出来，在二十二中的校园里，他一边走，一边对我说："你的爷爷、奶奶为国家的自由、民族的解放抛头颅、洒热血，献出了生命。他们是我年轻时最崇拜的偶像，把你教育好是我对革命先烈的一份责任。不过，我今后不会在班上提起这件事，你要靠自己的努力来取得成绩。"孙老师这短短的几句话对我今后的人生有着巨大的影响。因为他，我才能真正地将先辈的革命史化为进取的动力，而不是压力。

孙老师虽然已离我们而去,但他对我们的影响将继续随下去。我们对他的纪念,是在今后人生道路上对他的精神的继承和发扬,我们的生命本身将会是他的生命的延续。

(本文写于2007年,作者为革命烈士江姐的孙子,现任美国麦肯锡中国公司、麦肯锡公司全球董事合伙人)

编辑手记

尤记得那个初秋的下午,与孙维刚老师的夫人王海亭女士会面的情形。我们在书桌前对坐着,眼前放着一杯热茶,茶叶淡淡的幽香在空气中袅绕,伴着王老师的述说,旧日感怀缭绕弥漫,我不觉陷了进去。

"我从没感觉孙老师离开我,他一直在我身边……我现在想的、做的都是他的事。"王老师看着我,目光坚定。

如果您在网上搜索"孙维刚教育",会显示十多万条信息,您会发现这些信息中更多的字眼是"育人专家""平民教育家""名师""神奇教师",这些称呼无不显示着对孙老师的尊敬。

孙维刚老师生前所在的北京市第二十二中学,是北京一所普通中学。自1980年起,孙老师进行教改试验,教数学并兼任班主任,从初一到高三,六年一循环,到1997年共带了三轮实验班。十几年下来实验班有很多不一样,尤其是第三轮实验班,全班40名学生中,38人达到重点分数线,有55%的学生考上北大、清华。如今,他的学生遍布世界各地,有的学生在哈佛、斯坦福、密西根等大学继续深造,他们大多有着骄人的成绩,成为各行各业的中坚力量。也有的学生在继续着孙老师的事业,在"孙维刚数学兴趣培训中心"向学生们传递着孙老师的教学理念——把不聪明的孩子变得聪明起来,让聪明的孩子更聪明。

然而,这些成绩并不是孙老师最看重的,他曾经说过:"一如既往,我们要坚持品德第一,学习第二;训练发达的脑子第一,学分第二。"孙老师最看重的是品德,其次才是学识,他把这种思想潜移默化地植入学生的心灵。孙老师有着高人一筹的学术功底和独特的人格魅力,我听说过一个个有关孙老师的令人感动的故事。有个和孙老师素未谋面的河南学生,在孙老师去世后背着两箱饮料来到孙老师家,他被孙老师的事迹深深地感动了。还有个学生,听过孙老师的一堂课,当她怀着忐忑不安的心情向孙老师请教问题时,没想到孙老师和蔼可亲地回答了她,这让她欣喜若狂。在知道孙老师去世后,她和她的同学向北京的方向祭拜孙老师……

东城区教研室原主任高贤明是发现孙老师并支持孙老师搞教改试验的伯乐,在孙老师去世后,他说:"不能因为孙老师的去世,而让他这份事业中断,如果那样,我们对不起社会,是一种犯罪。"中央教育科学研究所的纪秩尚称孙老师为"当代的孔夫子"。

目前,在上海、山东、吉林、山西等地,都有一些教师在研究着孙维刚的教育思想,实践着他的教学方法,还先后建起了一些孙维刚数学实验班、实验校和实验中心等。

随着研究的深入，人们越发体会到孙维刚教育思想所具有的巨大价值，他所开辟的，是一条高效的全面育人的途径。如今，北京孙维刚教育科技研究会已经成立，在这个平台聚集着一批优秀的老师，学习和研究孙老师的教育理念和教学方法，希望把产生孙老师"个例"的土壤，变成大量名师生长的沃土。

自 2005 年 1 月出版以来，十多年过去了，孙老师的书已成为我社的长销书，一直经久不衰。在网上书店（例如当当、京东、卓越亚马逊）的同类书中，读者的评价已有五六千条，几乎都是对孙老师书的好评，无不彰显着孙老师的影响力之深、之远。这次再版，我们委托孙维刚老师的弟子北京市第二十二中学的李红老师在保持孙老师原书风貌的基础上，对书中个别错误和不妥之处进行了订正。

读孙老师的书，就仿佛孙老师在眼前亲自为您辅导一样，对于不会做的题，看到孙老师的解法往往会有峰回路转的感觉。书中力求一题多解，多解归一，多题归一，用"动"的观点考虑问题，尽可能多地拓宽思路，训练发达的头脑，做到"八方联系，浑然一体"，最终达到"漫江碧透，鱼翔浅底"的境界，这正是孙老师一直在强调的。

责任编辑
2015 年春于北大

如果您在阅读当中发现有什么问题，或有什么想法或建议，请来信或发 E-mail 与我们联系。来信请寄：北京市海淀区成府路 205 号北京大学出版社温丹丹收（邮编 100871，E-mail：wddpup@126.com）。